中等职业学校汽车运用与维修专业新课程教学用书

Qiche Fadongji Kongzhi Xitong Jiance yu Weixiu Gongzuoye

# 汽车发动机控制系统检测与维修工作页

（第3版）

陈高路　蔡北勤　主编

人民交通出版社股份有限公司
China Communications Press Co.,Ltd.

## 内 容 提 要

本书旨在培养汽车运用与维修专业学生胜任汽车售后服务企业发动机控制系统检测与维修工作的能力。全书由14个学习任务组成,即发动机控制系统的外观检查、电子控制单元电源电路的检测与维修、曲轴位置传感器的检测与维修、空气流量传感器的检测与维修、燃油供给系统的检测与维修、氧传感器的检测与维修、节气门位置传感器的检测与维修、温度传感器的检测与维修、电控点火系统的检测与维修、电子控制点火提前角的检测与维修、怠速控制系统的检测与维修、排放控制系统的检测与维修、智能可变气门正时系统(VVT-i)的检测与维修、利用自诊断系统诊断发动机故障。

本书可作为中等职业学校汽车运用与维修专业学生的教学用书,也可作为职业技能培训和其他从事相关专业人员的参考书。

图书在版编目(CIP)数据

汽车发动机控制系统检测与维修工作页 / 陈高路,蔡北勤主编. —3版. —北京:人民交通出版社股份有限公司,2020.1
ISBN 978-7-114-16139-1

Ⅰ. ①汽… Ⅱ. ①陈… ②蔡… Ⅲ. ①汽车—发动机—控制系统—故障检测—中等专业学校—教材②汽车—发动机—控制系统—车辆修理—中等专业学校—教材 Ⅳ. ①U472.43

中国版本图书馆 CIP 数据核字(2019)第 290635 号

| | |
|---|---|
| 书　　名 | 汽车发动机控制系统检测与维修工作页(第3版) |
| 著 作 者 | 陈高路　蔡北勤 |
| 责任编辑 | 李　良 |
| 责任校对 | 孙国靖　魏佳宁 |
| 责任印制 | 刘高彤 |
| 出版发行 | 人民交通出版社股份有限公司 |
| 地　　址 | (100011)北京市朝阳区安定门外外馆斜街3号 |
| 网　　址 | http://www.ccpress.com.cn |
| 销售电话 | (010)59757973 |
| 总 经 销 | 人民交通出版社股份有限公司发行部 |
| 经　　销 | 各地新华书店 |
| 印　　刷 | 北京市密东印刷有限公司 |
| 开　　本 | 880×1230　1/16 |
| 印　　张 | 16 |
| 字　　数 | 452千 |
| 版　　次 | 2007年9月　第1版<br>2013年9月　第2版<br>2020年1月　第3版 |
| 印　　次 | 2022年1月　第3版　第2次印刷　总计第16次印刷 |
| 书　　号 | ISBN 978-7-114-16139-1 |
| 定　　价 | 40.00元 |

(有印刷、装订质量问题的图书由本公司负责调换)

# 中等职业学校汽车运用与维修专业新课程教学用书

主　　　编　刘建平　辜东莲
顾　　　问　赵志群

## 编　委　会

**主 任 委 员**　周炳权　胡学兰

**副主任委员**　刘建平　张燕文　辜东莲

**编　　　委**　（按姓氏笔画排序）

| | | | |
|---|---|---|---|
| 叶伟胜 | 冯明杰 | 刘付金文 | 刘桂松 |
| 刘　毅 | 朱伟文 | 齐忠志 | 何　才 |
| 何媛嫦 | 张东燕 | 张　发 | 张琳琳 |
| 李　琦 | 邱志华 | 邱志成 | 陆宝芝 |
| 陈万春 | 陈高路 | 陈楚文 | 麦锦文 |
| 巫兴宏 | 庞柳军 | 林文工 | 林志伟 |
| 林夏武 | 林根南 | 林清炎 | 林鸿刚 |
| 武　华 | 武剑飞 | 段　群 | 胡炳智 |
| 赵中山 | 唐奎仲 | 唐蓉芳 | 徐正国 |
| 萧启杭 | 曾晖泽 | 赖　航 | 蔡北勤 |
| 鞠海鸥 | 魏发国 | | |

# 序

看过人民交通出版社发给我的由刘建平和辜东莲两位老师主编的《中等职业学校汽车运用与维修专业新课程教学用书》系列教材样稿后，不禁感慨万千。汽车维修专业课程改革在我国已经开展多年了，如何打破传统的"基础课、专业基础课、专业课"的三段式模式，以及改变以"教师、教室、教材"为核心的三中心特征，一直以来备受关注。虽然有许多学校都在尝试着改革，也取得了许多可喜的成果，但真正意义上的突破还是不多。这套教材的出现真正让我有了一种"久旱逢甘雨"的感觉。记得2004年6月应广州市交通运输职业学校之邀，我参加了该校模块化教学改革研讨会，参观学校模块化教学实训中心，并与老师们一起讨论模块化教材编写，那次接触让我看到了这所学校在汽车维修专业改革中"敢为人先"的闯劲。现在看到教材样稿果然不同凡响，再次让我感受到广州市交通运输职业学校在汽车维修专业改革上的不断创新精神。

汽车维修中职教育首先有着明确的培养目标，那就是培养当代汽车维修技术工人。怎样把学生培养成合格的人才是汽车维修中职教育的关键所在，而在教学过程中理论与实践结合应该采取何种形式又是问题的要点所在。汽车维修教学中理论与实践结合往往容易出现重视形式上的结合，忽视实质上结合的问题，例如：将汽车构造教材与汽车维修教材简单地合编成"理实"结合在一起的教材，还有将教室直接搬到实训中心内的形式上的"理实"结合等。真正的"理实"结合应该是根据培养对象和培养目标来确定的有着实际内涵的"理实"结合。这套教材以汽车维修实际工作任务为核心，将专业能力与关键能力培养、学习过程与工作过程融为一体以此展开相关联部分的系统结构、系统原理、维修工艺、检验工艺、工具量具使用、技术资料查阅以及安全生产等内容的"理实"一体化教学。这种方式首先以动手解决具体问题为目标，这样可以极大地调动学生的学习兴趣，学生在学习技能的同时，将必要的理论知识结合在实践过程中一起学习，让学生不仅掌握怎么做的要领，还教给学生为什么这样做的道理。在这种模式中，学生是为了更好地理解所要完成的学习任务才去学习相关理论知识的，这就调动了学生学习理论知识的主动性。学生在学习并完成了实用的汽车维修工作任务后，激发出来的职业成就感，必然会使学生重建因学会工作的内容而久违了的自信心，这正是我们职业教育最应该达到的教学效果。

我为这套教材所呈现的课程模式感到由衷的高兴，并对付出辛勤劳动撰写这套教材的每一位老师表示由衷的感谢。我真诚地希望这套教材能够为我国汽车维修专业改革送上一股不断创新的强劲东风，为创造出更加适合我国国情的汽车维修专业课程模式投石问路，为汽车维修职业教育的发展锦上添花。

朱 军

# 第3版前言

依据设计导向的职业教育思想，以培养学生综合职业能力为目标，以工作过程系统化为教学原则，广州市交通运输职业学校组织专家与老师编写了"中等职业学校汽车运用与维修专业新课程教学用书"。该套教学用书采用工作页的编写模式，以工作过程系统化课程构建、理论实践一体化教学实施和丰田、通用等校企合作项目开展为教学实践基础，是一套符合职业成长规律的工学结合课程教学用书。

本套教学用书自2007年9月首次出版以来，获得社会各界的一致好评，并于2013年修订再版。2012年，本套教材申报教育部"中等职业教育改革创新示范教材"，有多本教材入选，2014年以本套教材为核心成果的"基于能力培养的中职汽车运用与维修专业工学结合课程研究与实践"获评国家级教学成果一等奖。这也证明了本套教材不论在教学理论、教学内容，还是教学组织形式上，都具有较强的改革创新特性，值得向全国广大的职业院校进行推广。

该套教学用书重点强调对学生自主学习能力培养，旨在使学生在完成典型工作任务的过程中，学会学习，学会工作。在处理学生与教师的关系、学习目标、课程内容、学习过程和学业评价等方面，该套教学用书具有如下特点：

1. 学生有学习的空间

首先，学习之初所明确的具体学习目标和学习内容可使学生随时监控自己的学习效果，自我评价和他人评价的结合为实现个性化的学习创造了条件；其次，体系化的引导问题强化了学生的主体地位，给学生留下充分思考、实践与合作交流的时间和空间，使学生亲身经历观察、操作、交流和反思等活动；再次，工作页中并不全部直接给出学习内容，而是需要学生通过开放性的引导问题和拓展性学习内容去主动获取，旨在培养学生的自主学习能力，从而使学生能够进一步理解技术知识并提高解决问题的能力；最后，尽量营造接近现实的工作环境，从栏目设置、文字表达、插图到学习内容的安排，都鼓励学生去主动获得学习和工作的体验。

2. 教师角色的多元化

本套教材在明确学习目标的情况下，通过引导问题来提供与完成学习任务联系十分紧密的知识，为教学组织与实施留下许多的创造空间。需要教师转换角色，从一名技术知识的传授者，转化为提高学生综合职业能力的促进者、学习任务的策划者、学习行动的组织动员者、学习资源的提供者、制定计划与实施计划的咨询者、学习过程的监督者以及学习绩效的评估和改善者，即教师的多元化角色。因此，建议在教学实施中，由教师团队共同负责组织教学。

3. 学习目标的工作化

学习目标就是工作目标，既能体现职业教育的能力要求，又能具有鲜明的工作特征。这里的能力不仅仅强调"操作性"与"可测量性"，是具有专业内容的综合职业能力，包括专业能力和关键能力，既有显性的、可测量和可观察的工作标准要求，也含有隐性的、不可测量的能力和经验成分。与此同时，学习目标不但具有适度开放的空间，既不拘泥于当前学校或企业的状况，还能充分体现出职业生涯成长的综合要求。

4. 课程内容的综合化

课程内容的综合化体现在：一方面，每个学习任务的内容都具有综合性的特征，既有技能操作，也有知识学习，是工作要求、工作对象、工具、方法和劳动组织方式的有机整体，反映了工作与技术、社会和生活等的密切联系；另一方面，反映典型工作任务的学习任务也具有综合性的特征，要求每个学习任务的内容虽相互独立但又具有内在的联系。

### 5. 学习过程的行动化

行动化的学习过程首先体现在行动的过程性，让学生亲身经历实践学习和解决问题的全过程，在实践行动中学习，而非以往那种完成理论学习后再进行实践的学习过程；其次是行动的整体性，无论学习任务的大小和复杂程度如何，每个学习任务都要学生完成从明确任务、制定计划、实施计划、检查控制到评价反馈这一完整的工作过程；再次，有尝试新行动的实践空间，尽量创造条件让学生探索解决其未遇到过的实际问题，包括独立获取信息、处理信息，整体化思维和系统化思考。

### 6. 评价反馈的过程化

过程化首先体现在评价反馈是完整学习过程的一部分，是对工作过程和结果的整体性评价，是学习的延伸和拓展；其次在计划与实施环节中，工作的"质量控制与评价"贯穿于整个过程。过程化的学习评价可帮助学生获得初步的总结、反思及自我反馈的能力，为提高其综合职业能力提供必要的基础。

随着汽车技术的升级换代，综合参考全国各地职业院校和出版社反馈的使用意见，编写组在第2版基础上进一步修订，"中等职业学校汽车运用与维修专业新课程教学用书（第3版）"得以与社会各界见面。与第2版相比，本版教材作了如下改进：

（1）车型技术进行了更新升级。本套教材仍然以丰田卡罗拉车型为主要技术载体，从2010款卡罗拉车型升级为2014款卡罗拉车型，紧跟市场变化。

（2）通过学习拓展等方式增加新技术。删减了已逐渐淘汰的汽车技术，通过学习拓展等方式新增了ESP、车载局域网、汽油机缸内直喷、空调电动压缩机、电池能源管理系统等技术。

（3）对第2版中的错漏部分进行了修订。

（4）重要知识点旁配置了二维码，扫码可观看该知识点的动画或视频，可使教学更加立体化。

本套教材由广州市中等职业教育地方教材建设委员会组织编写，广州市教育局教学研究室和广州市交通运输职业学校共同主持实施，并得到了人民交通出版社股份有限公司的指导，丛书主编为广州市交通运输职业学校刘建平和广州市教育局教学研究室辜东莲，特邀北京师范大学技术与职业教育研究所所长赵志群为课程设计顾问。

本书由陈高路、蔡北勤主编，林鸿刚、张发、曾晖泽、林清炎参编。其中陈高路编写学习任务1、学习任务13、学习任务14，林鸿刚编写学习任务2、学习任务6、学习任务11、学习任务12，张发编写学习任务9、学习任务10，曾晖泽编写学习任务4、学习任务7，林清炎编写学习任务3、学习任务5、学习任务8。全书由陈高路、蔡北勤统稿。广州龙的丰田汽车销售服务有限公司廖远东、广州迎宾丰田汽车销售服务有限公司黄达、广州丰田特约维修有限公司林灿雄、广州中升雷克萨斯汽车销售服务有限公司何展其、广州南菱别克汽车销售服务有限公司赖巧准、广州瑞华粤通汽车销售服务有限公司吴宝锋等企业专家对本书的编写给予了技术支持。

由于教材编写组的编写工作是在不断地实践和理论学习过程中进行，正处于不断的学习与更新过程中，难免有不妥之处，还请使用本书的广大师生不吝批评指正。

编　者<br>
2019年8月

亲爱的同学，你好！

欢迎你就读汽车运用与维修专业！

在我国，汽车产品、技术日新月异，汽车快速普及，汽车行业迅速发展，汽车维修技术人员已成为技能型紧缺人才，作为未来的汽车维修技术能手，你将如何迎接这一挑战？在此，希望我们的新课程工作页能够为你的职业成长提供帮助，为你职业生涯打下坚实的基础。

与你过去使用的教材相比，你手里的工作页是一套全新的教学材料，它能帮助你了解未来的工作，学习如何完成汽车维修中重要的典型工作任务，按照职业成长规律，促进你的综合职业能力发展，使你快速成为令人羡慕的汽车维修技术能手！

为了让你的学习更有效，希望你能够做到以下几点：

一、主动学习

要知道，你是学习的主体。工作能力主要是靠你自己亲自实践获得的，而不仅仅是依靠教师在课堂上讲授。教师只能为你的学习提供帮助。比如说，教师可以给你解释汽车发生的故障，向你讲授汽车维修的技术，教你使用汽车维修的工具，为你提供维修手册，对你进行学习方法的指导。但在学习中，这些都是外因，你的主动学习才是内因，外因只能通过内因起作用。职业成长需要主动学习，需要你自己积极地参与实践。只有在行动中主动和全面地学习，才能很好地获得职业能力，因此，你自己才是实现有效学习的关键所在。

二、用好工作页

首先，你要了解学习任务的每一个学习目标，利用这些目标指导自己的学习并评价自己的学习效果；其次你要明确学习内容的结构，在引导问题的帮助下，尽量独立地去学习并完成包括填写工作页内容等的整个学习任务；再次，你可以在教师和同学的帮助下，通过查阅维修手册等资料，学习重要的工作过程知识；最后，你应当积极参与小组讨论，去尝试解决复杂和综合性的问题，进行工作质量的自检和小组互检，并注意规范操作和安全要求，在多种技术实践活动中你要形成自己的技术思维方式。

三、把握好学习过程、学习内容和学习资源

学习过程是由学习准备、计划与实施和评价反馈所组成的完整过程。你要养成理论与实践紧密结合的习惯，教师引导、同学交流、学习中的观察、动手操作和评价反思都是专业技术学习的重要环节。

本课程的学习内容以丰田卡罗拉1ZR—FE发动机控制系统为主线，学习过程中也可结合丰田威驰5A-FE发动机控制系统的内容。你要学会使用这三种维修手册以及依据维修手册进行规范操作。

学习资源可参阅人民交通出版社股份有限公司的《汽车电控发动机构造与维修（第3版）》（王囿，2016）、教育科学出版社的《发动机性能》（全国汽车维修专项技能认证支持中心编写组）、COROLLA

修理手册(丰田汽车(中国)有限公司,2014)。要经常阅览汽车发动机控制系统检测与维修网页,学习最新的技术和实际维修的技术通报,拓展你的学习范围。

  你在职业院校的核心任务是在学习中学会工作,这要通过在工作中学会学习来实现,学会工作是我对你的期待。同时,也希望把你的学习感受反馈给我们,以便我们能更好地为你服务。

  预祝你学习取得成功,早日实现汽车维修技术能手之梦!

编 者

**2019 年 8 月**

# 目 录

学习任务 1　发动机控制系统的外观检查 ·················································· 1
学习任务 2　电子控制单元电源电路的检测与维修 ········································ 14
学习任务 3　曲轴位置传感器的检测与维修 ·············································· 28
学习任务 4　空气流量传感器的检测与维修 ·············································· 41
学习任务 5　燃油供给系统的检测与维修 ················································ 62
学习任务 6　氧传感器的检测与维修 ···················································· 90
学习任务 7　节气门位置传感器的检测与维修 ··········································· 101
学习任务 8　温度传感器的检测与维修 ················································· 116
学习任务 9　电控点火系统的检测与维修 ··············································· 128
学习任务 10　电子控制点火提前角的检测与维修 ······································· 152
学习任务 11　怠速控制系统的检测与维修 ·············································· 170
学习任务 12　排放控制系统的检测与维修 ·············································· 188
学习任务 13　智能可变气门正时系统（VVT-i）的检测与维修 ···························· 204
学习任务 14　利用自诊断系统诊断发动机故障 ········································· 220
附录　丰田电路图的使用说明 ·························································· 243
参考文献 ················································································ 246

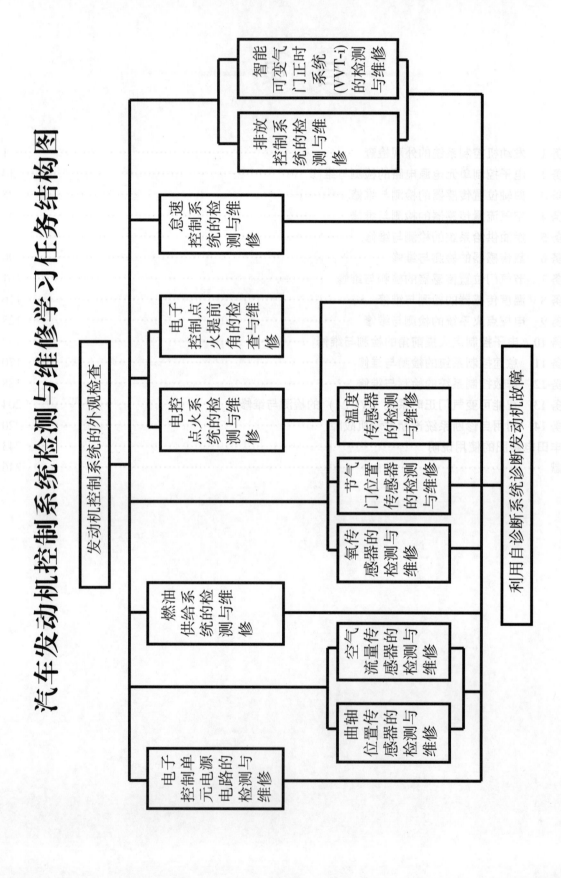

# 学习任务 1　发动机控制系统的外观检查

**学习目标**

完成本学习任务后,你应当能:
1. 叙述发动机控制系统发展历史;
2. 叙述发动机控制系统的基本组成与功用;
3. 叙述发动机自诊断系统的作用;
4. 查询相关资料,准确查找各传感器、执行器的安装位置,对各元件进行外观检查;
5. 总结各元件安装位置的规律。

**建议完成本学习任务为 8 学时**

## 内容结构

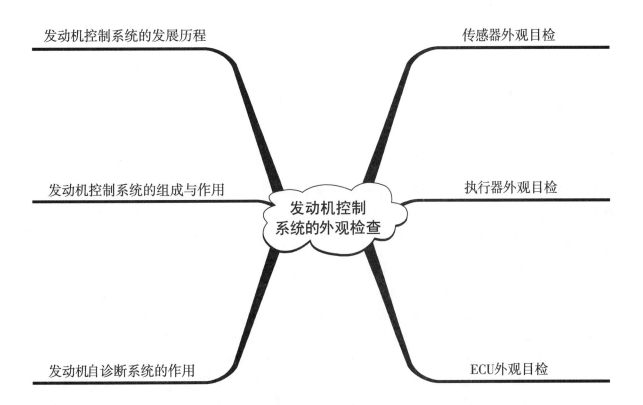

**学习任务描述**

在教师的指导下进行发动机控制系统的外观检查。

汽车是现代社会最重要的交通工具之一,目前汽车技术的发展已进入了一个全新的电子时代。

随着技术的不断进步,汽车电子控制的内容和精度也不断增加,以发动机控制系统为例,该系统已经由原来单一的燃油喷射控制系统发展到当前的集燃油喷射控制、电子点火、怠速控制、进气控制、增压控制、尾气排放控制、失效后备控制及诊断、数据通信为一体的发动机管理系统,简称"EMS",如图1-1所示。

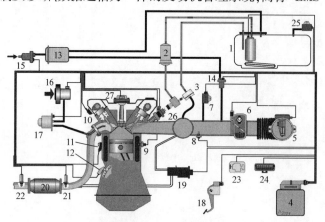

图1-1 Motronic(ME)电控燃油喷射系统

1-燃油箱;2-燃油滤清器;3-压力调节器;4-控制器;5-空气流量传感器;6-节气门位置传感器;7-压力传感器;8-进气温度传感器;9-发动机温度传感器;10-凸轮轴位置传感器;11-爆震传感器;12-发动机转速传感器;13-活性炭过滤器;14-炭罐电磁阀;15-锁止阀;16-二次空气泵;17-二次空气阀;18-电子加速踏板;19-EGR阀;20-催化器;21、22-氧传感器;23-OBD灯;24-检测接口;25-油箱压力传感器;26-喷油器;27-点火线圈

# 一、学习准备

 **1.认识发动机控制系统的发展历史。**

1973年德国博世(Bosch)公司推出K-Jetronic机械控制喷射系统。采用这种系统的代表车型是奥迪100 2.2E。

1982年德国博世(Bosch)公司推出KE-Jetronic机电混合式汽油喷射系统。采用这种系统的代表车型是奔驰300、奔驰500。

1967年,德国博世(Bosch)公司开发并批量生产通过进气管绝对压力控制空燃比的D型(D-Jetronic)电控汽油喷射系统,装备在大众汽车公司生产的VW-1600型轿车上,开创了电控汽油喷射的新时代。

1973年,德国博世(Bosch)公司在D-Jetronic系统的基础上,经改进发展成为L-Jetronic电控汽油喷射系统,该系统采用叶片式空气流量传感器直接测量进入发动机的空气体积,进而控制空燃比。这种控制方式比用进气歧管绝对压力间接获取空气量的方式精度高、稳定性好。

1982年,L-Jetronic系统进一步改进,发展成为LH-Jetronic系统。采用热线式空气流量传感器代替机械式空气流量传感器,直接测出进入发动机的空气质量。这种系统无须附加专用装置来补偿大气压力和温度的变化,并且进气阻力小,加速响应快。

此外,1980年,美国通用(GM)公司推出了一种节气门体燃油喷射系统(TBI,又称单点喷射)。

1979年,德国博世(Bosch)公司开始生产集电子点火和电控汽油喷射系统于一体的Motronic数字式发动机综合控制系统。美国和日本各大汽车公司也相继研制成功与各自车型配套的数字式电子控制汽油喷射系统。如美国GM公司的DEFI系统、日本日产公司的ECCS系统、日本丰田公司的TCCS系统等。这些系统能够对空燃比、点火时刻、怠速转速和废气再循环等方面进行综合控制,控制精度越来越高,控制功能更趋完善。

1995年,德国博世(Bosch)公司推出Motronic(ME)系统,采用电子节气门控制。

2000年,德国博世(Bosch)公司推出Motronic(MED)汽油直接喷射系统(图1-2)。

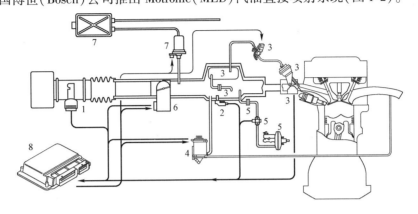

图1-2 Motronic(MED)汽油直接喷射系统

1-空气流量传感器;2-进气温度传感器;3-高压燃油供应系统;4-废气再循环阀;5-制动助力系统;6-节气门总成;7-燃油蒸发控制系统;8-发动机控制单元

 **2.认识发动机控制系统的组成。**

发动机控制系统主要由传感器、发动机控制单元、执行器三部分组成。

(1)查询相关资料,在图1-3中空白线上填写相应的发动机控制系统元件的名称。

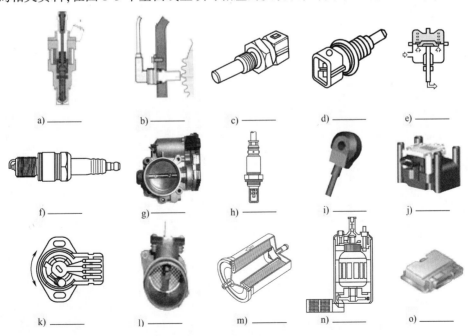

图1-3 发动机控制系统零部件

图1-3所示零部件中,属于传感器的是：_____。
属于执行器的是：_____。

小词典

传感器：装在发动机各个位置的信号转换装置,用来检测发动机运行状态下的各种参数,并将它们转换成电信号,再输送给ECU。相当于发动机的"眼睛和耳朵"。

发动机控制单元：又称"ECU",根据发动机运转状况和车辆运行状态确定燃油喷射量和点火时刻,相当于发动机的"大脑"。

执行器：用以接收ECU的指令,进行必要的动作,相当于发动机的"手和脚"。

（2）图1-4所示为大众捷达Motronic 3.8.2发动机控制系统。请根据图1-4将各元件代号填入表1-1中。

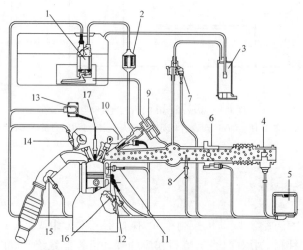

图1-4　大众捷达Motronic3.8.2发动机控制系统组成

**大众捷达发动机控制系统的元件代号及名称**　　　　　　　　　　　　　　　　表1-1

| 代号 | 元 件 名 称 | 代号 | 元 件 名 称 | 代号 | 元 件 名 称 |
| --- | --- | --- | --- | --- | --- |
|  | 燃油泵 |  | 热膜式空气流量传感器 |  | 节气门直动式怠速阀 |
|  | 汽油滤清器 |  | 节气门位置传感器 |  | 点火器 |
|  | 活性炭罐 |  | 爆震传感器 |  | 燃油箱 |
|  | 燃油压力调节器 |  | 凸轮轴位置传感器 |  | 火花塞 |
|  | 喷油器 |  | 曲轴转速传感器 |  | 进气温度传感器 |
|  | 氧传感器 |  | 炭罐电磁阀 |  |  |
|  | 冷却液温度传感器 |  | 电控单元 |  |  |

# 二、计划与实施

**3. 发动机自诊断系统的作用是什么？**

当发动机的各个传感器、执行器或电子控制系统出现故障时,仪表板上的故障指示灯将会被点亮。发动机ECU将符合故障码设置条件的故障以代码的形式存储下来,并点亮故障指示灯警示驾驶人。维修人员可以通过手持式汽车诊断电脑(或人工方式)读取故障码,为分析故障原因提供了方便。

请指出图1-5仪表板中各元件名称及作用,填写在表1-2中。

图1-5 仪表板

**仪表板中各元件名称及作用**　　　　　　　　　　　　　　　　　表1-2

| 序号 | 名称及作用 | 序号 | 名称及作用 |
| --- | --- | --- | --- |
| 1 | 燃油表:显示燃油箱燃油量 | 4 | |
| 2 | 车速表:显示车辆行驶速度 | 5 | |
| 3 | 转向指示灯:指示转向信号 | | |

 小词典

发动机自诊断系统:发动机控制模块(ECM 或 PCM)不断地检测各个传感器的信号、执行器工作情况(包括ECU本身),一旦发现有任何不正常的信号,系统都将设置故障码(DTC),并可能点亮仪表板上的故障指示灯(MIL 或 Check Engine Light)以提示驾驶人立即进行维修。

故障指示灯:用于在出现与排放相关传感器或系统故障时报警。在行车过程中,如果该灯点亮,需要进厂检修。

当待修车辆或实验室发动机台架的故障指示灯点亮时,需要使用手持式汽车诊断电脑读取故障码。

你所使用的手持式汽车诊断电脑型号是:_____。

以使用金德KT600诊断仪诊断丰田1ZR-FE发动机为例,说明读取故障码的步骤。

 小提示

在进入车辆内部操作前,需安装座椅套、转向盘套,并在车厢地板上放置地板垫。

确认变速器换挡杆处于空挡位置或停车"P"挡位置。

拉紧驻车制动器操纵杆。

(1)选择恰当的诊断插头,正确连接诊断测试仪,如图1-6所示。

(2)打开车辆诊断插座盖板,如图1-7所示。

 小提示

盖板为塑料制品,打开时不要用力过大,防止其损坏。

不同品牌车辆的诊断插座的位置需根据维修手册的描述确认。

(3)将诊断测试接头插入车辆的诊断插座中,如图1-8所示。

图1-6 连接诊断测试仪

图1-7 打开车辆诊断插座盖板

**小提示**

在插入诊断测试接头之前,需确认点火开关置于断开(OFF)位置,可保护诊断仪器免遭电流的冲击。

(4)打开点火开关,不起动发动机,如图1-9所示。

图1-8 插入诊断测试接头

图1-9 打开点火开关

(5)按压KT600诊断仪的电源开关,系统自检后进入主菜单,如图1-10所示。

(6)选择主菜单中的"汽车诊断"模块,系统进入诊断程序。在弹出的汽车图表中选择"TOYOTA"—一汽丰田车型图表,按下"OK"键,系统进入"中国车系",如图1-11所示。

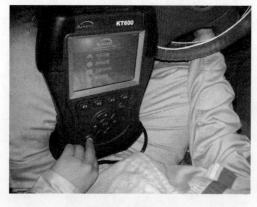

图1-10 操作诊断仪

图1-11 诊断故障

## 学习任务1 发动机控制系统的外观检查

记录由手持式汽车诊断电脑读取实验室发动机台架的故障码和故障部位。

**4. 当确定了故障部位后,需要借助汽车维修资料进行检修,如何进行汽车维修资料的查询?**

全面和准确的维修技术资料是现代汽车诊断维修的必备条件,作为现代汽车维修,"资料查询"是判断汽车故障、获取维修方法的重要手段。常用汽车维修资料主要包括下列形式:维修手册和技术资料,正规出版的汽车维修和参考书籍,专业杂志和报纸,维修资料数据库光盘,网上查询的数据库等。

在教师的指导下查阅维修手册,填写手持式汽车诊断电脑所读取故障码的对应检修步骤。

**5. 对故障部件进行目检,并将结果用红笔填写在方框内,此外对发动机控制系统的其他零部件也进行目检并填写在相应的方框内。**

### 小提示

在拔出各元件连接器前,必须先关掉点火开关。

不同类型的发动机控制系统安装的零部件不尽相同,需视具体情况作相应的部件检查。

1)冷却液温度传感器(ECT)
(1)插头连接是否良好? □ 是 □ 否
(2)拔出连接器观察端子是否锈蚀、松动? □ 是 □ 否
(3)连接到冷却液温度传感器的导线是什么颜色?有几条导线?
_____。

2)节气门位置传感器(TPS)
(1)插头连接是否良好? □ 是 □ 否
(2)拔出连接器观察端子是否锈蚀、松动? □ 是 □ 否
(3)连接到节气门位置传感器的导线是什么颜色?
_____。

3)氧传感器
(1)插头连接是否良好? □ 是 □ 否
(2)拔出连接器观察端子是否锈蚀、松动? □ 是 □ 否
(3)连接到氧传感器的导线是什么颜色?
_____。

4)空气流量传感器(或压力传感器)
(1)该车使用的是空气流量传感器还是压力传感器? □ 空气流量传感器 □ 压力传感器
(2)如果使用的是空气流量传感器,请辨别使用的是以下哪种空气流量传感器?
　　　　　□ 叶片式　　□ 卡门漩涡　　□ 热线式　　□ 热膜式

(3) 插头连接是否良好？　　　　　　　　　　　　□是　　　　□否
(4) 拔出连接器观察端子是否锈蚀、松动？　　　　□是　　　　□否
(5) 连接到空气流量传感器的导线是什么颜色？
_____

5) 曲轴位置传感器
　(1) 插头连接是否良好？　　　　　　　　　　　　□是　　　　□否
　(2) 拔出连接器观察端子是否锈蚀、松动？　　　　□是　　　　□否
　(3) 描述曲轴位置传感器的安装位置：_____。
　(4) 连接到曲轴位置传感器的导线是什么颜色？
_____
　(5) 该传感器是哪种类型的传感器？　　□磁电式　　□光电式　　□霍尔式

6) 凸轮轴位置传感器
　(1) 该车是否安装了凸轮轴位置传感器？　　　　　□是　　　　□否
　(2) 插头连接是否良好？　　　　　　　　　　　　□是　　　　□否
　(3) 拔出连接器观察端子是否锈蚀、松动？　　　　□是　　　　□否
　(4) 描述凸轮轴位置传感器的安装位置：_____。
　(5) 连接到凸轮轴位置传感器的导线是什么颜色？
_____

7) 进气温度传感器
　(1) 插头连接是否良好？　　　　　　　　　　　　□是　　　　□否
　(2) 拔出连接器观察端子是否锈蚀、松动？　　　　□是　　　　□否
　(3) 描述进气温度传感器的安装位置：_____。
　(4) 描述进气温度传感器的作用：_____。
　(5) 连接到进气温度传感器的导线是什么颜色？
_____

8) 爆震传感器
　(1) 插头连接是否良好？　　　　　　　　　　　　□是　　　　□否
　(2) 拔出连接器观察端子是否锈蚀、松动？　　　　□是　　　　□否
　(3) 描述爆震传感器的安装位置：_____。
　(4) 描述爆震传感器的作用：_____。
　(5) 连接到爆震传感器的导线是什么颜色？
_____

9) 喷油器（部分车辆需要拆卸进气管才能检查）
　(1) 插头连接是否良好？　　　　　　　　　　　　□是　　　　□否
　(2) 拔出连接器观察端子是否锈蚀、松动？　　　　□是　　　　□否
　(3) 描述喷油器的安装位置：_____。
　(4) 连接到喷油器的导线是什么颜色？共有几条导线？
_____
　(5) 喷油器是否能够转动？　　　　　　　　　　　□是　　　　□否
　(6) 如果不能转动则说明喷油器安装是否有问题？　□是　　　　□否

学习任务1　发动机控制系统的外观检查

10）点火器
(1) 插头连接是否良好？　　　　　　　　　　　　□是　　　□否
(2) 拔出连接器观察端子是否锈蚀、松动？　　　　□是　　　□否
(3) 描述点火器的安装位置：_____。
(4) 连接到点火器的导线是什么颜色？共有几条导线？
_____。

11）炭罐电磁阀（EVAP 电磁阀）
(1) 插头连接是否良好？　　　　　　　　　　　　□是　　　□否
(2) 拔出连接器观察端子是否锈蚀、松动？　　　　□是　　　□否
(3) 描述炭罐电磁阀的安装位置：_____。
(4) 连接到炭罐电磁阀的导线是什么颜色？共有几条导线？
_____。

12）EGR 阀（废气再循环）
(1) 插头连接是否良好？　　　　　　　　　　　　□是　　　□否
(2) 拔出连接器观察端子是否锈蚀、松动？　　　　□是　　　□否
(3) 描述 EGR 阀的安装位置：_____。
(4) 连接到 EGR 阀的导线是什么颜色？共有几条导线？
_____。

13）燃油泵（如果为外置式则检查，为内置式则不检查）
(1) 插头连接是否良好？　　　　　　　　　　　　□是　　　□否
(2) 拔出连接器观察端子是否锈蚀、松动？　　　　□是　　　□否
(3) 描述燃油泵的安装位置：_____。
(4) 连接到燃油泵的导线是什么颜色？共有几条导线？
_____。

14）发动机控制单元
(1) 插头连接是否良好？　　　　　　　　　　　　□是　　　□否
(2) 描述发动机控制单元的安装位置：_____。

**学习拓展**

(1) 连接器端子生锈对发动机电控系统有什么影响？在什么情况插头容易生锈？

(2) 在新型车辆上，其连接器往往装有橡胶密封圈，其作用是什么？

**6. 查询相关维修资料，在通用、大众等车型上查找发动机控制系统的元件，并描述安装位置，将结果填写在表 1-3 中。**

通用、大众车型发动机控制系统的元件安装位置　　　　　　　　　　　　　　　　　　　　　　　　表 1-3

| 元件名称 | 是否装备 | 安装位置 |
|---|---|---|
| 空气流量传感器 | □是　□否 | |
| 进气歧管压力传感器 | □是　□否 | |
| 曲轴转速传感器 | □是　□否 | |
| 凸轮轴转速传感器 | □是　□否 | |
| 冷却液温度传感器 | □是　□否 | |
| 进气温度传感器 | □是　□否 | |
| 排气温度传感器 | □是　□否 | |
| 节气门位置传感器 | □是　□否 | |
| 爆震传感器 | □是　□否 | |
| 氧传感器 | □是　□否 | |
| 喷油器 | □是　□否 | |
| 燃油泵 | □是　□否 | |
| EGR 阀(废气再循环) | □是　□否 | |
| 三元催化器 | □是　□否 | |
| 活性炭罐电磁阀 | □是　□否 | |

**7. 查询相关维修资料，叙述发动机控制系统各元件的作用，完成表 1-4。**

发动机控制系统各元件的作用　　　　　　　　　　　　　　　　　　　　　　　　　　　　　　　表 1-4

| 元件名称 | 作用 |
|---|---|
| 空气流量传感器 | 将吸入发动机的空气量转换成电信号送至发动机 ECU，ECU 将该信号作为喷油、点火、急速控制和尾气排放的主要控制信号 |
| 进气歧管压力传感器 | 在 D 型电控燃油喷射系统中，进气压力传感器测量进气管压力，并将信号输入 ECU，ECU 将该信号作为 ＿＿＿＿、＿＿＿＿、急速控制和尾气排放的＿＿＿＿(主控/修正)信号 |
| 曲轴转速传感器 | 检测发动机曲轴转速信号，并以电信号的形式输送给 ECU，ECU 将该信号作为＿＿＿＿、＿＿＿＿、急速控制和尾气排放的＿＿＿＿(主控/修正)信号 |
| 凸轮轴转速传感器 | 向 ECU 提供凸轮轴位置信号，是点火正时的重要信号 |
| 冷却液温度传感器 | 用来检测＿＿＿＿温度，并将温度信号转变成＿＿＿＿(光/电/磁)信号输送给发动机控制模块，作为汽油喷射、点火正时、急速和尾气排放控制的重要＿＿＿＿(主控/修正)信号 |
| 进气温度传感器 | 用来检测发动机进气温度，并向 ECU 输入温度信号，作为喷油和点火的修正信号 |

续上表

| 元件名称 | 作　　用 |
|---|---|
| 排气温度传感器 | 排气温度传感器用来检测发动机排出的废气温度,以确定氧传感器是否达到工作温度,以及判断三元催化器是否过热 |
| 节气门位置传感器 | 将发动机的负荷信息及节气门位置信息以电压信号形式输入ECU。作为发动机_____、_____、_____及尾气排放控制中重要的_____(主控/修正)信号 |
| 爆震传感器 | 用来检测发动机是否发生爆燃,并将其转换成电信号,输送到发动机控制单元 |
| 氧传感器 | 检测排气中的含氧量,向ECU输入空燃比的反馈信号,进行喷油量的闭环控制 |
| 喷油器 | 在ECU控制下,将雾化良好的汽油喷入进气道或汽缸内 |
| 燃油泵 | 将汽油从油箱中抽出,加压后通过燃油管道输送到喷油器。它常安装在油箱内 |
| EGR阀(废气再循环) | |
| 三元催化器 | |
| 活性炭罐电磁阀 | |

## 三、评价与反馈

1. 学习自测题

(1)使用热线式空气流量传感器测量进气量的是(　　)型电控燃油系统。

　　A. L　　　　　　B. D　　　　　　C. LH　　　　　　D. TBI

(2)(　　)是电控发动机喷油、点火的主控信号。

　　A. 氧传感器　　　B. 冷却液温度传感器　　C. 空气流量传感器　　D. 进气温度传感器

(3)电控系统包括(　　)。

　　A. 传感器　　　　B. ECU　　　　　　C. CPU　　　　　　D. 执行器

(4)属于执行器的有(　　)。

　　A. 空气流量传感器　B. 喷油器　　　　　C. 点火器　　　　　D. 汽油滤清器

(5)D型电控燃油喷射系统使用空气流量传感器测量进气量。

　　A. 正确　　　　　B. 错误

(6)请列举5种传感器和3种执行器的名称。

2. 维修信息获取练习

(1)列举你经常浏览的汽车技术网站1~2个,并将你认为关于发动机控制系统维修资料比较齐全的网站推荐给其他同学。

(2)根据你所学的知识,查阅维修手册,总结记录发动机控制系统各个传感器安装位置的规律。

3. 学习目标达成度的自我检查(表1-5)

自我检查表　　　　　　　　　　　　　　　　　　　表1-5

| 序号 | 学习目标 | 达成情况(在相应的选项后打"√") | | |
|---|---|---|---|---|
| | | 能 | 不能 | 如果不能,是什么原因 |
| 1 | 叙述发动机控制系统发展历史 | | | |
| 2 | 叙述发动机控制系统的基本组成与功用 | | | |
| 3 | 叙述自诊断系统的作用 | | | |
| 4 | 查询相关资料,准确查找各传感器、执行器的安装位置,对各元件进行外观检查 | | | |
| 5 | 总结各元件安装位置的规律 | | | |

4. 日常表现性评价(由小组长或者组内成员评价)

(1)工作页填写情况。(　　)
　　A. 填写完整　　　　B. 缺失0~20%　　　C. 缺失20%~40%　　　D. 缺失40%以上

(2)工作着装是否规范?(　　)
　　A. 穿着校服(工作服),佩戴胸卡　　　　B. 校服或胸卡缺失一项
　　C. 偶尔会既不穿校服又不戴胸卡　　　　D. 始终未穿校服、佩戴胸卡

(3)能否主动参与工作现场的清洁和整理工作?(　　)
　　A. 积极主动参与5S工作　　　　　　　　B. 在组长的要求下能参与5S工作
　　C. 在组长的要求下能参与5S工作,但效果差　　D. 不愿意参与5S工作

(4)是否达到全勤?(　　)
　　A. 全勤　　　　　　　　　　　　　　　B. 缺勤0~20%(有请假)
　　C. 缺勤0~20%(旷课)　　　　　　　　 D. 缺勤20%以上

(5)总体印象评价。(　　)
　　A. 非常优秀　　　　B. 比较优秀　　　　C. 有待改进　　　　D. 急需改进

(6)其他建议:

小组长签名:_____　　　　　　　　　　　　　_____年____月____日

5. 教师总体评价

(1)对该同学所在小组整体印象评价。(　　)
　　A. 组长负责,组内学习气氛好
　　B. 组长能组织组员按要求完成学习任务,个别组员不能达到学习目标

C. 组内有 30% 以上的学员不能达到学习目标
D. 组内大部分学员不能达到学习目标

(2) 对该同学整体印象评价：

_____

_____

_____。

教师签名：_____　　　　　　　　_____年____月____日

# 学习任务2　电子控制单元电源电路的检测与维修

> **学习目标**
>
> 完成本学习任务后,你应当能:
> 1. 叙述电子控制单元(ECU)的作用、基本组成和工作原理;
> 2. 区分数字信号与模拟信号;
> 3. 分析电子控制单元(ECU)电源电路,准确识别电子控制单元各端子;
> 4. 规范进行电子控制单元(ECU)电源电路检测。
>
> **建议完成本学习任务为10学时**

## 内容结构

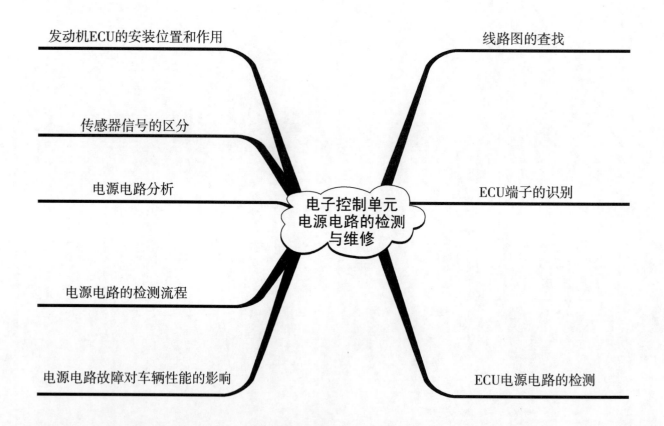

## 学习任务2　电子控制单元电源电路的检测与维修

　学习任务描述

一台发动机控制系统电路有故障,在进行其他电路检查之前,首先应确认发动机控制单元电源与搭铁是否正常,如不正常需查出故障部位,并进行维修或更换。

在现代电控发动机中,电子控制系统主要由电子控制单元、传感器和执行器三部分组成。电子控制单元(Engine Control Unit),又称ECU,是电控系统的核心。而它的电源电路是否正常,直接影响ECU工作及发动机运转是否正常。

## 一、学习准备

　**1. 电子控制单元(ECU)有什么作用?**

电子控制单元(ECU)(图2-1)是电控系统的核心,它通过采集发动机转速、空气流量、冷却液温度等各种信号,进行处理和运算后,控制发动机的喷油量、点火正时、怠速和尾气排放,使发动机能在各种工况下保持较好的动力性、经济性和尾气排放性能(图2-2)。此外,ECU还具有失效保护、故障自诊断等作用。

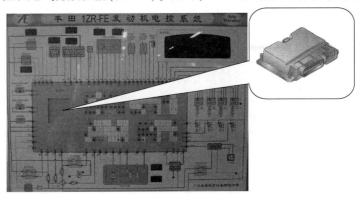

图2-1　电子控制单元

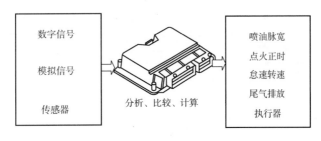

图2-2　控制流程

## 二、计划与实施

　**2. ECU发生故障对车辆性能有何种影响?**

(1)在实车或发动机台架中,起动发动机,观察发动机运转情况并记录到表2-1中。

无故障发动机运转情况记录表　　　　　　　　　　　　　　　　　　表2-1

| 发动机运转情况 | 观察结果 | |
| --- | --- | --- |
| 打开点火开关发动机故障指示灯是否点亮 | □ 点亮 | □ 熄灭 |
| 着车时起动机是否转动 | □ 转动 | □ 不转动 |
| 发动机是否正常起动 | □ 正常 | □ 不正常 |
| 冷却风扇是否常转动 | □ 转动 | □ 不转动 |

（2）故障设置1：将发动机ECU的电源断开，再次起动发动机，观察发动机运转情况并记录到表2-2中。

ECU电源断路发动机运转情况记录表　　　　　　　　　　　　　　表2-2

| 发动机运转情况 | 观察结果 | |
| --- | --- | --- |
| 打开点火开关发动机故障指示灯是否点亮 | □ 点亮 | □ 熄灭 |
| 着车时起动机是否转动 | □ 转动 | □ 不转动 |
| 发动机是否正常起动 | □ 正常 | □ 不正常 |
| 冷却风扇是否常转动 | □ 转动 | □ 不转动 |

（3）故障设置2：将发动机ECU的搭铁线松开，再次起动发动机，观察发动机运转情况并记录到表2-3中。

ECU搭铁断路发动机运转情况记录表　　　　　　　　　　　　　　表2-3

| 发动机运转情况 | 观察结果 | |
| --- | --- | --- |
| 打开点火开关发动机故障指示灯是否点亮 | □ 点亮 | □ 熄灭 |
| 着车时起动机是否转动 | □ 转动 | □ 不转动 |
| 发动机是否正常起动 | □ 正常 | □ 不正常 |
| 冷却风扇是否常转动 | □ 转动 | □ 不转动 |

（4）你认为下列哪些原因可能会导致相同的故障现象？
□ 进气系统故障，如空气滤清器堵塞。
□ 发动机机械系统故障，如发动机汽缸压力不足、气门正时故障等。
□ 燃油供给系统故障，如燃油压力不足、喷油器不工作。
□ 点火系统故障，如点火器故障、高压线。
□ 电子控制系统故障，如传感器故障、ECU故障和执行器故障。

 小提示

由于车辆出现的故障现象可能有多种故障原因，维修车辆时，需要结合车辆的具体情况进行针对性的故障排除。

**3.** 以丰田 1ZR—FE 发动机台架为例,当初步确认 ECU 可能存在故障时,则需作必要的检测。阅读图 2-3 相关电路图,并回答下列问题。

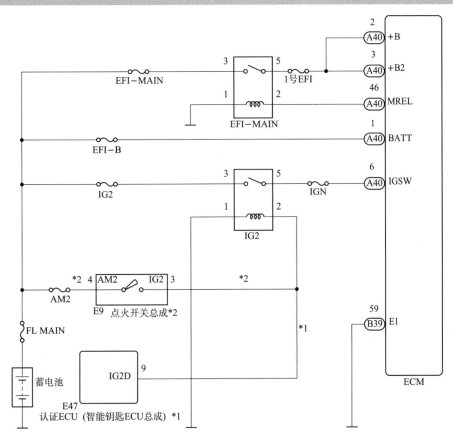

*1:带智能进入和起动系统
*2:不带智能进入和起动系统

图 2-3　1ZR-FE 发动机电子控制单元电路图

(1)电源电路常用的检测仪器有汽车专用万用表等,如何用万用表检查电压、电阻?

(2)蓄电池常电端子是否受点火开关控制?如果它的电压为 0V,则发动机有何故障现象?其标准电压为多少?

(3)蓄电池+B端子是否受点火开关控制?如果它的电压为 0V,则发动机有何故障现象?其标准电压为多少?

## 小提示

与 ECU 部分相关的故障主要有：ECU 电源电路故障（包括电源供应、搭铁等）、ECU 内部故障。在考虑更换 ECU 之前，需要检查所有的传感器工作是否正常，蓄电池的电压是否正常，ECU 电源电路是否良好。

**4. 当 ECU 电源电路出现故障时，应如何对其进行检查、诊断？**

（1）查阅维修手册，将发动机 ECU 的 BATT 端子与 E1 端子之间短路的故障诊断流程补充完全（图 2-4）。

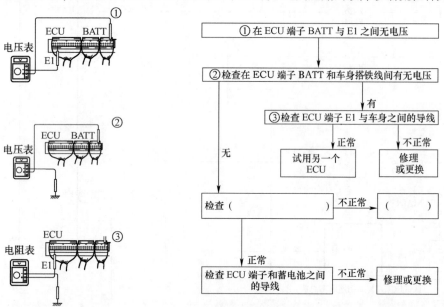

图 2-4　ECU 电源电路检测流程

（2）查阅维修手册，将发动机 ECU +B 端子与 E1 端子之间短路的诊断流程补充完全（图 2-5）。

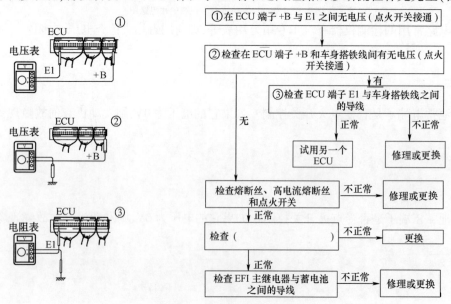

图 2-5　ECU 电源电路检测流程

(3)检查 ECU 电源电路,并将数据填写在下列方框或横线中。
①ECU 外观目检。
a. 线束连接器是否连接良好? □ 是　　□ 否
b. 拔出线束连接器,观察是否有锈蚀、松动? □ 是　　□ 否
②关闭点火开关,测量:
BATT、E1 端子之间电压:_____V;标准电压:_____V。
BATT 与发动机机体(即搭铁)之间电压:_____V;标准电压:_____V。

> **小提示**
>
> 检测电路时,如果需要断开和接合线束插头,在操作前应先关闭点火开关,再断开蓄电池负极。

以上测量数据与标准数据相比是否正常? 如果不正常,请你参照图 2-4 进行检测,并分析故障原因及给出维修建议。

故障原因:


维修建议:


③打开点火开关,测量:
+B、E1 端子之间电压:_____V;标准电压:_____V。
+B 与发动机机体(即搭铁)之间电压:_____V;标准电压:_____V。
以上测量数据与标准数据相比是否正常? 如果不正常,请你参照图 2-5 进行检测,并分析故障原因及写出维修建议。

故障原因:


维修建议:


④打开点火开关,测量:
VC、E1 端子之间电压:_____V;标准电压:_____V。
VC 与发动机机体(即搭铁)之间电压:_____V;标准电压:_____V。
查找维修手册,记录标准数据并与测量数据对比,判读该数据是否异常。如有异常,试分析故障原因及写出维修建议。

标准数据:


故障原因:

维修建议：

根据以上检查结果,你的结论及维修建议是：

**5.** 检修实车的 ECU 电源电路时,需要根据维修手册确定 ECU 的安装位置,并准确识别 ECU 端子。在教师的指导下,以丰田 1ZR-FE 发动机为例,识别该车型的 ECU 端子并测量 ECU 电路。

(1)查找待修车辆的维修手册,确定发动机 ECU 的位置,并向小组其他成员展示。
①试验汽车品牌：_____。
②ECU 的安装位置：_____。

小提示

ECU 常见安装位置：仪表板、杂物箱或控制台中其他零部件的下面或后面。

(2)根据维修手册,将丰田 1ZR-FE 发动机 ECU 端子(图 2-6)进行编号。

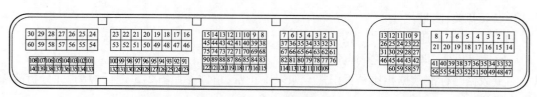

图 2-6　丰田 1ZR-FE 发动机 ECU 端子

(3)在表 2-4 中填写 ECU(图 2-6)各端子含义,并指出是输入信号还是输出信号(用√号表示,用—表示空白)。

丰田 1ZR—FE 发动机 ECU 端子　　　　　　　　　　　　　表 2-4

| 端子编号(符号) | 配线颜色 | 端子描述 | 条件 | 规定状态 |
| --- | --- | --- | --- | --- |
|  |  |  |  |  |
|  |  |  |  |  |
|  |  |  |  |  |
|  |  |  |  |  |
|  |  |  |  |  |
|  |  |  |  |  |
|  |  |  |  |  |

参照丰田1ZR-FE的端子图,实车测量ECU电源电路并记录。

**6. ECU如果损坏只能整体更换,查找相关资料,说明在更换ECU时有什么注意事项。**

(1)更换发动机ECU时,为什么需要准确识别车辆的年、厂、型和发动机排量,还要知道发动机ECU上写的OEM零件号?

(2)为什么拆卸旧发动机ECU和安装新发动机ECU之前都应当断开蓄电池?

(3)许多发动机ECU在安装后或断开电源后,必须要经过"再学习"过程,如何实现这一过程?

**7. ECU有哪些常见故障,如何避免由于操作不当造成的ECU损坏?**

发动机ECU的故障主要是:焊点松脱、电容元件失效、集成块损坏等。发动机ECU一旦出现故障,会造成发动机不能起动或难于起动、无高速、耗油量大等现象。导致这些故障的原因,除使用时间过长自然磨损老化外,一般由以下原因引起。

1)环境因素

水是最主要的原因。如果发动机ECU中进水,将造成短路和不可恢复的腐蚀、接头损坏等。其次是过热和振动,这可能会在电路板中引起微小的裂纹(可修复)。

2)电流超载

电流超载通常是因为电磁阀或执行器内的电路短路引起的。如果短路的电磁阀或执行器未被发现和修复,就直接更换发动机ECU,新换的发动机ECU会再次损坏。因此,在换用新的发动机ECU之前,一定要彻底查清原ECU的损坏原因。

3)不规范的操作

如在拆装过程中未采取静电防护措施,安装发动机ECU之前未断开蓄电池,用内阻较小的电阻表测量ECU端子等。

在对ECU进行操作时要做好防静电措施,下面哪些是防静电措施?

□ 每次对ECU操作前,先用手摸一下汽车上的搭铁点。

□ 在对ECU检查时,尽可能不要用手触摸ECU的端子,除非维修程序要求必须这样做。

□ 使用电压表时,应先连接表的负表笔。

□ 在更换ECU,打开ECU的防静电外包装前,应注意自己本身的搭铁及防静电外包装的搭铁。

**8. ECU电源电路中,BATT、+B端子都是ECU的供电端子,它们的作用有什么不同,与ECU的组成、与基本结构之间存在什么关联?如何解释VC的作用?**

ECU的组成与基本结构:ECU主要由输入回路、A/D转换器、CPU和输出回路组成,其核心是CPU(图2-7)。

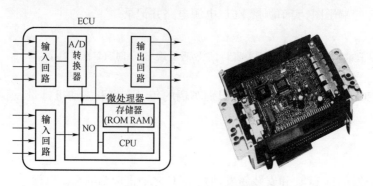

图2-7 ECU组成与基本结构

（1）输入回路。微处理器只能识别0～5V的数字信号，但传感器输送给发动机ECU的信号有两种：一种是数字信号，一种是模拟信号。

小词典

数字信号：用一系列断续变化的电压脉冲或光脉冲来表示信号。

模拟信号：信号的幅度（如电压、电流、场强等）随着时间连续变化，即信号在时间上没有突变（图2-8）。

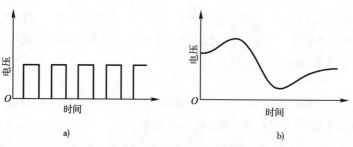

图2-8 数字信号与模拟信号

a）数字信号；b）模拟信号

查找相关资料，请指出下列传感器产生的信号哪些是数字信号，哪些是模拟信号？并在相应的方框内打"√"。

|  | | |
|---|---|---|
| 进气歧管压力传感器 | □ 模拟信号 | □ 数字信号 |
| 叶片式空气流量传感器 | □ 模拟信号 | □ 数字信号 |
| 氧传感器 | □ 模拟信号 | □ 数字信号 |
| 滑动电阻式节气门位置传感器 | □ 模拟信号 | □ 数字信号 |
| 霍尔式凸轮轴位置传感器 | □ 模拟信号 | □ 数字信号 |
| 光电式的曲轴位置传感器 | □ 模拟信号 | □ 数字信号 |

对于不同的输入信号，输入回路的作用也不相同；对于模拟信号，输入回路的作用就是将信号波形的杂波滤去，而对于数字信号而言，其作用是削峰后转换成0～5V的方波状信号（图2-9）。

（2）A/D（模拟/数字）转换器。微处理器不能直接处理模拟信号，A/D转换器的作用就是将模拟信号转换成数字信号，然后输入微处理器进行处理（图2-10）。

（3）微处理器。微处理器主要由中央处理器（CPU）、存储器（RAM、ROM）、输入/输出（I/O）接口组成。

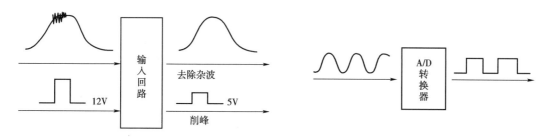

图 2-9 输入回路作用　　　　　　图 2-10 A/D 转换器

①中央处理器(CPU)。中央处理器(CPU)是整个控制系统的核心,所有的数据都要在 CPU 内进行运算。当接收到各传感器的信号后,中央处理器根据预先设定的要求进行算术运算和逻辑运算,并控制燃油喷射、点火、怠速以及排放等系统。

②存储器(RAM、ROM)。存储器主要用来储存信息资料。存储器一般分为两种:

a. 既能读出又能写入的随机存储器 RAM(Random Access Memory)。主要用来存储计算机操作时的可变数据,如发动机的自学习参数、故障码等。当切断电源时,所有存入 RAM 的数据会完全丢失。为了长期保存这些数据,如故障码、空燃比学习修正值等,防止点火开关关闭时这些数据的丢失,RAM 一般都通过专用的后备电源电路与蓄电池直接连接。当后备电源电路断开或蓄电池上的电源线拔掉时,存入 RAM 的数据也会丢失。

根据所学知识,说明 ECU 的 BATT 供电端子的作用。

b. 只读存储器 ROM(Read Only Memory)。用来储存一系列控制程序,如喷油特性脉谱图、点火正时脉谱图(图 2-11)等,是由制造厂家一次性写入的,存储器中的内容不可更改。

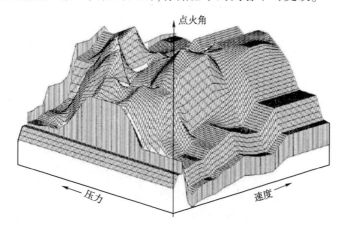

图 2-11 点火正时脉谱图

 小提示

清除故障码和冻结帧数据前,应先读取并打印出存储器中的故障码和冻结帧数据。

不要轻易断开蓄电池负极,否则,将丢失存储器中的故障码、冻结帧数据、设定的参数、自适应参数、时钟信息,甚至锁死音响系统(有些车型)。

在用手持式汽车诊断电脑对 ECU 进行编码时,ECU 的供电电压必须正常(12~14V),而且操作过程中不能断电,否则,编码就会失败,甚至会损坏 ECU。

③输入/输出接口。输入/输出接口是 CPU 与传感器、执行器进行正常通信的控制电路,是微处理器中不可缺少的部分。

(4)输出回路。输出回路主要作用就是将由 ECU 内部电源电路(图 2-12)产生的低电压数字信号 VC 转换成可以驱动执行器工作的控制信号。一般由 CPU 输出的信号控制大功率电子元件(如晶体管)的导通和截止,从而控制执行器的供电或搭铁,控制执行器的动作。

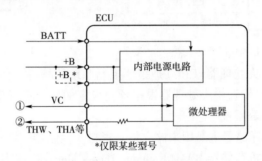

图 2-12　ECU 的内部电源电路

①-从 5V 恒定电压电路输出 5V 电压;②-从 5V 恒定电压电路经过电阻器输出 5V 电压

VC 也是由 ECU 提供给许多传感器的工作电源。

小提示

当内部电源电路(+5V 恒定电压电路)断路或短路时,由 ECU 提供 5V 电源电压的传感器都不再工作。

当内部电源电路(+5V 恒定电压电路)短路时,微处理器不再工作,所以使 ECU 也不再工作。

关闭点火开关,测量 VC、E1 端子之间电压:_____V,据此你能否说明 ECU 的 +B 供电端子的作用?

## 三、评价与反馈

1. 使用(维修)案例分析

利用你所学习的知识,分析别克威朗由于 ECU 电源不良而导致故障。

故障现象:别克威朗发动机无法起动。钥匙转到起动位置的时候,起动机不转,仪表防滑灯点亮。

故障排除:连接手持式汽车诊断电脑连接诊断接口,进入发动机控制模块,发现无法通信。进入其他控制模块发现可以正常进入,进入车身控制模块后,读取故障码为与发动机控制模块失去通信。故初步估计故障原因在于发动机 ECU 或其供电电路不良。查阅别克威朗发动机 ECU 电路图(如图 2-13)后,首先检查发动机 ECU 搭铁电路,结果正常。再检查发动机 ECU 的电源电路,发现 X1 的 15 号脚没有电压,检查线路上方的 X55AF 熔断丝,发现熔断丝熔断,并且检查后没有发现短路。换用新的熔断丝后,再次起动,发动机起动正常,并且通信正常,没有故障码。

(1)根据图 2-13 判断,如果 X2 的 73 脚发生断路,会有什么故障现象?

## 学习任务2 电子控制单元电源电路的检测与维修

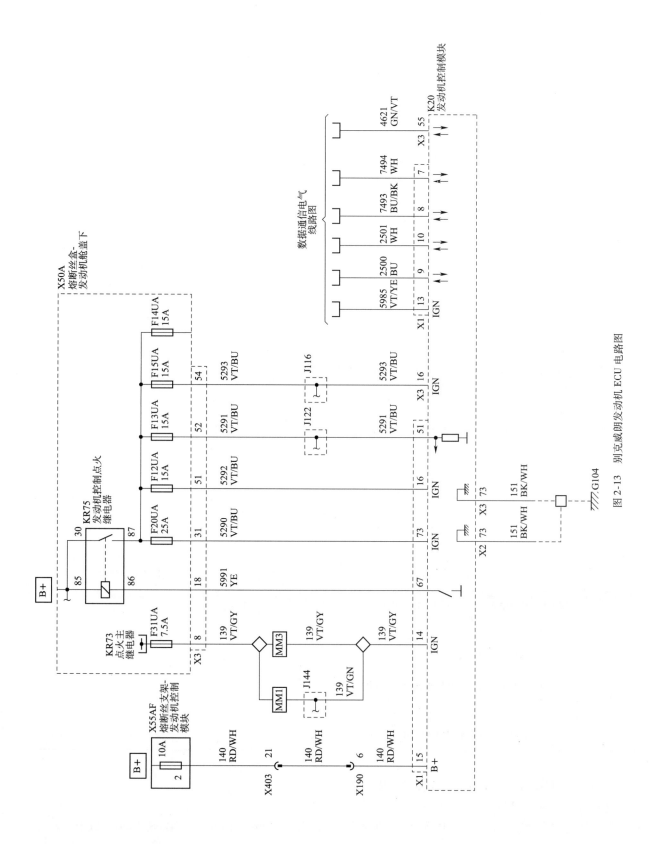

图 2-13 别克威朗发动机 ECU 电路图

(2)除了电源线路和搭铁线路,是否还有其他故障也会导致同样的故障现象?请具体说明。

(3)在课堂上向其他小组同学阐述以上两问题的原因。

2.学习自测题

(1)执行器应通过(　　)端子搭铁,以确保ECU不受干扰。

　　A.BATT　　　　　　B.E1　　　　　　C.E01或E02　　　　D.+B

(2)ECU通过(　　)端子搭铁,以确保ECU不受干扰。

　　A.E01或E02　　　　B.BATT　　　　　C.+B　　　　　　　D.E1

(3)(　　)端子为ECU提供电压,保证ECU的自学习参数等信息的存储。

　　A.BATT　　　　　　B.E1　　　　　　C.VC　　　　　　　D.+B

(4)(　　)可导致ECU的损坏。

　　A.进水　　　　　　B.过热　　　　　C.静电　　　　　　D.老化

(5)如果解码器无法和发动机ECU通信,则可能的故障原因有(　　)。

　　A.解码器故障　　　B.通信电缆故障　C.ECU故障　　　　D.ECU电路故障

(6)模拟信号用一系列断续变化的电压脉冲或光脉冲来表示。(　　)

　　A.正确　　　　　　B.错误

3.维修信息获取练习

通过维修手册查阅其他车型发动机的ECU端子图,记录BATT、+B、E1等端子的编号。

4.学习目标达成度的自我检查(表2-5)

自 我 检 查 表　　　　　　　　　　　　　　　　　　　表2-5

| 序号 | 学习目标 | 达成情况(在相应的选项后打"√") | | |
|---|---|---|---|---|
| | | 能 | 不能 | 如果不能,是什么原因 |
| 1 | 叙述电子控制单元(ECU)的作用、基本组成和工作原理 | | | |
| 2 | 区分数字信号与模拟信号 | | | |
| 3 | 分析电子控制单元(ECU)电源电路,准确识别电子控制单元各端子 | | | |
| 4 | 规范地进行电子控制单元(ECU)电源电路检测 | | | |

5.日常表现性评价(由小组长或者组内成员评价)

(1)工作页填写情况。(　　)

　　A.填写完整　　　　B.缺失0~20%　　C.缺失20%~40%　　D.缺失40%以上

(2)工作着装是否规范?(　　)
　　A.穿着校服(工作服),佩戴胸卡　　　　B.校服或胸卡缺失一项
　　C.偶尔会既不穿校服又不戴胸卡　　　　D.始终未穿校服、佩戴胸卡
(3)能否主动参与工作现场的清洁和整理工作?(　　)
　　A.积极主动参与5S工作
　　B.在组长的要求下能参与5S工作
　　C.在组长的要求下能参与5S工作,但效果差
　　D.不愿意参与5S工作
(4)操作汽车举升器或起动发动机时,有无进行安全检查并警示其他同学?(　　)
　　A.有安全检查和警示　　　　　　　　　B.有警示,无安全检查
　　C.有安全检查,无警示　　　　　　　　D.无安全检查,无警示
(5)是否达到全勤?(　　)
　　A.全勤　　　　　　　　　　　　　　　B.缺勤0~20%(有请假)
　　C.缺勤0~20%(旷课)　　　　　　　　　D.缺勤20%以上
(6)总体印象评价。(　　)
　　A.非常优秀　　　　B.比较优秀　　　　C.有待改进　　　　D.急需改进
(7)其他建议:

_____

_____

小组长签名:_____　　　　　　　　　_____年____月____日

**6.教师总体评价**

(1)对该同学所在小组整体印象评价。(　　)
　　A.组长负责,组内学习气氛好
　　B.组长能组组员按要求完成学习任务,个别组员不能达成学习目标
　　C.组内有30%以上的学员不能达成学习目标
　　D.组内大部分学员不能达成学习目标
(2)对该同学整体印象评价:

_____

_____

_____。

教师签名:_____　　　　　　　　　_____年____月____日

# 学习任务3　曲轴位置传感器的检测与维修

**学习目标**

完成本学习任务后,你应当能:
1. 叙述曲轴位置传感器的种类、作用;
2. 叙述霍尔效应、磁感应电动势的基本概念;
3. 分析曲轴位置传感器的工作原理,Ne 信号和 G 信号的关系;
4. 规范地进行霍尔式曲轴位置传感器检查;
5. 参考检查流程图对磁感应式曲轴位置传感器进行检查。

**建议完成本学习任务为 8 学时**

## 内容结构

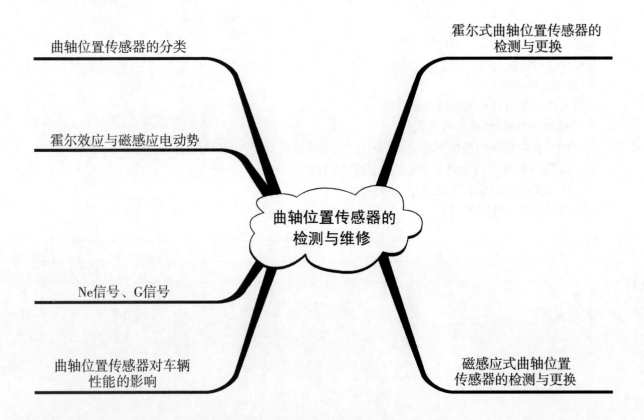

## 学习任务3 曲轴位置传感器的检测与维修

 **学习任务描述**

一台电控发动机不能起动,通过手持式汽车诊断电脑的检查,检测出与曲轴位置传感器相关的故障码,需要对曲轴位置传感器及电路进行检查,确定故障部位,并维修或更换。

曲轴位置传感器是电控发动机中最重要的传感器,也是点火系统和燃油喷射系统共用的传感器。

### 一、学习准备

 **1. 曲轴位置传感器的作用是什么?**

请根据图3-1所示正确回答问题。

比较图3-1a)、b)两图,_____[a)图/b)图]发动机有可能成功点火。请根据你的选择,简要说明原因。

由此可知,发动机若要顺利点火,发动机ECU必须获取各个汽缸中活塞运动的精确位置。而活塞在汽缸中的位置可以通过曲轴运转的角度反映,如图3-2所示。

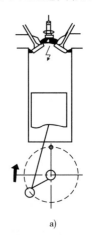 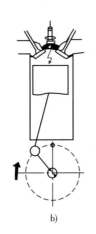 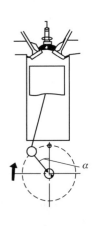

a)            b)

图3-1 活塞位置对点火的影响     图3-2 曲轴角度和活塞位置的关系

曲轴位置传感器的功用是检测发动机曲轴运转角度,将和曲轴角度一一对应的活塞运行位置信号及时送至发动机ECU,用以控制点火正时和喷油正时。同时,曲轴位置传感器也是测量发动机转速(Ne信号)的信号源。

### 二、计划与实施

 **2. 某故障车辆的电控发动机不能起动,通过手持式汽车诊断电脑的检查,检测出与曲轴位置传感器相关的故障码,需对曲轴位置传感器及电路进行检修,曲轴位置传感器安装在发动机(或车辆)的什么位置?**

将车辆信息与客户投诉填写在表3-1中。

车辆信息与客户投诉表　　　　　　　　　　　表 3-1

| 项　目 | 内　容 |
| --- | --- |
| 车辆识别代号（VIN） | |
| 发动机型号 | |
| 外观目检（整车） | |
| 客户投诉 | 发动机不能起动 |
| 维修接待员的维修意见 | 检查曲轴位置传感器及其线路，检查发动机 ECU |

不同车型的曲轴位置传感器，其安装位置不一定相同。图 3-3 是丰田 1ZR—FE 发动机曲轴位置传感器和凸轮轴位置传感器的安装位置。

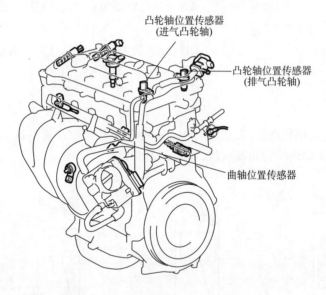

图 3-3　丰田 1ZR—FE 发动机曲轴位置传感器的安装位置

查阅维修资料，描述待修车辆的曲轴位置传感器的安装位置。

参照这一方法，查找并简述其他车型（如大众、本田等）曲轴位置传感器的安装位置，并分析不同车型曲轴位置传感器的安装位置有什么特点。

**3. 曲轴位置传感器的功用是检测发动机曲轴运转角度，实际在车辆上应用的曲轴位置传感器有哪些类型？**

曲轴位置传感器根据产生信号的原理可分为磁感应式、霍尔式和光电式三种。其中磁感应式曲轴位置传感器产生的是模拟信号（图 3-4），霍尔式曲轴位置传感器、光电式曲轴位置传感器产生的是数字信号，霍尔式曲轴位置传感器的信号如图 3-5 所示。

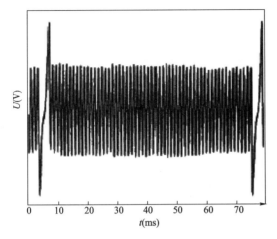
图3-4 磁感应式曲轴位置传感器信号波形

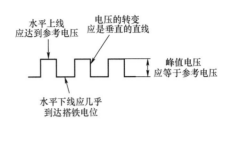
图3-5 霍尔式曲轴位置传感器的信号波形

 小提示

不同车型霍尔传感器的信号电压的标准值可能会有所不同,所以参考电压具体的数值需要根据实际检测的车型查阅相关的资料或维修手册。

**4.当确定待修车辆的曲轴位置传感器的安装位置后,为了对曲轴位置传感器及电路进行检修,需要确定待修车辆曲轴位置传感器的类型并制订相应的检修计划。**

1)曲轴位置传感器的外观检查
(1)插头是否连接良好。　　　　　　　　　　　　　　　　　□是　　□否
(2)拔出插接器,观察是否有锈蚀、松动。　　　　　　　　　　□是　　□否
2)检测曲轴位置传感器的输出电压波形

按图3-6所示连接示波器,将测试探针接触曲轴位置传感器的信号触发线。起动发动机,在急速和较高转速下进行波形测试。

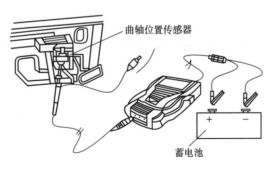
图3-6 示波器的连接

待修车辆的曲轴位置传感器波形记录:

根据波形记录,对比图3-4、图3-5,判断待修车辆安装_____(磁感应式/霍尔式)曲轴位置传感器。

小提示

不论是否成功读取曲轴位置传感器的波形,均可以通过查阅具体车型的相关资料或维修手册,获知曲轴位置传感器的具体信息。

由于不同类型的曲轴位置传感器及其电路的检修存在差异,因此,需要制订不同的检修计划,下面以霍尔式曲轴位置传感器检修为例,说明曲轴位置传感器的检修步骤。

3)检测霍尔传感器的供电电压

(1)查阅维修手册,将霍尔式曲轴位置传感器的电路图画在下列空白处。

电路图:

(2)画出霍尔式曲轴位置传感器连接器示意图,并分别注明电压信号端子、搭铁端子和电源端子。

(3)关闭点火开关,拔下霍尔传感器的插头。打开点火开关,用万用表的电压挡分别测量霍尔电压信号端子和搭铁端子之间的电压值、电源端子和搭铁端子之间的电压值,将测量结果填写在表3-2中。

电 压 测 量 结 果　　　　　　　　　　　　　　　表3-2

| 检测项目 | 标 准 值 | 检 测 值 | 结　　论 |
|---|---|---|---|
| 信号端子和搭铁端子之间的电压 | | | |
| 电源端子和搭铁端子之间的电压 | | | |

 小提示

不同车型霍尔传感器的供电电压的标准值可能会有所不同,具体的数值需要根据实际检测的车型查阅相关的资料或维修手册。

 **5.霍尔式曲轴位置传感器是如何实现检测发动机曲轴运转角度和发动机转速等功能的?**

霍尔式曲轴位置传感器利用霍尔效应原理产生相对应的电压脉冲信号。

小词典

霍尔效应是指当电流以垂直于磁场方向通过置于磁场中的半导体基片(称霍尔元件)时,在垂直于电流和磁场的霍尔元件横向侧面上,将产生一个与电流和磁场强度成正比的电压 $U_H$,即 $U_H = kIB$($k$ 为常数),如图3-7所示。

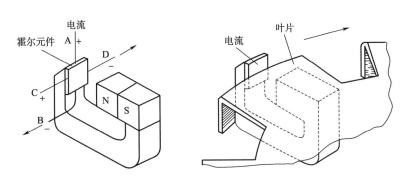

图3-7 霍尔效应原理

(1)如图3-8所示,当叶片旋转进入霍尔元件和磁铁之间时,由于磁场被阻隔,霍尔元件上没有磁场通过,所以不产生霍尔电压 $U_H$;当叶片转到其缺口对着霍尔元件时,永久磁铁所产生的磁场在导板的引导下,垂直通过通电的霍尔元件,于是产生霍尔电压 $U_H$,再经信号处理后以整齐的矩形脉冲信号 $U_g$ 输出。

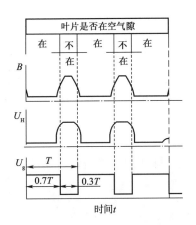

图3-8 霍尔信号发生器的输出信号
$B$-磁场强度;$U_H$-霍尔电压;$U_g$-信号处理后的矩形脉冲信号

(2)实际应用的轮齿触发霍尔式曲轴位置传感器主要由具有触发轮齿的信号盘和霍尔传感器组成(图3-9)。它们为ECU提供计算曲轴转角和发动机转速所需的信息。

轮齿触发霍尔式曲轴位置传感器的信号产生原理:当信号盘上的齿槽通过霍尔传感器时,霍尔传感器输出高电位(5V),当齿顶通过霍尔传感器时,霍尔传感器输出低电位(0.3V),形成一个高—低电位脉冲信号;一组轮齿组通过霍尔传感器时,就产生一组脉冲信号。

以直列四缸发动机为例,曲轴带动信号盘旋转一周产生两组信号,如图3-10所示。表示某两个汽缸的活塞正向上止点运动;每个汽缸对应有四个脉冲信号。

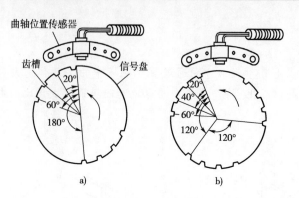

图 3-9 采用轮齿触发霍尔式曲轴位置传感器
a) 直列四缸发动机；b) 直列六缸发动机

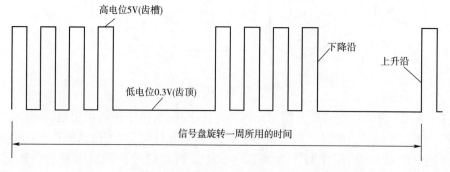

图 3-10 四缸发动机轮齿触发霍尔式曲轴位置传感器的信号

### 小词典

下降沿：指信号由高电位变为低电位的时刻。

上升沿：指信号由低电位变为高电位的时刻。

为什么直列四缸发动机只需两组信号即可反映活塞的运行位置，而直列六缸发动机需要三组信号呢？

（3）在图 3-11 中，当预先确定第四个脉冲的下降沿对应的曲轴位置为上止点前的 4°时，则第一个脉冲的下降沿对应的曲轴位置是上止点前_____。

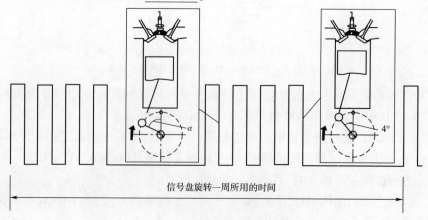

图 3-11 四缸发动机的活塞位置判断

ECU 通过对各脉冲信号时间的计算,能够算出 1°曲轴转角的时间和发动机转速。如果已知信号盘旋转一周所用的时间为 60ms,则当前发动机的转速为_____,曲轴旋转 1°转角所用的时间为_____。

当 ECU 根据各种情况综合判断需要在活塞运动到上止点前 10°时点火,请在图 3-11 中标注 ECU 需要控制点火的位置。

**6. 凸轮轴位置传感器有什么作用？凸轮轴位置传感器和曲轴位置传感器有什么关联？**

ECU 根据曲轴位置传感器的信号能计算出曲轴的位置和发动机转速,但还无法判断是哪两个汽缸的活塞正向上止点运动,也无法判断这两个汽缸的活塞哪个处于压缩行程、哪个处于排气行程,因此,需要凸轮轴位置传感器的信号输入。图 3-12 是凸轮轴位置传感器结构与实物示意图。

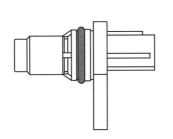

图 3-12  凸轮轴位置传感器结构与实物示意图

凸轮轴位置传感器有一个正时转子。凸轮轴转动时,正时转子与磁阻元件（MRE）型凸轮轴位置传感器之间的气隙发生改变,从而影响磁场。磁阻元件（MRE）材料的电阻从而发生波动。凸轮轴位置传感器将凸轮轴旋转数据转换为脉冲信号,并利用这些脉冲信号确定凸轮轴转角并将其发送至 ECM。然后 ECM 利用该数据来控制喷油持续时间、喷油正时和可变气门正时（VVT）系统。

以丰田卡罗拉轿车 1ZR 发动机为例。曲轴位置传感器和凸轮轴位置传感器安装位置如图 3-13 所示。曲轴位置传感器和凸轮轴位置传感器输出的波形关系如图 3-14 所示,其曲轴位置传感器采用了磁感应型,曲轴的 1 号曲轴位置信号盘包括 34 个齿,带 2 个缺齿。曲轴每旋转 10°,曲轴位置传感器输出曲轴旋转信号,同时利用因缺齿而产生的信号变化来确定上止点。采用了磁阻元件（MRE）型的凸轮轴位置传感器（进气和排气）,曲轴每旋转 2 周,进气凸轮轴和排气凸轮轴上的各正时转子就会产生 3 个脉冲（3 个高输出、3 个低输出）以检测凸轮轴位置,从而准确地知道每个汽缸的位置和工作情况。

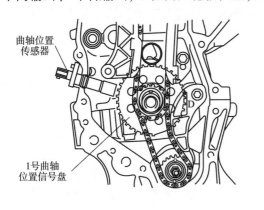
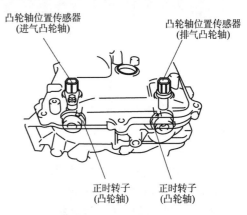

图 3-13  曲轴位置传感器和凸轮轴位置传感器安装位置

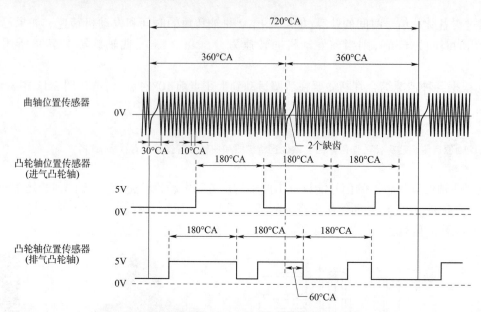

图 3-14 曲轴位置传感器和凸轮轴位置传感器输出的波形关系

### 学习拓展

如图 3-15 所示,MRE 型凸轮轴位置传感器输出恒定的方波信号,信号电压不会随着发动机转速的变化而变化。磁感应型凸轮轴位置传感器输出正弦波信号,信号电压会根据发动机转速的变化而变化。在发动机转速极低时,无输出信号。

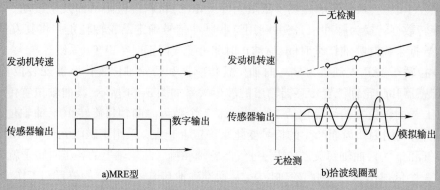

图 3-15 MRE 型和磁感应型传感器波形对比

### 小词典

G 信号指活塞运行到压缩上止点前某一角度的判别信号(不同车型角度不同),它是根据凸轮轴位置传感器产生的信号经过整形和转换而获得的脉冲信号。

Ne 信号指发动机曲轴转速信号,它是根据曲轴位置传感器产生的信号经过整形和转换而获得的信号。

曲轴位置传感器和凸轮轴位置传感器的作用是不同的,但是由于两者产生信号的原理相同,且都可以安装在凸轮轴驱动的相关部件内(如分电器),因此,在许多旧款的电喷发动机上,将两种传感器集成安装,统称为曲轴位置/判缸/转速传感器。

在有些发动机上,将曲轴位置传感器、凸轮轴位置传感器分开安装,一般曲轴位置传感器主要用来检测发动机的转速、曲轴的位置,而凸轮轴位置传感器主要用来发送上止点信号。

随着发动机可变气门正时等新技术的出现,需要分别检查凸轮轴和曲轴的位置,这时的凸轮轴位置传感器与传统的凸轮轴位置传感器的作用完全不同。

**7. 请参考检查流程图(图3-16)以及相关资料,对磁感应式曲轴位置传感器进行检查。**

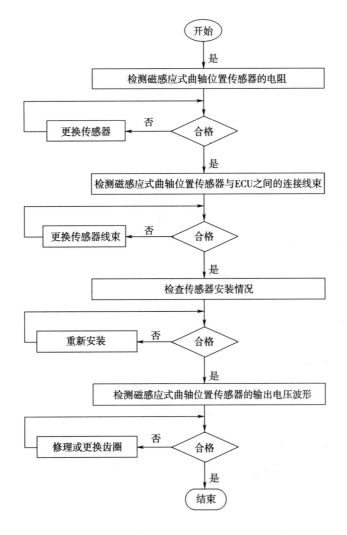

图3-16 磁感应式曲轴位置传感器检查流程

(1)参考相关资料检测磁感应式曲轴位置传感器的电阻,将检查步骤及检查结果写在下面空白处。

(2)请参考相关资料检测磁感应式曲轴位置传感器与ECU之间的连接线束,将检查步骤及检查结果写在下面空白处。

(3)请参考相关资料检查磁感应式曲轴位置传感器的安装情况,将检查步骤及检查结果写在下面空白处。

(4)请参考相关资料检测磁感应式曲轴位置传感器的输出电压波形,将检测波形画在下面空白处,并分析 Ne 信号与 G 信号之间的关系。

## 三、评价与反馈

1. 使用(维修)案例分析

维修案例:一辆丰田卡罗拉轿车,在小区停放半个多月后,出现车辆无法起动的现象。检查仪表,故障指示灯点亮;检查发动机的蓄电池电压、起动机工作情况都正常。读取故障码,诊断仪显示为"P0016 曲轴位置—凸轮轴位置相关性",检查曲轴位置传感器,发现其中一根导线被老鼠咬断,重新接好,读码清码,故障排除。

(1)在本案例的检查中,为什么曲轴位置传感器信号会影响发动机的正常起动?

(2)如果本案例中是凸轮轴位置传感器故障,会有什么故障现象?为什么?

2. 学习自测题

(1)丰田 5A 发动机的转速传感器是(　　)。
　　A. 霍尔式　　　　　B. 磁感应式　　　　C. 光电式
(2)霍尔式曲轴位置传感器中的波形为(　　)。
　　A. 矩形波　　　　　B. 不规则锯齿波　　C. 正弦波　　　　D. 脉动波
(3)ECU 使用(　　)判断活塞在汽缸中的运行位置。
　　A. G　　　　　　　B. THW　　　　　　C. Ne　　　　　　D. OX
(4)可供安装曲轴位置传感器的部件有(　　)。
　　A. 飞轮　　　　　　B. 分电器　　　　　C. 正时带轮　　　D. 水泵
(5)霍尔电压与(　　)有关。
　　A. 外加磁场　　　　B. 外加电流　　　　C. 外加电压　　　D. 外加转速
(6)发动机的曲轴位置传感器和凸轮轴位置传感器的作用是相同的。(　　)
　　A. 正确　　　　　　B. 错误
(7)曲轴位置传感器故障会导致(　　)。
　　A. 发动机不能起动或突然熄火　　　　B. 发动机运转不均匀,排气管冒黑烟
　　C. 发动机动力不足,行驶和加速无力　　D. 发动机过热、排气管放炮

3. 维修信息获取练习

通过维修手册查阅曲轴位置传感器线路断路的故障码,并将查到的故障记录在下面的空白处。

4. 学习目标达成度的自我检查(表3-3)

自我检查表　　　　　　　　　　　　　　　　　　　表3-3

| 序 号 | 学习目标 | 达成情况(在相应的选项后打"√") | | |
|---|---|---|---|---|
| | | 能 | 不能 | 如果不能,是什么原因 |
| 1 | 叙述曲轴位置传感器的种类、作用 | | | |
| 2 | 叙述霍尔效应、磁感应电动势的基本概念 | | | |
| 3 | 分析曲轴位置传感器的工作原理 | | | |
| 4 | 规范地进行霍尔式曲轴位置传感器检查 | | | |
| 5 | 查阅资料自行制订磁感应式曲轴位置传感器的检查计划,并实施 | | | |

5. 日常表现性评价(由小组长或者组内成员评价)

(1)工作页填写情况。(　　)

　　A. 填写完整　　　　B. 缺失0~20%　　　C. 缺失20%~40%　　D. 缺失40%以上

(2)工作着装是否规范?(　　)

　　A. 穿着校服(工作服),佩戴胸卡　　　　B. 校服或胸卡缺失一项

　　C. 偶尔会既不穿校服又不戴胸卡　　　　D. 始终未穿校服、佩戴胸卡

(3)能否主动参与工作现场的清洁和整理工作?(　　)

　　A. 积极主动参与5S工作

　　B. 在组长的要求下能参与5S工作

　　C. 在组长的要求下能参与5S工作,但效果差

　　D. 不愿意参与5S工作

(4)操作汽车举升器或起动发动机时,有无进行安全检查并警示其他同学?(　　)

　　A. 有安全检查和警示　　　　B. 有警示,无安全检查

　　C. 有安全检查,无警示　　　　D. 无安全检查,无警示

(5)是否达到全勤?(　　)

　　A. 全勤　　　　　　　　　　B. 缺勤0~20%(有请假)

　　C. 缺勤0~20%(旷课)　　　　D. 缺勤20%以上

(6)总体印象评价。(　　)

　　A. 非常优秀　　　B. 比较优秀　　　C. 有待改进　　　D. 急需改进

(7)完成本学习任务后,能借助其他学习资料完成一些简单的维修计划的制订吗?(　　)

　　A. 能独立完成　　　　　　　B. 能与其他同学一起完成

　　C. 需在老师的指导下完成　　D. 无法完成

(8)在进行本学习任务时,能否熟练、规范地使用示波器?(　　)

　　A. 能独立完成　　　　　　　B. 能与其他同学一起完成

　　C. 需在老师的指导下完成　　D. 无法完成

小组长签名:_____　　　　　　　　　　　_____年____月____日

6. 教师总体评价

(1) 对该同学所在小组整体印象评价。(　　)

  A. 组长负责,组内学习气氛好

  B. 组长能组织组员按要求完成学习任务,个别组员不能达成学习目标

  C. 组内有30%以上的学员不能达成学习目标

  D. 组内大部分学员不能达成学习目标

(2) 对该同学整体印象评价:

_____

_____

_____。

**教师签名:** _____　　　　　　　　　_____年____月____日

# 学习任务 4　空气流量传感器的检测与维修

## 学习目标

完成本学习任务后,你应当能:
1. 叙述空气流量传感器的作用、热线式空气流量传感器的工作原理;
2. 叙述并对比各种空气流量传感器的基本结构、原理及优缺点;
3. 参考维修手册,制订计划,诊断、排除热线式空气流量传感器故障;
4. 对进气歧管压力传感器的故障进行诊断;
5. 总结进气量与燃油喷射量之间的关系。

**建议完成本学习任务为 14 学时**

## 内容结构

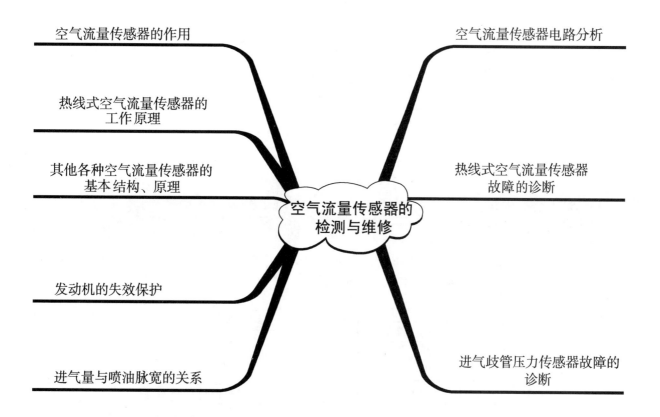

## 学习任务描述

一台发动机动力性能下降、油耗增加,通过手持式汽车诊断电脑,检测出与空气流量传感器相关的故障码,需对空气流量传感器及电路进行检查,确定故障部位,并维修或更换。

空气流量传感器是发动机控制系统中最重要的传感器之一,用于测量进入发动机的空气流量。该传感器一旦损坏,将严重影响发动机的性能。

# 一、学习准备

**1. 空气流量传感器常见安装位置在哪里?**

如图4-1所示,空气流量传感器一般安装在空气滤清器后面,节气门体前面。请你从实车或试验台架上找到空气流量传感器。

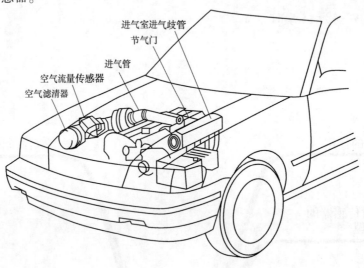

图4-1 空气流量传感器安装位置

**2. 空气流量传感器有什么作用?**

如图4-2所示,空气流量传感器(MAF)主要作用是对进入汽缸的空气量进行测量,并把空气流量信息输送到ECU,作为决定喷油器喷油量和点火提前角的_____(主控/修正)信号。

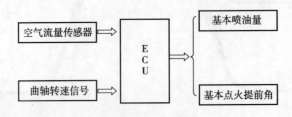

图4-2 空气流量传感器的作用

**3.热线式空气流量传感器是目前主要使用的一种空气流量传感器,它的工作原理是什么?**

热线式空气流量传感器是现代轿车广泛应用的一种空气流量传感器。如图4-3所示,它上面分别有"热线"(图中白金热丝)和"冷线"(图中温度传感器)。

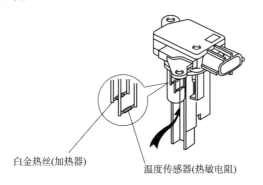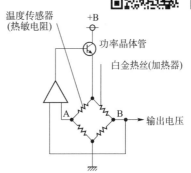

图4-3 热线式空气流量传感器的工作原理

"热线"是一根暴露在进气流中的白金热丝。控制电路将热线加热至某一温度,进气流则对热线有冷却作用,使热线的温度降低。为了保持热线原来的温度,控制电路需增大加热电流。即进气量越大,热线需要的加热电流就_____(越大/越小)。控制电路将加热电流的变化转变为电压的变化,作为进气量信号输出。

进气温度的变化会使热线温度发生改变,从而影响进气量的测量精度。为消除这种影响,在热线附近安置一根温度补偿电阻(称为"冷线"),冷线温度接近进气温度(在图4-3中其还作为温度传感器使用)。工作时,控制电路使热线温度始终高于冷线温度一个固定值,如100℃,这样冷线温度起到参考标准作用,使进气温度的变化_____(会/不会)影响到传感器的测量精度。

## 二、计划与实施

 **4.一辆汽车**(以丰田1ZR—FE发动机车型为例),根据客户反映,动力性能下降、油耗增加,需对相关部位进行检修。

(1)将车辆信息与客户投诉填写在表4-1中。

车辆信息与客户投诉表　　　　表4-1

| 车辆识别代号(VIN) | |
|---|---|
| 发动机型号 | |
| 外观目检(整车) | □ 正常　□ 不正常 |
| 客户投诉 | |
| 维修接待员的维修意见 | |

(2)故障现象确认。

起动发动机,确认故障,如果出现下列现象,请打"√":

□ 发动机故障灯不熄灭。

□ 发动机不能起动。
□ 发动机起动困难。
□ 刚刚起动后发动机失速。
□ 怠速不稳、抖动。
□ 怠速过高。
□ 加速不良,响应迟缓。
□ 进气管"回火"。
□ 排气管冒黑烟。
□ 其他故障:_____。

**小提示**

怠速是指发动机在无负荷情况下的最低稳定转速。不同车型的发动机,其正常的怠速是不一样的,一般在550~800r/min区间(丰田1ZR-FE发动机为600~700r/min)。冷车起动瞬间,怠速可以高至1500~2000r/min,等发动机暖机后,怠速会回落并保持在正常的范围内。

进气管"回火"是指进气过程中,新鲜燃油混合气在燃烧室外的进气管中被点燃并产生相应的噪声。

(3)在教师指导下,使用手持式汽车诊断电脑,正确读取故障码(DTC)和数据。
①故障码第一次读取:
□ 无DTC。
□ 有DTC:_____。
②记录定格数据中的基本数据,填入表4-2(空格有多余时则留空,下面各表同样处理)。

**定格数据中的基本数据** 表4-2

| 项 目 | 数 值 | 单 位 |
| --- | --- | --- |
|  |  |  |
|  |  |  |
|  |  |  |
|  |  |  |
|  |  |  |

③定格数据中除基本数据外的反应故障码特征的相关数据,填入表4-3。

**定格数据中反应故障码特征的相关数据** 表4-3

| 项 目 | 数 值 | 单 位 |
| --- | --- | --- |
|  |  |  |
|  |  |  |
|  |  |  |

④与故障码特征相关的动态数据记录,填入表4-4。

相关的动态数据　　　　　　　　　　　　　　　　　　　　　　　表4-4

| 项　　目 | 数　　值 | 单　　位 |
|---|---|---|
|  |  |  |
|  |  |  |
|  |  |  |

 小词典

定格数据(Freeze Frame Data):又称冻结帧数据。定格数据记录了在检测到故障时发动机的运行状况。进行故障诊断时,利用定格数据可以判断故障发生时车辆是否在行驶,发动机是否暖机,混合气是否过浓或过稀等。

动态数据:又称串行数据流,是指电子控制单元(ECU)与传感器和执行器交流的数据参数,通过诊断接口(DLC3),以串行的方式不断传送给电脑诊断仪。动态数据反映了各传感器和执行器目前的工作电压和状态,为汽车故障诊断提供了依据。

⑤清除故障码。

⑥故障码第二次读取:

□ 无 DTC。

□ 有 DTC:_____。

查阅维修手册,找出故障码的含义,填写表4-5。

故障码含义　　　　　　　　　　　　　　　　　　　　　　　　表4-5

| DTC 编号 | 检测项目 | DTC 检测条件 |
|---|---|---|
| P0102 | 质量空气流量电路____(低/高)电位 | 空气流量传感器分总成电压___(低于/高于)0.2V 持续 3s |
| P0103 | 质量空气流量电路____(低/高)电位 | 空气流量传感器分总成电压___(低于/高于)4.9V 持续 3s |

查阅维修手册,找出正常状态下空气流量传感器的质量空气流率数据,以及数据异常时的可能故障原因,填写表4-6。

质量空气流率　　　　　　　　　　　　　　　　　　　　　　　表4-6

| 质量空气流率(MAF) | 最小:_____ gm/s<br>最大:_____ gm/s | 怠速时:_____ gm/s<br>转速为 3000r/min 时(无负载):_____ gm/s | 如果约为0gm/s,则故障可能为:<br>a._____<br>b._____<br>如果为271.0gm/s 或更大,则故障可能为:<br>c._____ |
|---|---|---|---|

根据表4-6,所检测车辆的质量空气流率数据为_____(正常/不正常)。

(4)基本检查。参考图4-1或维修手册,找出空气流量传感器,并作基本检查。

①线路/连接器外观及连接情况;　　　□ 正常　　□ 不正常

②零件安装等。　　　　　　　　　　　□ 正常　　□ 不正常

(5)故障诊断。

①观察并分析图4-4所示的丰田1ZR-FE发动机空气流量传感器电路图,结合维修手册,回答以下问题:

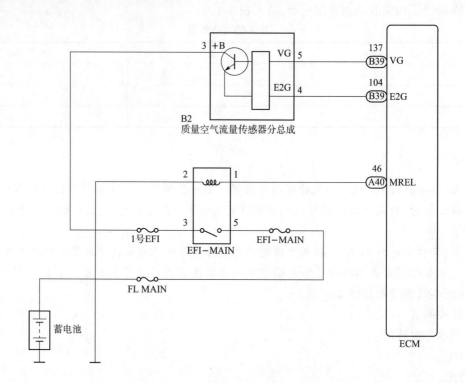

图 4-4　丰田 1ZR-FE 发动机空气流量传感器电路图

空气流量传感器工作是否需要电源？如果需要，是通过哪个端子输入的？输入电压是多少伏？

B2-5（VG）、B2-4（E2G）端子分别起什么作用？请你进行猜测，并查阅维修手册或动手检测进行验证。

下列哪些线路故障可能产生故障码 P0102，在正确的选项前打"√"：
□B2-3（+B）—车身搭铁，电压 0V。
□B2-5（VG）—B39-137（VG），断路。
□B2-5（VG）—车身搭铁，短路。
□B2-4（E2G）—B39-104（E2G），断路。

下列哪些线路故障可能产生故障码 P0103，在正确的选项前打"√"：
□B2-3（+B）—车身搭铁，电压 0V。
□B2-5（VG）—B39-137（VG），断路。
□B2-5（VG）—车身搭铁，短路。
□B2-4（E2G）—B39-104（E2G），断路。

②小组讨论图 4-5 所示故障诊断流程，在图中空格 1～4 填入相应的 A、B、C……，必要时可查阅维修手册。此处，质量空气流量计即是空气流量传感器。

## 学习任务 4 空气流量传感器的检测与维修

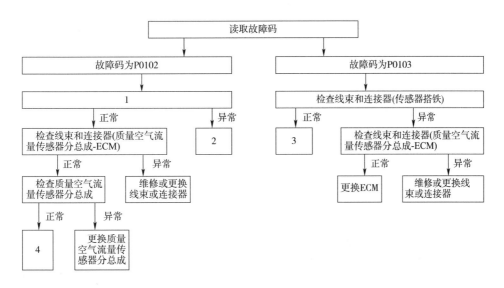

图 4-5 空气流量传感器故障诊断流程

A. 更换质量空气流量传感器分总成；B. 维修或更换线束或连接器(质量空气流量传感器分总成-EFI 主继电器)；C. 更换 ECM；D. 检查端子电压(质量空气流量传感器分总成电源)

③参照图 4-6，检查空气流量传感器电源电压。

断开空气流量传感器连接器，然后将点火开关置于 ON 位置，按表 4-7 测量电压并记录。

 小提示

断开空气流量传感器连接器前，必须先关掉点火开关。当点火开关接通时，绝不能断开汽车内部电器装置，由于断开时线圈的自感作用，将会产生很高的瞬时电压，这种电压将会造成传感器及 ECU 的损坏。

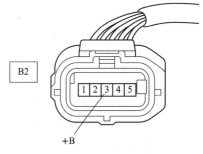

图 4-6 空气流量传感器连接器

**传感器电源电压测量结果**　　　　表 4-7

| 测量端子 | 条　件 | 规定状态 | 测　量　值 | 判　断 |
| --- | --- | --- | --- | --- |
| B2-3(+B)—车身搭铁 | | | | □正常<br>□不正常 |

④检查线束和连接器(传感器搭铁)。

断开空气流量传感器连接器，按表 4-8 测量电阻并记录。

**传感器搭铁测量结果**　　　　表 4-8

| 测量端子 | 条　件 | 规定状态 | 测　量　值 | 判　断 |
| --- | --- | --- | --- | --- |
| B2-4(E2G)—车身搭铁 | | | | □正常<br>□不正常 |

⑤检查线束和连接器(空气流量传感器分总成-ECM)。

断开空气流量传感器连接器,断开 ECM 连接器,按表 4-9 测量电阻并记录。

线束和连接器测量结果    表 4-9

| 测量端子 | 条 件 | 规定状态 | 测 量 值 | 判 断 |
|---|---|---|---|---|
| B2-5（VG）—<br>B39-137（VG） | | | | □ 正常<br>□ 不正常 |
| B2-4（E2G）—<br>B39-104（E2G） | | | | □ 正常<br>□ 不正常 |
| B2-5（VG）或<br>B39-137（VG）—车身搭铁 | | | | □ 正常<br>□ 不正常 |

⑥检查空气流量传感器。

a. 数据流检查。

发动机不运转,将点火开关置于 ON 挡 30s 后,使用手持式汽车诊断电脑,读取空气流量传感器数据流。查找维修手册,判断数值是否正常,填入表 4-10。

传 感 器 数 据 流    表 4-10

| 项　　目 | 标准数值 | 读取数值 | 判　　断 |
|---|---|---|---|
| MAF | | | □ 正常<br>□ 不正常 |

小提示

为确保数值准确,将车辆置于室内水平地面上进行检查。测试过程中,不要在排气管上使用排风管。

然后起动发动机,改变发动机转速,确认 MAF 值会随之改变。　　□ 正常　　□ 不正常
如果数值不符合规定,则更换空气流量传感器。

b. 目视检查。

参照图 4-7,目视检查空气流量传感器的白金热丝(加热器)和温度传感器(热敏电阻)上是否有异物。如果有异物,则更换空气流量传感器。

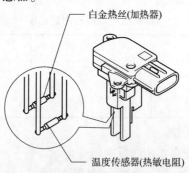

图 4-7　目视检查空气流量传感器

小提示

在检查热线式空气流量传感器时,切不可将手指或工具伸入传感器进气通道内,以免损坏里面的热线丝。

清洁空气滤清器时要用碎布将进气口堵住,避免灰尘进入发动机和空气流量传感器,以免空气流量传感器损坏。

> **学习拓展**
>
> 某些空气流量传感器设有自洁电路,在发动机熄火后,自动将热线加热至1000℃,持续1s,将灰尘烧掉;也有一些热线式空气流量传感器将热线的保持温度提高至200℃,防止污染物玷污热线。

c. 内阻检查。

参照图4-8,对空气流量传感器进行电阻测量,并查找维修手册,判断数值是否正常,填入表4-11。

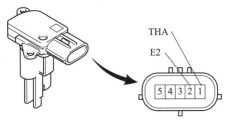

图4-8 空气流量传感器内阻检查

传感器内阻检查结果　　　　　　　　　　　　　　　　　表4-11

| 测量端子 | 条　件 | 规定状态 | 测量值 | 判　断 |
| --- | --- | --- | --- | --- |
| 1(THA)—2(E2) |  |  |  | □正常<br>□不正常 |

如果数值不符合规定,则更换空气流量传感器。

(6)故障部位确认和排除。

根据故障诊断的结果,在表4-12中,确认故障部位,并填写维修意见。

故　障　维　修　意　见　　　　　　　　　　　　　　　表4-12

| □元件损坏 | 请写明元件名称: | □更换<br>□修理<br>□调整 |
| --- | --- | --- |
| □线路故障 | 请写明线路区间: | □更换<br>□修理<br>□调整 |
| □其他 |  | □更换<br>□修理<br>□调整 |

 小提示

进行空气流量传感器更换时,如果在更换前产生了DTC,或更换后出现起动故障、急速不稳或发动机熄火,则在更换空气流量传感器之后,需执行"维修后检查",包括重置学习值和急速学习,具体步骤请查阅维修手册。

安装空气流量传感器过程中,务必检查O形圈,确保O形圈没有破裂或移位。

(7)维修后质检。
① 起动车辆。 □ 任务完成
② 发动机故障灯状态。 □ 正常 □ 不正常
③ 读取故障码、清除故障码。 □ 任务完成
④ 检查与原故障码相关的动态数据。 □ 任务完成
⑤ 观察发动机运转状态。 □ 正常 □ 不正常
(8)车辆清洁与交车。
① 对车辆进行清洁。 □ 任务完成
② 车辆交车。 □ 任务完成

 **5. 汽车电子控制模块在检测到故障并记录故障码后,为保护系统及行驶安全,系统将进入失效保护模式。通过试验和查阅维修手册,认识发动机电控系统中的失效保护模式。**

 小词典

失效保护:当汽车出现故障还未来得及维修时,发动机的失效保护系统将有故障的部件(或ECU)默认为处于某种固定状态,在牺牲汽车动力性、经济性的前提下,保证汽车能继续运行。

(1)观察在正常运行的车辆上拔掉空气流量传感器后,发动机状况会发生什么变化?

(2)查阅维修手册,当空气流量传感器失效时,ECU根据什么信号计算点火正时?

(3)空气流量传感器失效后,通过手持式汽车诊断电脑,读取空气流量传感器气流率、进气温度的动态数据。改变不同的加速踏板位置,这些数据是否有所变化?

(4)在教师指导下,小组讨论:如果一辆车怠速不良,拔掉空气流量传感器连接器后,没有发生什么改变,说明了什么?如果状况反而有所改善,又说明了什么?

(5)查阅维修手册,总结有哪些情况会导致车辆进入失效保护模式,相应的保护方式是什么?

 **6. 结合空气流量传感器的发展历程,认识各种空气流量传感器的基本结构、工作原理及优缺点。**

空气流量传感器经历了不同的发展历程,其结构与原理也有所不同。电控发动机测量进入汽缸的空气量主要有两种方式:一种是采用_____(空气流量传感器/进气歧管压力传感器)测量进气的体积流量或质量流量;另一种是利用_____(空气流量传感器/进气歧管压力传感器)测量进气歧管的绝对压力,然后由ECU结合发动机转速和节气门开度信号,换算出相应的空气流量。

1) 叶片式空气流量传感器

叶片式空气流量传感器属于体积流量型,20 世纪 70 年代较为流行。应用在 L 型(博世公司 L-Jetronic 型)电控燃油喷射系统中,目前已经很少应用。

图 4-9 所示为叶片式空气流量传感器的结构图,请查阅相关的学习资料,将图中零件标号对应的零件名称填写在表 4-13 中。

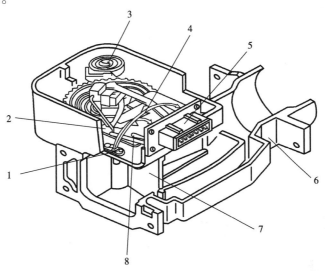

图 4-9 叶片式空气流量传感器结构

**叶片式空气流量传感器零件表**　　　　　　　　　　　　　　　　　　　　表 4-13

| 序 号 | 零件名称 | 序 号 | 零件名称 |
| --- | --- | --- | --- |
| 1 | 进气温度传感器 | 5 |  |
| 2 | 电动燃油泵动触点 | 6 |  |
| 3 | 复位弹簧 | 7 |  |
| 4 | 电位计 | 8 | 电动燃油泵静触点 |

如图 4-10 所示,当空气从空气滤清器流入叶片式空气流量传感器,气流推动叶片(包括测量叶片和缓冲叶片,缓冲叶片在缓冲室内运动可以减少叶片运动时的脉动)旋转直至与叶片复位弹簧力相等时,叶片就平衡在某一个位置。叶片轴与电位计相连,叶片的旋转通过电路转换成空气流量的电压信号,发送给 ECU。

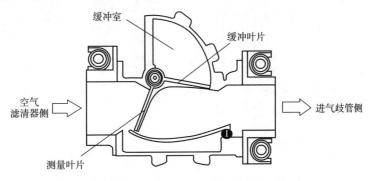

图 4-10 叶片式空气流量传感器工作原理

参考图 4-11,向端子 $V_B$ 和 $E_2$ 之间施加蓄电池电压 $U_B$,测量 $V_C$ 和 $V_S$ 之间电压 $U_S$,随着叶片的转动角度 $\alpha$ 由小变大,请总结 $U_S$ 将有怎样的变化规律?$U_S$ 与 $U_B$ 的比值又有怎样的变化规律?

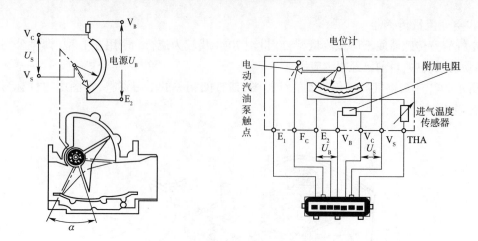

图4-11 叶片式空气流量传感器端子

叶片式空气流量传感器具有结构简单、价格便宜、可靠性好等优点;缺点是体积大,不便于安装,急加速时响应滞后,进气阻力大,必须进行大气压力和温度补偿等。

2)量芯式空气流量传感器

量芯式空气流量传感器(图4-12)是叶片式空气流量传感器的改进版,曾用于马自达929等车型,目前较少使用,工作原理与叶片式空气流量传感器相似。

3)进气歧管压力传感器

进气歧管压力传感器应用在D型(博世公司D-Jetronic型)电控燃油喷射系统中。通过测量进气歧管内的压力,并将压力信号转变成电信号输送给发动机控制模块,作为决定喷油器基本喷油量和基本点火提前角的主控信号。常常安装在节气门体上或进气歧管上。进气歧管压力传感器有如下几种:可变电感式、膜盒传动式、电容式和半导体压敏电阻式。常用的有半导体压敏电阻式和电容式。

图4-13所示为进气歧管压力传感器的结构,请查找相关的资料将图中零件标号对应的零件名称填写在表4-14中:

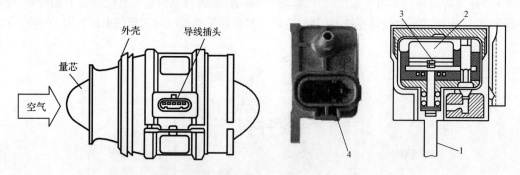

图4-12 量芯式空气流量传感器　　图4-13 进气歧管压力传感器的结构

进气歧管压力传感器零件表　　表4-14

| 序　号 | 零件名称 | 序　号 | 零件名称 |
|---|---|---|---|
| 1 |  | 3 |  |
| 2 |  | 4 |  |

进气歧管压力传感器的工作原理如图 4-14 所示,传感器单元内装有一个硅膜片,并结合一个保持在预定真空度的真空室。压敏电阻的一侧暴露于歧管进气压力,另一侧暴露于内部真空管。这样,即使海拔有变化,歧管进气压力也能精确测量,因此,不需要采用高海拔补偿校正。歧管进气压力的变化会造成压敏电阻形状的变化,压敏电阻的电阻值也会根据变形程度而变化。此电阻值变动经 IC 变换后所得的电压信号就是进气歧管压力(MPA)信号。

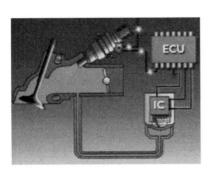 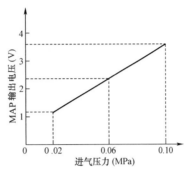

图 4-14 压力传感器工作原理

(1)根据图 4-14,如果发动机处于怠速时,其信号电压大约是多少?原因是什么?


(2)如果拔下进气歧管压力传感器的真空管,其信号电压是多少?原因是什么?


(3)根据图 4-14,你的结论是:随着进气压力增大,信号电压将_____(上升/下降)。

进气歧管压力传感器具有尺寸小、精度高、成本低、响应速度快、重复性高和抗振性都较好的特点,测量精度基本不受温度的影响。不过,D 型喷射系统在汽车发动机工况发生急剧变化时,控制效果并不理想。

4)卡门旋涡式空气流量传感器

卡门旋涡式空气流量传感器属于体积流量型。按照卡门旋涡频率的检测方式对其进行分类,主要有_____式和超声波式两种。

图 4-15 所示为卡门旋涡式空气流量传感器的结构,请查阅相关的学习资料将图中零件标号对应的零件名称填写在表 4-15 中。

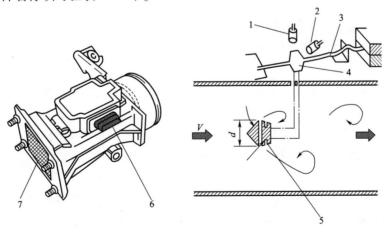

图 4-15 卡门旋涡式(反光镜式)空气流量传感器的结构

卡门旋涡式空气流量传感器零件表　　　　　　表4-15

| 序　号 | 零件名称 | 序　号 | 零件名称 |
|---|---|---|---|
| 1 | 发光二极管 | 5 | 涡流发生器 |
| 2 |  | 6 |  |
| 3 | 张紧带 | 7 | 整流滤网 |
| 4 | 反光镜 |  |  |

卡门旋涡式空气流量传感器的工作原理如图4-16所示。如果将一个三角形涡流发生器放在气流通道内,在涡流发生器周围便产生一个或多个涡流。由于产生的卡门旋涡的频率与空气流速成正比,即在单位时间内通过涡流发生器后方某点的涡流数量与空气流速成正比,因此,进入汽缸的空气容积就可通过测量涡流频率来计算。

频率检测:通过把涡流的振动转换为金属簧片的振动,从而导致反光镜振动。再用发光二极管和光电晶体管来检测反光镜的振动频率。

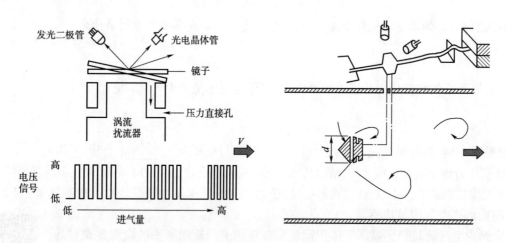

图4-16　卡门旋涡式(反光镜式)空气流量传感器工作原理

小词典

卡门旋涡:在进气管道中间设有流线形或三角形的涡流发生器,当空气流经涡流发生器时,在其后部的气流中会不断产生不对称却十分规则的空气旋涡。

根据图4-16,卡门旋涡空气流量传感器的信号是属于_____(数字/模拟)信号。当进气量低时,信号频率就_____(低/高),当进气量大时,信号就有很_____(低/高)的频率。

卡门旋涡式空气流量传感器具有响应速度快、进气阻力小、无磨损、结构紧凑、输出信号为脉冲信号容易检测和处理等优点;缺点是制造成本高,需要进行大气压力修正和温度修正。

5)热线式空气流量传感器

20世纪80年代初开发研制,广泛应用于丰田卡罗拉等车型,具有响应速度快、测量精度高、进气阻力小、无磨损、可以直接测量进气的质量流量而无须进行大气压力修正和温度修正等优点;缺点是制造成本高,容易受到空气中灰尘玷污而影响测量精度,发动机回火时容易造成断线等。

6)热膜式空气流量传感器

如图4-17所示,热膜式空气流量传感器是热线式空气流量传感器的改进版,其工作原理和热线式空气流量传感器基本相同,在现代电控发动机中使用非常广泛。

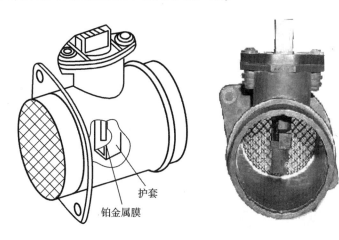

图4-17 热膜式空气流量传感器

查阅相关的学习资料,将图4-18中各端子含义及作用填写在表4-16中。

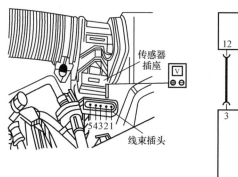
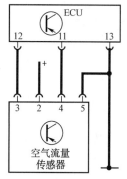

图4-18 捷达空气流量传感器端子

**捷达空气流量传感器端子含义及作用**　　　　　　　　　　　　　表4-16

| 端子名称 | 含 义 | 作 用 |
|---|---|---|
| 1 | | |
| 2 | | |
| 3 | | |
| 4 | | |
| 5 | | |

热膜式空气流量传感器结构简单、使用寿命长,不容易受灰尘污染;主要缺点是空气流速分布不均匀,容易影响测量精度。

**7. 参见图 4-19 给出的检测流程，检修进气歧管压力传感器故障。**

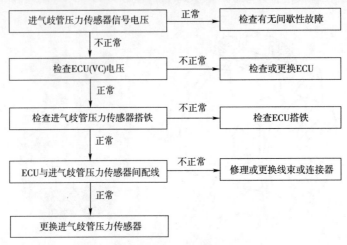

图 4-19　进气歧管压力传感器故障检测流程

（1）检测用工具：_____。

（2）外观目检。

检查真空软管是否破损、漏气？　　　　　　　　　　□ 正常　　□ 不正常

真空管及线束连接器连接是否正常？　　　　　　　　□ 正常　　□ 不正常

（3）查找维修手册，将进气歧管压力传感器电路图画在下面空白处，并对电路进行分析。




（4）如果进气歧管压力传感器产生错误的电压信号，则打开点火开关，检查 5V 参考电压。

①用电压表测量 VC 端子和搭铁线，电压表读数是_____V。

②如果参考电压（VC）端子的电压不正确，下一步应检查什么？

_____。

（5）打开点火开关，用电压表测量传感器搭铁线和蓄电池负极的电压降。

①被测量到的电压降是_____V。

②该电压降说明了什么？

_____。

（6）在发动机运转的情况下用电压表测量传感器信号线和搭铁线之间的电压。测量的电压值是_____V，是否正常？　　　　　　　　　　　　　　　　□ 正常　　□ 不正常

基于上述测量的电压值，查阅维修手册，请判断该状态表明发动机处于哪种工况？

　　　　　　　　　　　　　　　　　　□ 急速　　□ 中负荷　　□ 大负荷

（7）接通点火开关，在进气压力传感器信号线上连接一个万用表，在进气压力传感器真空管连接端连接一个真空枪，按表 4-17 提供相应的真空度至传感器，记录传感器的信号电压读数。

查找相关的维修手册，说明测试结果是否正常？　　　　□ 正常　　□ 不正常

（8）连接示波器至进气压力传感器信号输出端子和搭铁线上。起动发动机，逐渐打开节气门到最

大,保持一定时间,再逐渐关闭节气门,观察示波器的波形变化,将示波器检测到的波形画在下面的方格中。

传感器的信号电压　　　表4-17

| 真空度(inHg) | 传感器信号(V) |
|---|---|
| 2.5 | |
| 5.0 | |
| 7.5 | |
| 10.0 | |
| 12.5 | |
| 15.0 | |

注:1inHg=3386.39Pa。

根据以上实测波形,参考图4-20的标准波形,你的结论是什么?

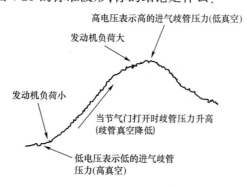

图4-20　进气歧管压力传感器

(9)根据你的检测结果,将维修结论填入表4-18。

进气歧管压力传感器维修结论　　　表4-18

| 进气歧管压力传感器 | 维　修　结　论 | |
|---|---|---|
| 真空软管 | □ 正常 | □ 不正常 |
| VC电源线 | □ 正常 | □ 不正常 |
| 搭铁线 | □ 正常 | □ 不正常 |
| 信号线 | □ 正常 | □ 不正常 |
| 进气歧管压力传感器 | □ 继续使用 | □ 更换 |

**8. 进气量与喷油脉宽之间的关系是什么?**

以使用进气歧管压力传感器测量进气量的丰田8A-FE发动机为例,按照下列步骤进行检测:
(1)拔掉进气歧管压力传感器真空管,用真空枪连接真空管,施加66.7kPa的真空。　□任务完成
(2)连接手持式汽车诊断电脑,进入数据流功能,选择喷油脉宽、进气量等数据流。　□任务完成
(3)起动发动机,热车至正常工作温度。　□任务完成

(4)保持节气门开度不变,利用真空枪改变真空管真空度,观察喷油脉宽的变化,并将数据填入表4-19中。

进气量与喷油脉宽的关系　　　　　表4-19

| 真空管真空度(kPa) | 进气量(g/s 或 kPa) | 喷油脉宽(ms) |
| --- | --- | --- |
| 66.7(怠速) | | |
| 50 | | |
| 40 | | |
| 30 | | |
| 20 | | |
| 10 | | |
| 0(全负荷) | | |

(5)根据上述结果,你的结论是:

随着真空度的减小,进气歧管压力将_____(增加/减小),进气量将_____(增加/减小),喷油脉宽将_____(增加/减小),即喷油量_____(增加/减小)。

**9. 空气流量传感器有哪些常见故障,对车辆性能有何种影响?**

叶片式空气流量传感器常见故障有:电位计接触不良、电动汽油泵开关触点接触不良或流量传感器叶片转轴复位弹簧失效。这些故障将导致发动机间断运行或不工作,发动机功率下降、油耗增加、运转不平稳,有害物质排放增加,排气管冒黑烟等。

热线、热膜式空气流量传感器出现故障有:热线断线、热线热膜受污染、短路、温度补偿电阻性能不良等,这些故障将导致发动机运转不平稳或不能正常工作、发动机燃油消耗过大、排气管冒黑烟、车辆行驶无力等。

进气歧管压力传感器常见故障有:控制线路短路或断路、真空软管连接不当或破裂等。这些故障将导致 ECU 不能正常地进行喷油量的控制,造成混合气过浓或过稀,发动机运转不正常。故障现象与空气流量传感器类似。

## 三、评价与反馈

1. 使用(维修)案例分析

仔细阅读下列维修案例——丰田卡罗拉轿车起动后一会儿自动熄火,并回答问题:

故障症状:一辆行驶里程约6万 km 的丰田卡罗拉1.6L AT 轿车。该车在起动后怠速不稳、发动机抖动、转速不能超过 3000r/min,有时起动后一会儿自动熄火,故障指示灯常亮。

故障诊断与分析:由于故障指示灯常亮,首先连接诊断仪,诊断仪上显示无法清除的故障码"P0102 质量或体积空气流量电路低输入"。结合故障现象和故障码,初步确定故障的范围可能是空气流量传感器及相关线路故障。

接下来读取数据流,由于发动机有熄火现象,因此,在读取数据流时,读取了冻结帧数据流。冻结帧数据流显示故障发生前3s(-3)、前2s(-2)、前1s(-1)、故障发生时(0)、故障发生后1s(1)的数据,我们可以比较故障发生前后的数据流变化,对故障发生时的情况进行分析。故障发生前3s时发动机转速

837r/min,空气流量3gm/s;故障发生时发动机怠速不稳定,发动机随后熄火,此时记录的数据发动机转速507r/min,空气流量0.07gm/s,说明发动机没有接收到空气流量传感器给出的信号,进气温度为-40℃,表明此时进气温度信号也同时中断。将5组数据相互比较,我们发现,故障发生时,空气流量传感器信号中断,进气温度信号中断,发动机转速迅速下降,最终熄火。数据流结果显示故障出在空气流量传感器及其相关线路上。

首先对空气流量传感器进行检查。首先检查电源电压,检查B2连接器3端子在点火开关"ON"状态下和车身搭铁之间的电压值,结果符合要求,表明输入电压正常。然后检查输出信号电压:断开空气流量传感器连接器,向3号端子输入12V电压,4号端子接蓄电池负极,5号和4号端子接万用表电压挡,在静止状态下我们可以得到0.2V的电压。朝空气流量传感器下部吹空气,万用表上的电压会上升,空气流速越大,电压上升越高,也符合要求,表明空气流量传感器工作正常。检查空气流量传感器进气扰流栅格,正常。

接下来进行线路的检查,关闭点火开关,拔下空气流量传感器插头,断开蓄电池负极,拔下ECM插头,根据表4-20测试。线路测试结果均符合要求。

**测量要求与标准** 表4-20

| 测量端子 | 条 件 | 规 定 状 态 |
| --- | --- | --- |
| B2-5(VG)—B39-137(VG) | 始终 | 小于1Ω |
| B2-4(E2G)—B39-104(E2G) | 始终 | 小于1Ω |
| B2-5(VG)或B39-137(VG)—车身搭铁 | 始终 | 10kΩ或更大 |
| B2-4(E2G)或B39-104(E2G)—车身搭铁 | 始终 | 10kΩ或更大 |

至此,没有发现故障点,难道是ECM出现了问题?但是ECM故障的可能性较小。根据之前的检查过程和结果,基本可以确定空气流量传感器工作正常,如果ECM也是正常的,那么传感器(空气流量传感器)产生的信号经由线束传递给ECM,而ECM接收到的信号显示输入异常。因此,再次加强了对于线束的检查,结果万用表显示B2连接器4端子(E2G)和5端子(VG)短路,电阻值为0Ω。而正常情况应该是断路,电阻值为∞。

故障排除:故障点找到了,将线路短路点分开并进行绝缘处理,重新安装插头固定。重新连接后,起动发动机,观察发动机工作状态,怠速稳定,发动机工作正常,再次清码后读码,显示系统工作正常,无故障码。读取数据流,显示正常。路试车辆,加速良好,工作稳定,表明故障已经排除。

(1)在本次维修中,先后一共做了哪些检测?

(2)为什么说在汽车维修的故障诊断中,数据流读取经常非常管用?

(3)在没有维修手册的情况下,应该怎样收集各种数据标准?

2.学习自测题

(1)在( )式空气流量传感器中,装有油泵控制触点。
   A.叶片   B.卡门旋涡   C.热线   D.热膜

(2)进气歧管压力传感器测量进气歧管内的( )以反映进气量的变化。
   A.压力   B.体积   C.流速   D.质量

(3) 能产生数字信号的是( )式空气流量传感器。

  A. 叶片     B. 卡门旋涡     C. 热线     D. 热膜

(4) 测量空气体积流量的传感器有( )式空气流量传感器。

  A. 叶片     B. 卡门旋涡     C. 热线     D. 热膜

(5) 测量空气质量流量的传感器有( )式空气流量传感器。

  A. 叶片     B. 卡门旋涡     C. 热线     D. 热膜

(6) 对喷油量起决定性作用的是( )。

  A. 氧传感器   B. 冷却液温度传感器   C. 空气流量传感器   D. 进气温度传感器

(7) 热膜式空气流量传感器有故障时,可导致车辆行驶无力的故障。( )

  A. 正确     B. 错误

(8) 叙述进气系统漏气对发动机工作的影响。

3. 维修信息获取练习

(1) 通过维修手册查阅热线式空气流量传感器线路断路的故障码,并记录在下面空白处。

(2) 通过维修手册查找发动机怠速时,热线式空气流量传感器的数据范围,并记录在下面空白处。

4. 学习目标达成度的自我检查(表4-21)

自我检查表               表4-21

| 序号 | 学习目标 | 达成情况(在相应的选项后打"√") | | |
|---|---|---|---|---|
| | | 能 | 不能 | 如果不能,是什么原因 |
| 1 | 叙述空气流量传感器的作用、热线式空气流量传感器的工作原理 | | | |
| 2 | 叙述并对比各种空气流量传感器的基本结构、原理及优缺点 | | | |
| 3 | 参考维修手册,制订计划,诊断、排除热线式空气流量传感器故障 | | | |
| 4 | 对进气歧管压力传感器的故障进行诊断 | | | |
| 5 | 总结进气量与燃油喷射量之间的关系 | | | |

5. 日常表现性评价(由小组长或者组内成员评价)
(1)工作页填写情况。(　　)
　　A. 填写完整　　　　B. 缺失 0~20%　　　C. 缺失 20%~40%　　D. 缺失 40% 以上
(2)工作着装是否规范?(　　)
　　A. 穿着校服(工作服),佩戴胸卡　　　　B. 校服或胸卡缺失一项
　　C. 偶尔会既不穿校服又不戴胸卡　　　　D. 始终未穿校服、佩戴胸卡
(3)能否主动参与工作现场的清洁和整理工作?(　　)
　　A. 积极主动参与 5S 工作
　　B. 在组长的要求下能参与 5S 工作
　　C. 在组长的要求下能参与 5S 工作,但效果差
　　D. 不愿意参与 5S 工作
(4)操作汽车举升器或起动发动机时,有无进行安全检查并警示其他同学?(　　)
　　A. 有安全检查和警示　　　　　　　　　B. 有警示,无安全检查
　　C. 有安全检查,无警示　　　　　　　　D. 无安全检查,无警示
(5)是否达到全勤?(　　)
　　A. 全勤　　　　　　　　　　　　　　　B. 缺勤 0~20%(有请假)
　　C. 缺勤 0~20%(旷课)　　　　　　　　 D. 缺勤 20% 以上
(6)总体印象评价。(　　)
　　A. 非常优秀　　　B. 比较优秀　　　C. 有待改进　　　D. 急需改进
(7)其他建议:


小组长签名:_____　　　　　　　　　　　　_____年____月____日

6. 教师总体评价
(1)对该同学所在小组整体印象评价。(　　)
　　A. 组长负责,组内学习气氛好
　　B. 组长能组织组员按要求完成学习任务,个别组员不能达成学习目标
　　C. 组内有 30% 以上的学员不能达成学习目标
　　D. 组内大部分学员不能达成学习目标
(2)对该同学整体印象评价:
_____
_____
_____。

教师签名:_____　　　　　　　　　　　　_____年____月____日

# 学习任务5　燃油供给系统的检测与维修

## 学习目标

完成本学习任务后,你应当能:
1. 叙述电控燃油喷射系统的优点及组成;
2. 识别各种类型的电控燃油喷射系统及相应的组成部件;
3. 结合燃油供给系统各部件的工作原理,分析油压异常变化的故障原因;
4. 规范地检查燃油压力、燃油泵、喷油器及其控制电路;
5. 检测并分析喷油器波形;
6. 总结燃油系统的故障。

**建议完成本学习任务为24学时**

## 内容结构

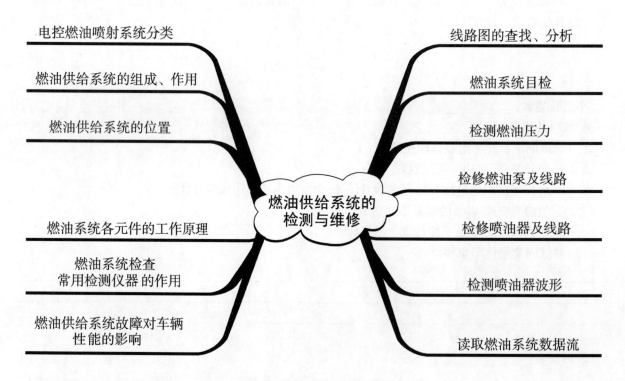

**学习任务描述**

一台发动机由于燃油供给系统工作不良导致发动机性能故障,需对燃油供给系统各元件及其控制电路进行检查,确定故障部位,并维修或更换。

发动机燃油供给系统是电子燃油喷射系统的重要组成部分,也是发动机故障发生率较高的系统之一,其故障将直接影响发动机的使用性能。作为一名汽车机电维修技术人员,经常要对燃油系统进行例行维护与检修,在检查维修之前,必须了解燃油系统的功用、原理,然后根据故障现象再进行针对性的检查。

# 一、学习准备

电控燃油喷射系统是为了实现在各种工况下向发动机提供适量的燃油。当发动机运行时,发动机控制单元根据空气流量信号、发动机转速信号及其他信号,计算出发动机燃烧所需要的燃油量,并在合适的时刻发出喷油脉宽信号,打开喷油器,向进气道或汽缸内喷射适量的燃油,并与空气混合,供给发动机(图5-1)。

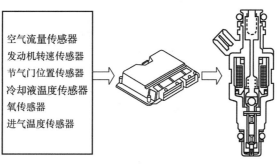

图5-1 电控燃油喷射基本工作原理

 **小词典**

喷油脉冲宽度:喷油器电磁线圈导通的时间,即喷油器打开的时间。

 **1. 电控燃油喷射系统由什么系统组成?各系统有什么作用?**

电控燃油喷射系统由进气系统、燃油系统、控制系统组成,各系统的作用见表5-1。

电控燃油喷射系统各系统的作用　　　　　　表5-1

| 系　　统 | 组　　成 | 作　　用 |
|---|---|---|
| 电控燃油喷射系统 | 进气系统 | 测量和控制燃油燃烧所需要的空气量,为发动机可燃混合气的形成提供必需的空气,该系统部件主要有空气滤清器、怠速控制阀、节气门体及进气歧管等 |
| | 燃油系统 | 向汽缸内提供所需要的燃油量。其主要部件有燃油箱、燃油泵、进油管、燃油滤清器、燃油分配管、喷油器、燃油压力调节器、回油管(现代汽车普遍无回油管)等 |
| | 控制系统 | 发动机控制单元根据各个传感器传送的工况参数确定燃油的最佳喷射量和喷射时刻 |

**2. 查阅相关资料，叙述电控燃油喷射系统的优点。**

 **3. 电控燃油喷射系统如何进行分类？**

在汽车电控燃油喷射系统发展过程中，出现了很多形式的燃油喷射系统，这些燃油喷射系统具有各自的特点。根据不同的分类方法，电控燃油喷射系统主要有以下分类（图5-2）。

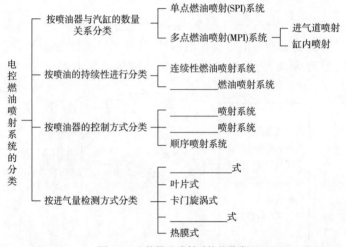

图5-2 电控燃油喷射系统的分类

如图5-3所示，大多数车型，如丰田公司的 TCCS 系统、大众公司的 MOTRONIC 系统等采用了进气道燃油喷射系统。而缸内直接喷射技术使用特殊的喷油器和燃烧结构，燃油喷雾效果更好，发动机的经济性和排放性能远远低于普通汽油发动机。三菱的 GDI 发动机、大众的 FSI 发动机均采用直接喷射。

 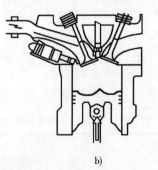 

a)            b)

图5-3 进气道喷射与缸内喷射
a) 进气道喷射；b) 缸内喷射

 **小词典**

单点燃油喷射：单点燃油喷射系统是在节气门体上安装一个或两个喷油器，向进气歧管中喷射燃油，从而形成可燃混合气。又称为节气门体燃油喷射系统。

进气道喷射:在每一个汽缸进气门前的进气管内安装一个喷油器,喷油器喷射出燃油后,在进气门附近与空气开始混合形成可燃混合气。

缸内喷射:将高压燃油通过喷油器直接喷到汽缸内。

**4. 燃油供给系统由哪些元件组成,各元件有什么作用?**

(1)有回油管的燃油供给系统的主要作用是把汽油从_____中吸入并通过_____泵送出去,汽油经_____和_____到达燃油分配管,送到各个_____,多余的燃油通过油压调节器、回油管回到油箱(图5-4)。

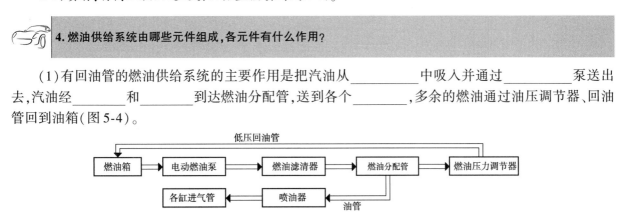

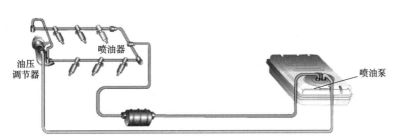

图5-4 燃油供给系统流程

查阅相关资料,将燃油供给系统零部件的作用列在表5-2中。

**燃油供给系统零部件的作用** 表5-2

| 零部件名称 | 作　用 | 零部件名称 | 作　用 |
| --- | --- | --- | --- |
| 燃油箱 |  | 回油管 |  |
| 燃油泵 |  | 燃油分配管 |  |
| 燃油滤清器 |  | 燃油压力调节器 |  |
| 进油管 |  | 喷油器 |  |

(2)现代轿车普遍采用无回油燃油系统。即燃油滤清器和喷油器之间只有一条燃油管,没有回油管将燃油导轨中的多余燃油送回到油箱中。这样,可以降低发动机对燃油的加热效应,从而降低燃油蒸气的排放。

请根据图5-5,参考2014款丰田卡罗拉维修资料,在表5-3相应的元件代号后补充填写燃油系统零部件名称及安装位置。

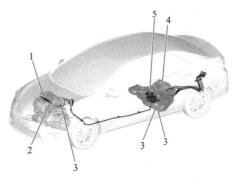

图5-5 燃油系统油路

燃油系统零部件名称及安装位置　　　　表5-3

| 元件代号 | 名　　称 | 安装位置 |
| --- | --- | --- |
| 1 |  |  |
| 2 | 喷油器 |  |
| 3 | 快速连接器 |  |
| 4 |  |  |
| 5 |  | 在燃油箱内 |

对比(1)中的有回油管燃油系统,(2)中的无回油管燃油系统少了什么?
　　　　□无压力调节器　　　　□无回油管

(3) 有回油管燃油系统的燃油泵工作时,请将图5-6中燃油的流经管路涂上蓝色。

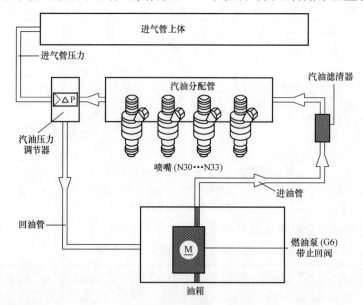

图5-6　燃油的流程示意图

(4) 无回油燃油系统中,当燃油从油箱中泵出,经过燃油滤清器到达一个T形接头,发动机需要的燃油量流向燃油导轨,多余的燃油则经油压调节器返回油箱。因此,无回油燃油系统也称为按需供油系统。燃油泵工作时,请将图5-7卡罗拉发动机的按需供油系统中燃油的流经管路涂上蓝色。

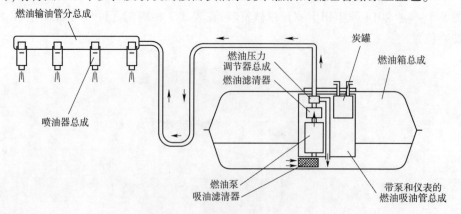

图5-7　无回油管燃油流程示意图

## 二、计划与实施

> **5. 燃油供给系统故障对车辆性能有何影响？**

燃油供给系统的主要故障有燃油油压过低、油压过高，喷油器漏油、堵塞或雾化不良等。燃油压力过低，将导致车辆怠速时运转_____（不稳/过高），加速不良，回火，车辆行驶无力等现象。燃油压力过高，将导致混合气_____（过浓/过稀），往往导致车辆燃油消耗较大、排气冒_____（黑烟/蓝烟/白烟），甚至车辆难起动等现象。喷油器漏油会使发动机燃油消耗_____（加大/减小），雾化不良则易造成混合气无法正常燃烧，爆发力小，影响车辆运转的稳定性。

> **6. 在什么情况下进行燃油供给系统的检测？**

在进行发动机的怠速不稳、加速无力、高速行驶无力等故障诊断和进行车辆维护（约 40000km，具体参见相应车辆的用户手册）时需要对燃油供给系统相应的项目进行检测。燃油系统检测包括外观目检、_____检测、喷油器检测、燃油泵控制电路检查等项目。

(1) 登记你维修的车辆识别代号，记录故障现象（表5-4）。

车辆识别代号及故障现象　　　　　　　　　　　表5-4

| 项　　目 | 内　　容 | | |
|---|---|---|---|
| 车辆识别代号（VIN） | | 车辆品牌 | |
| 发动机型号 | | | |
| 车辆故障现象的描述 | | | |

(2) 故障确认。在教师指导下，参考相应的维修资料，起动、运转待修车辆，观察并记录故障现象。

> **7. 当确认了待修车辆的故障后，需要对车辆进行相应的检测。通过外观检查判断部件是否存在明显的缺陷可以提高检修的效率，参考相应的维修资料，完成燃油供给系统部件的外观检查。**

外观目检如下。

1) 燃油箱

是否有泄漏？　　　　　　　　　　　　　　　　　　　　　　□ 是　　□ 否
有无腐蚀和金属箱内是否生锈？　　　　　　　　　　　　　　□ 是　　□ 否
燃油箱是否损坏或有缺陷的接缝？　　　　　　　　　　　　　□ 是　　□ 否
是否有松动的装配螺钉和损坏的装配传动带？　　　　　　　　□ 是　　□ 否

2) 燃油管

是否存在破裂、割伤、扭结、凹痕？　　　　　　　　　　　　□ 是　　□ 否
是否有轻度污迹、老化、漏油？　　　　　　　　　　　　　　□ 是　　□ 否
连接是否松动？　　　　　　　　　　　　　　　　　　　　　□ 是　　□ 否
是否稳固地安装在车辆底盘上？　　　　　　　　　　　　　　□ 是　　□ 否

| 各接头处是否泄漏？ | □ 是 | □ 否 |

3）汽油滤清器

| 安装方向是否正常？ | □ 是 | □ 否 |
| 接头是否有泄漏？ | □ 是 | □ 否 |

4）燃油分配管

| 接头是否漏油？ | □ 是 | □ 否 |
| 各喷油器接头是否漏油？ | □ 是 | □ 否 |
| 是否有燃油压力测试口？ | □ 是 | □ 否 |

5）喷油器

| 是否能够转动？ | □ 是 | □ 否 |
| 如果不能转动则说明喷油器安装是否有问题？ | □ 是 | □ 否 |
| 若重新安装新喷油器其 O 形密封圈是否应该更换？ | □ 是 | □ 否 |
| 插头是否连接良好？ | □ 是 | □ 否 |
| 拔出插接器，观察是否有锈蚀、松动？ | □ 是 | □ 否 |
| 喷油器外壳是否损坏？ | □ 是 | □ 否 |

6）燃油压力调节器（无回油管燃油系统的压力调节器在燃油箱内，无需检查此项）

| 真空软管连接是否正常？ | □ 是 | □ 否 |

你的结论是（表5-5）：

外观目检后的结论　　　　　　　　　　　　　　　　　　　表5-5

| 故 障 部 位 | 维 修 建 议 | |
| --- | --- | --- |
| 燃油箱 | □ 继续使用 | □ 更换 |
| 燃油管 | □ 继续使用 | □ 更换 |
| 汽油滤清器 | □ 继续使用 | □ 更换 |
| 燃油分配管 | □ 继续使用 | □ 更换 |
| 喷油器 | □ 继续使用 | □ 更换 |
| 燃油压力调节器（无回油管燃油系统的压力调节器在燃油箱内，无需检查此项） | □ 继续使用 | □ 更换 |

**8.** 在完成外观检查的情况下，如果无法排除明显的故障部件，则需对燃油系统进行燃油压力测试，如何进行燃油系统的压力测试？

燃油压力直接影响燃油的输送和喷射效果。燃油压力过高，使燃油和空气的混合比过浓，造成发动机油耗增加、尾气排放超标等故障；而如果燃油压力过低，则可能会造成发动机起动困难、怠速不稳等故障。因此对燃油系统作压力测试可准确快捷地找到燃油系统的故障。

1）燃油压力表

燃油压力表（图5-8）经常被用来测试燃油系统的压力。燃油系统压力达到额定标准是发动机正常工作的前提，在不同的负荷下发动机燃油系统压力值会有所不同。

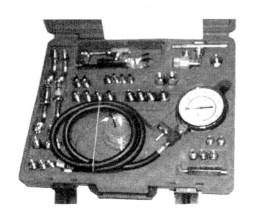

图 5-8 燃油压力表

2）安装燃油压力表

（1）有些汽车系统管路中安装有油压检测孔，检测时只需将燃油压力表直接接到油压检测孔（如图 5-9 中的燃油压力测试口）即可。

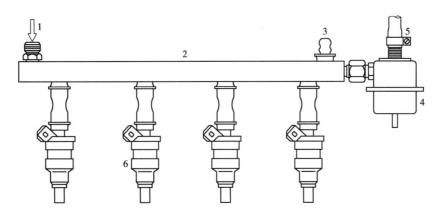

图 5-9 燃油分配管与油压测试口

根据图 5-9 并参考维修资料，完成表 5-6 的填空，说明燃油分配管中其他部件的名称和作用。

燃油分配管部件名称和作用　　　表 5-6

| 序　号 | 部 件 名 称 | 作　　用 |
| --- | --- | --- |
| 1 | 进油口 | 用于安装进油导管的接口 |
| 2 |  |  |
| 3 | 燃油压力测试口 | 用于快速安装燃油压力测试仪接口 |
| 4 |  |  |
| 5 |  |  |
| 6 |  |  |

（2）如果系统管路中没有安装油压检测孔，在连接燃油压力表前必须先对燃油系统进行卸压，释放管路中的燃油压力，再将燃油压力表通过三通管串接到系统管路中（图 5-10），不同的车型需要选用不同的油压检测接头。

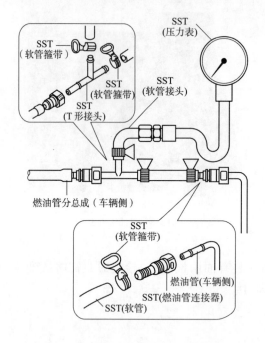

图 5-10　丰田卡罗拉轿车燃油压力表安装方式

### 小词典

残余压力：指发动机熄火后燃油管道的燃油压力。

请在图 5-11 中画出燃油系统残余压力的范围。

利用所学的知识，解释如果没有残余压力，为什么车辆在高温下出现气阻而导致车辆难起动。

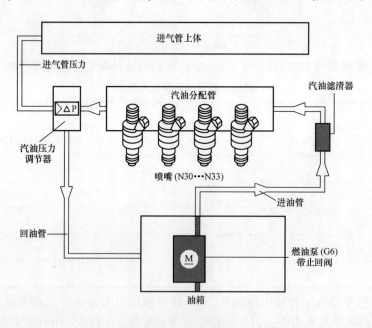

图 5-11　燃油系统残余压力

某车停放一晚后,早上出现起动困难的现象。需要起动6~7次,发动机才能起动。经检查发现管路中无残余压力。为什么无残余压力会导致这种现象?

(3)查找维修手册,将释放燃油压力的步骤写在下面。

小提示

在维修燃油系统部件前,必须释放燃油系统的残余压力,以免汽油溢出而造成失火和伤人。

释放系统压力后,在维修燃油管路或接头时,会溢出少量燃油。为了避免伤人,在断开前用棉制抹布盖住调节器和燃油管路接头,从而吸附泄漏的燃油。

有汽油的抹布应放在有盖的金属桶内。

3)检测燃油压力

(1)有回油管燃油系统燃油压力检测。

使用燃油压力表可以测量哪些燃油压力?查阅相应的维修资料将表5-7中的标准数据补充完毕。

**燃油压力测量表** 表5-7

| | 测量内容 | 测量要求 | 作用 | 标准值 |
|---|---|---|---|---|
| 燃油压力测量 | 供油油压 | 打开点火开关但不起动发动机,ECU将控制油泵工作2~3s,装有叶片式空气流量传感器的电控发动机可通过跨接油泵使之运转2~3s | 用来判定发动机供油油压是否正常 | _____kPa |
| | 调节油压 | 在发动机急速运转时,断开油压调节器真空管,燃油系统升高后的油压减去断开真空管前的油压的差值 | 用来判断油压调节器是否正常工作 | _____kPa |
| | 系统最高油压 | 将回油管夹住,使回油管停止回油,此时压力表的测量值应比没有夹住回油管的压力要高出2~3倍。在这一状态下,还应该检查燃油系统的各部位是否泄漏。检查时应注意只能夹住回油软管,不可弯曲,否则软管可能会断裂 | 检测燃油泵最大工作能力 | _____kPa |
| | 供油量 | 在发动机急速运转中读取燃油系统的供油压力,然后急加速到3000r/min以上,立刻读取此时的油压值,应高于供油压力_____kPa以上,如果低于此值则说明供油量不足 | 检测车辆的加速性能是否正常 | _____kPa |
| | 残余压力 | 技术标准:要求油压在_____min内不允许有明显的回落 | 检测燃油泵、油压调节器和喷油器是否泄漏 | _____min |

读取燃油压力。

燃油压力是否过低。　　　　　　　　　　　　　　　　　　□ 是　　　　□ 否
燃油压力是否过高。　　　　　　　　　　　　　　　　　　□ 是　　　　□ 否
燃油系统残余压力是否过低。　　　　　　　　　　　　　　□ 是　　　　□ 否
你的结论是：

（2）无回油燃油系统燃油压力检测。

2014 款丰田卡罗拉轿车是如何检测燃油压力？查阅相应的维修资料将表 5-8 中的内容补充完毕。

测 量 结 果　　　　　　　　　　　　　　　　　　　　　　表 5-8

| | 测量内容 | 测量要求 | 作　用 | 标　准　值 |
|---|---|---|---|---|
| 燃油压力测量 | 主动测试油压 | | | _____kPa |
| | 怠速油压 | | | _____kPa |
| | 残余压力 | | | _____min |

读取燃油压力。
主动测试油压是否正常。　　　　　　　　　　　　　　　　□ 是　　　　□ 否
怠速油压是否正常。　　　　　　　　　　　　　　　　　　□ 是　　　　□ 否
燃油系统残余压力是否过低。　　　　　　　　　　　　　　□ 是　　　　□ 否
你的结论是：

**9.** 不同的燃油系统故障对应不同的检测流程，请根据压力检测结论，列出燃油系统故障的检测流程并拟订相应的维修计划。

（1）有回油管燃油系统故障。

燃油压力过高的检测流程请参考图 5-12，燃油压力过低的检测流程请参考图 5-13，燃油系统残余油压过低的检测流程请参考图 5-14。

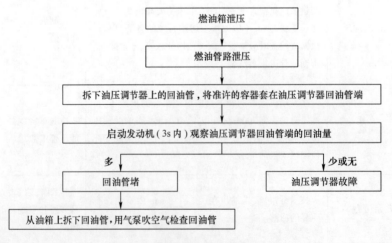

图 5-12　燃油压力过高的检测流程

# 学习任务5 燃油供给系统的检测与维修

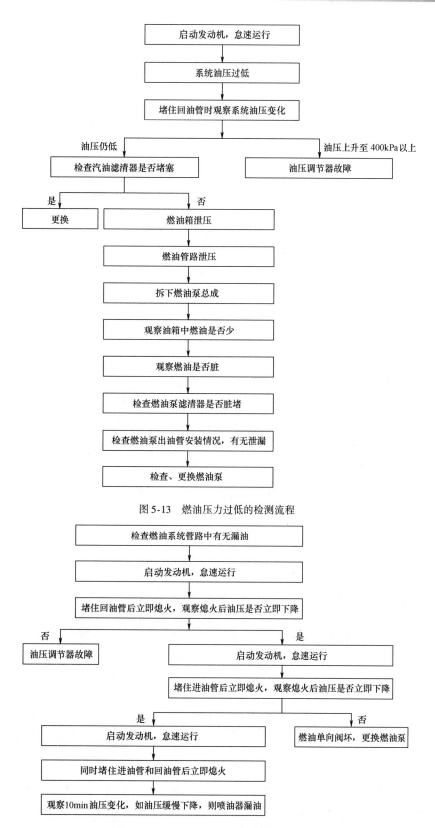

图 5-13 燃油压力过低的检测流程

图 5-14 燃油系统残余油压过低的检测流程

依据检测的燃油压力,对有回油管的燃油系统进行故障原因分析,列出需要检修的零部件。

(2)无回油管燃油系统故障。

请根据参考有回油管燃油系统故障的检测流程,查阅相应的维修资料,绘制无回油管燃油系统主动测试油压、怠速油压以及燃油系统残余压力过高或过低的检测流程。并依据检测的燃油压力,对无回油管的燃油系统进行故障原因分析,列出需要检修的零部件。

**10. 燃油箱怎样影响燃油供给系统中的供油压力?**

(1)位置:常位于汽车后部,但在后置发动机的汽车上,它位于汽车前部。
(2)作用:储存_____(图5-15)。

燃油箱加油口盖上有一个带螺纹的延伸部分,其作用是在取下加油口盖时能使燃油箱内的压力逐渐释放。

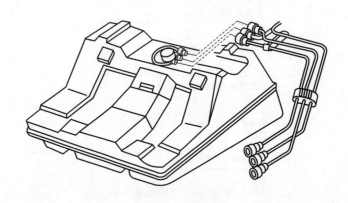

图 5-15　燃油箱

 小提示

汽油或汽油蒸气极易燃烧,如果有火源就会起火,不得用敞口容器接收或储存汽油或柴油,否则会失火或爆炸。

逐步交替紧固箍带紧固件,直到达到规定的力矩值。如果未将箍带紧固件紧固到规定力矩,会使油箱底部向上弯曲,这样在油箱中没有燃油时,燃油表还会指示有油。

燃油箱过脏、燃油泵集滤器堵塞会造成燃油系统压力过低。

**11. 燃油泵怎样影响燃油供给系统中的供油压力?**

1)燃油泵的安装位置

燃油泵常安装在油箱内,与滤网、燃油表浮子等结合为整体(图5-16),靠汽油润滑和冷却,若车辆经常在少油情况下继续行驶,燃油泵就可能烧蚀变形,导致燃油压力明显降低。燃油泵是否工作正常将直接影响燃油系统的供油压力。

小提示

也有些车辆上将燃油泵放置在油箱外面,如一些旧款的奔驰车。

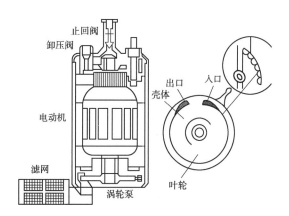

图 5-16 燃油泵

2) 燃油泵的组成和工作原理

根据图 5-17,将燃油泵各个零件名称及作用填写到表 5-9 中。

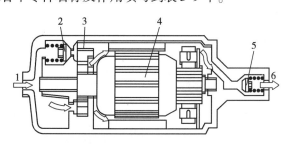

图 5-17 燃油泵工作原理

**燃油泵的零件名称及作用** 表 5-9

| 序号 | 名称 | 作 用 | 序号 | 名称 | 作 用 |
|---|---|---|---|---|---|
| 1 | 进油侧 | 无 | 4 | 转子 | 在定子磁场中,转子通电时产生旋转运动 |
| 2 | | | 5 | | |
| 3 | 泵体 | 将低压油转变成高压油 | 6 | 出油侧 | 无 |

当燃油泵通电时,转子 4 旋转带动 _____3 旋转,将燃油从 _____1 吸入,流经电动燃油泵内部,再从 _____6 将燃油压出。燃油泵停止工作时, _____5 将关闭,防止燃油管道中残余压力下降,有助于车辆下一次重新起动。如果没有残余压力,车辆在高温下很容易导致气阻,使车辆重新起动出现困难。_____2 可以避免燃油管路出现阻塞时压力过高而造成油管破裂或燃油泵损坏。

各个车系燃油泵的规格不同,其流量也有所不同,一般为 60~120L/h。将图 5-18 中的进油侧涂成蓝色,出油侧涂成红色。

3) 燃油泵故障对车辆性能的影响

燃油泵有故障会降低燃油系统的供油油压,从而导致车辆起动困难、急速不良、加速无力、高速行驶无力,甚至熄火等。

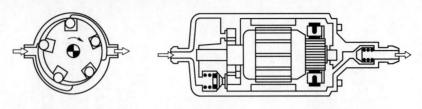

图 5-18 燃油泵

4）就车检查燃油泵控制电路

燃油泵无法正常工作也可能是由于控制电路的故障所致，因此需要对燃油泵的控制电路作相应的检查。

不同车型的燃油泵控制电路有所不同，以丰田 1ZR 发动机为例，说明燃油泵控制电路，并据此进行相应的检查。

（1）燃油泵控制电路。

电动燃油泵只有在发动机起动和运转时才工作。在打开点火开关时，为建立系统油压，电动燃油泵往往会运行一段时间，以便发动机能顺利起动。而在其他情况下，即使点火开关接通，只要发动机没有转动，燃油泵就不工作。燃油泵工作的控制，通常是指发动机 ECM 对燃油泵控制 ECU 发出的控制信号，具体如图 5-19 所示。

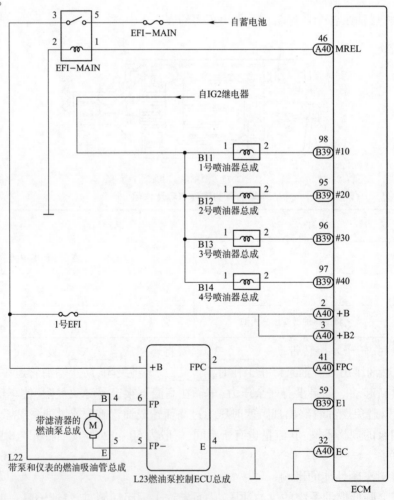

图 5-19 燃油泵电路图

## 学习任务5  燃油供给系统的检测与维修

发动机 ECM 向燃油泵控制 ECU 总成发出控制信号的工作条件是什么?

燃油泵控制 ECU 总成的作用是什么?

对燃油供给系统进行检查时,有哪些注意事项?

> **小提示**
>
> 在车辆发生碰撞或翻车时,如果燃油泵继续工作,将容易导致因燃油泄漏而导致火灾、爆炸等严重安全事故。为了避免这种危险事故,许多车辆的燃油控制系统通过惯性动作开关将燃油泵关闭,避免燃油发生泄漏。

(2)就车检查燃油泵控制电路。
① 检查燃油泵熔断丝是否熔断? □是 □否
② 用手触摸 EFI – MAIN 继电器,接通点火开关,检查该继电器是否有动作声? □是 □否
③ 如果 EFI – MAIN 继电器有动作声,请作以下检查。
检查燃油泵控制 ECU 总成的电源与搭铁线,是否正常? □是 □否
如果正常,则检查燃油泵控制 ECU 总成至发动机 ECU 信号线(对搭铁、对电源线以及端对端)是否正常? □是 □否
燃油泵控制 ECU 总成至燃油泵两根连接线配线是否正常? □是 □否
检查燃油泵的电阻 _____ Ω 是否符合规定? □是 □否
在燃油泵的两个端子之间施加蓄电池电压。检查并确认燃油泵总成是否工作? □是 □否
④ EFI – MAIN 继电器没有动作声,请检测继电器和相关的电源及搭铁。
检测继电器是否正常? □是 □否
检测继电器电源是否有 12V 电压? □是 □否
检测继电器搭铁是否正常? □是 □否
你的结论是:_____。

**12. 燃油滤清器怎样影响燃油供给系统中的供油压力?**

燃油滤清器主要是用来除去燃油中的_____,防止燃油系统_____,减少系统的机械磨损,确保发动机稳定运行,提高工作可靠性。此外,它还有消声器的作用。由于车辆在长期使用过程中,汽油滤清器容易堵塞而导致车辆性能下降,故燃油滤清器需要定期更换。

燃油滤清器的安装位置:通常安装在车辆底板下或发动机舱中。

查找相关的维修资料，说明汽油滤清器是否有安装方向？并将图 5-20 中汽油滤清器的燃油入口用蓝色笔画出，燃油出口用红色笔画出。

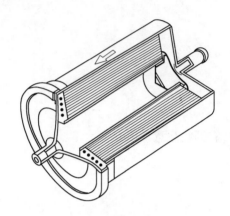

图 5-20　汽油滤清器

参考维修手册，查阅试验室所用车型燃油滤清器的更换周期。



如果燃油滤清器堵塞，对车辆性能有什么影响？

如果燃油滤清器堵塞，输出的燃油压力将_____（上升/下降），造成起动困难和发动机动力不足。

 小提示

有些滤清器有 O 形圈密封以防止燃油泄漏，每次更换汽油滤清器时必须同时更换 O 形圈。

在拆卸汽油滤清器时，会有燃油泄漏，故应该在滤清器下放置合适的容器，并慢慢拆卸燃油滤清器的接头；万一发生燃油滴漏在地上，请及时清洁。

在拆卸燃油滤清器时，必须远离火源，必须配备灭火器。

在维修燃油系统时务必保持清洁。

燃油滤清器的更换，没有明确的维修间隔。如果出现堵塞，则更换燃油滤清器。

只要拆卸或更换燃油滤清器，就必须起动车辆检查燃油滤清器接头是否泄漏。

 **13. 燃油压力调节器怎样影响燃油供给系统中的供油压力？**

（1）参考相应的维修资料，将图 5-21 中有回油管燃油系统中，外置压力调节器各数字代表的元件名称、作用填写在表 5-10 中。

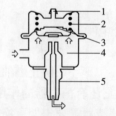

图 5-21　燃油压力调节器

## 学习任务5 燃油供给系统的检测与维修

燃油压力调节器的元件名称及作用　　　　　表 5-10

| 序　号 | 元 件 名 称 | 作　　用 |
|---|---|---|
| 1 | 真空管接孔 | 用于连接进气歧管 |
| 2 |  |  |
| 3 |  |  |
| 4 |  |  |
| 5 |  |  |

①请将图 5-21 中的燃油腔涂成红色。

②工作原理。

燃油压力调节器的作用就是使系统油压(即供油总管内油压)与进气歧管压力之差保持_____(恒定/变大/变小),通常为 250~300kPa。这样,从喷油器喷出的燃油量便唯一地取决于喷油器的_____。这样,发动机所要求的燃油喷射量,可以根据 ECU 加给喷油器的通电时间长短来控制。如果燃油压力不稳定,即使加给喷油器的通电时间一样,当燃油压力高时,燃油喷射量也会_____(增加或降低);当燃油压力低时,燃油喷射量会_____(增加或降低)。

③请比较车辆在怠速时和节气门半开时,哪一个燃油压力高?为什么?

④如果燃油压力调节器的真空管脱落,对燃油压力有什么影响?

⑤如果燃油压力调节器的膜片出现破裂,将影响车辆性能。查阅相关资料,如何检测燃油压力调节器?

⑥观察试验车辆的燃油压力调节器安装位置。

⑦燃油压力调节器故障对车辆性能有什么影响?

主要故障是弹簧张力疲劳后变小或膜片破裂。由于燃油压力调节器的作用是调节喷油压力,所以出现故障时会直接影响喷油压力的高低和发动机的供油量,使发动机供油不稳、怠速不稳、起动困难、加速无力、耗油、冒黑烟等。

(2)现在轿车大部分的发动机燃油系统是没有回油管的,其燃油压力调节器(图5-22)内置在燃油箱内,在燃油箱内就对燃油压力进行了调节。它实质上是一个限压阀,燃油压力增大时,克服弹簧压力,打开阀门泄压;燃油压力达到预定压力时,在弹簧作用下,阀门关闭。无回油燃油系统结构示意图如图 5-23 所示。

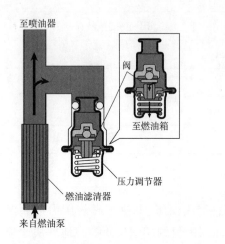
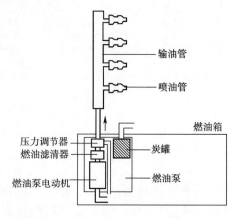

图 5-22 安装在燃油箱内部的燃油压力调节器　　图 5-23 卡罗拉 1.6LGL 版发动机无回油燃油系统

①如果燃油压力调节器的弹簧损坏,对燃油压力有什么影响?

②查阅相关资料,如何检测燃油压力调节器?

③观察试验车辆的燃油压力调节器安装位置。

④内置燃油压力调节器故障和外置燃油压力调节器故障对车辆性能影响是否一样?

### 14. 喷油器怎样影响燃油供给系统中的供油压力?

1) 喷油器的安装位置

喷油器安装在进气管末端靠近进气门,如图 5-24 所示。根据图 5-25,将喷油器各元件名称填写在表 5-11 对应数字后面的空白格内。

自 我 检 查 表　　　　　　　　　　　　　　　　　　表 5-11

| 元件序号 | 名　称 | 元件序号 | 名　称 |
|---|---|---|---|
| 1 |  | 4 |  |
| 2 |  | 5 |  |
| 3 |  |  |  |

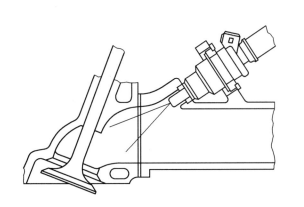 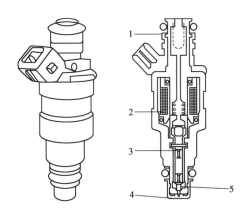

图 5-24 喷油器安装位置　　　　　　　　图 5-25 喷油器

2）喷油器工作原理

当 ECU 发出指令,喷油器通电时,电磁线圈 2 产生吸力,将柱塞(　　)吸起,针阀(　　)被吸上大约 0.1mm。燃油从针阀与喷孔(　　)的环形间隙喷出。进油滤网(　　)可过滤汽油微小杂质。

3）喷油器的分类

根据喷油器线圈的阻值,喷油器可以分为低阻喷油器和高阻喷油器。低阻喷油器的线圈匝数较少,电阻值为 $0.6\sim3\Omega$,高阻型喷油器的电阻为 $13\sim17\Omega$。

4）喷油器故障对车辆性能的影响

喷油器一旦发生故障,将造成喷油量偏少、过多、不喷油或者泄漏等现象,导致喷油雾化效果变差,最终出现发动机动力下降、排气管冒黑烟等故障。

喷油器的故障主要有:针阀处过脏;堵塞;磨损;泄漏;电磁线圈损坏;雾化状况不好;安装有问题。

各汽缸喷油器的喷油量相差太大,也会造成整个发动机运转不平稳。

5）喷油器的检修

(1)典型喷油控制电路的分析。

如图 5-26 所示,发动机控制模块通过晶体管控制喷油器的搭铁,实现对喷油器的控制。在发动机运行过程中,ECU 根据＿＿＿＿＿＿、＿＿＿＿＿＿等输入的信号,确定合适的喷油时刻和喷油脉冲宽度,并向喷油器提供搭铁信号使喷油器开始喷油,切断搭铁信号使喷油器停止喷油。喷油器搭铁线导通的时间以毫秒(ms)为单位。

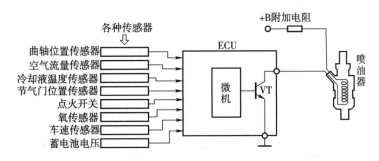

图 5-26 喷油器控制原理

查询相关的维修手册,分析对应车型的喷油器控制电路图。

电路图：

控制电路说明：

参照喷油器控制电路完成电路检查，并填写表 5-12。

喷油器控制电路检查　　　　　表 5-12

| 故障部位 | 维修建议 |
|---|---|
| 喷油器电源线 | □ 继续使用　　□ 更换 |
| 喷油器至 ECU 之间连线 | □ 继续使用　　□ 更换 |
| 喷油器 | □ 继续使用　　□ 更换 |

### 学习拓展

缸内直喷（GDI），就是直接将燃油喷入汽缸内与进气混合的技术。优点是油耗量低，升功率大，压缩比高达 12，与同排量的一般发动机相比功率与转矩都提高了 10%。缺点是零组件复杂，而且价格通常要贵。

喷射压力也进一步提高，使燃油雾化更加细致，真正实现了精准地按比例控制喷油并与进气混合，并且消除了缸外喷射的缺点。同时，喷嘴位置、喷雾形状、进气气流控制，以及活塞顶形状等特别的设计，使油气能够在整个汽缸内充分、均匀地混合，从而使燃油充分燃烧，能量转化效率更高。因此有人认为缸内直喷式汽油发动机是将柴油机的形式移植到汽油机上的一种创举。

(1) 缸内直喷式汽油发动机的优缺点有哪些？

(2) 查阅资料，至少说出缸内直喷技术在 3 个不同汽车品牌中的技术名称。

(2) 检查喷油器的电磁线圈。

断开点火开关，拔下喷油器的插头，用万用表电阻挡测量喷油器电磁线圈的电阻值，如图 5-27 所示。
待修喷油器电阻值为_____Ω，是否正常？　　　　　　　　　□ 是　　□ 否

还可使用听诊器（图 5-28）探针接触喷油器，应能听到清脆的"嗒嗒"声（电磁开、关声）。否则说明该喷油器不工作。

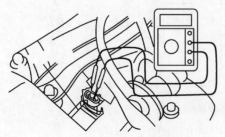

图 5-27　检查喷油器电阻

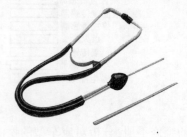

图 5-28　听诊器

（3）喷油器波形测试。
①按示波器操作使用说明书的要求连接好示波器。
②起动发动机，以2500r/min的转速保持节气门2～3min，直至发动机完全暖机。
③关掉空调和所有附属电气设备。
④将换挡操纵手柄置于停车挡或空挡。
⑤缓慢加速，观察加速时喷油器的喷油持续时间的变化情况。请将示波器显示的波形画在下面的方格中。

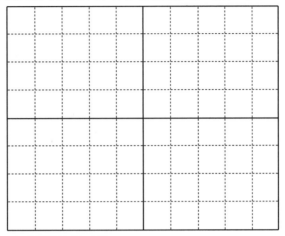

与标准波形（图5-29）相比，波形是否正常。　　　　　　　　　□ 是　　　□ 否

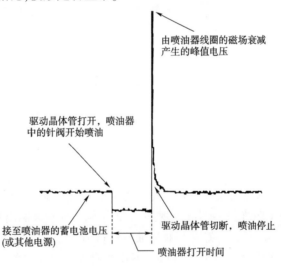

图5-29　标准喷油器波形

参考图5-26喷油器控制原理，对所测波形进行分析。

 小提示

也可以使用手持式汽车诊断电脑进行喷油脉宽数据流的读取，以此判断喷油器是否存在故障。

起动发动机。　　　　　　　　　　　　　　　　　　　　　　　　□ 任务完成

| | |
|---|---|
| 连接手持式汽车诊断电脑。 | □ 任务完成 |
| 选择相应车型。 | □ 任务完成 |
| 进入发动机控制单元。 | □ 任务完成 |
| 选择需要读取的数据项。 | □ 任务完成 |
| 观察喷油脉宽_____ms,是否正常。 | □ 是 □ 否 |

(4) 喷油质量检查。

喷油质量检查包括喷油量、雾化和泄漏检查。此项检查可在专用的喷油器试验台上进行(该项目检查作为选做)。

将各个喷油器拆下放置在超声波喷油器清洗机上,直接观察喷油状况和喷油量。喷油状况如图5-30所示。

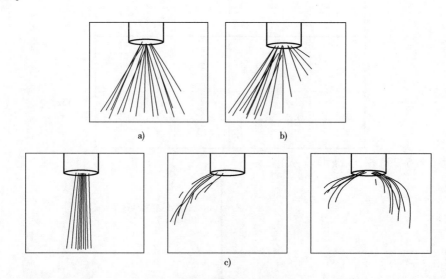

图5-30 喷油器喷油状况
a)良好;b)尚可使用;c)差

(5) 喷油器清洗。

可采用喷油器清洗机(图5-31)清洗喷油器。电喷车辆在使用过程中,喷油器会出现积炭、堵塞等故障。因此,适时清洗喷油器是车辆维护中不可忽视的一项内容。如果车辆出现发动机发抖、耗油量增大等故障,或行驶里程达到4万~6万km,就需要对喷油器进行清洗。

喷油器一旦发生故障,将造成喷油量偏少、过多、不喷油或者泄漏等现象,导致喷油雾化效果变差,最终出现发动机动力下降、排气管冒黑烟等故障。喷油器的故障主要有:针阀处过脏;堵塞;磨损;泄漏;电磁线圈损坏;雾化状况不好;安装有问题等。各汽缸喷油器的喷油量相差太大,也会造成整个发动机运转不平稳。

小提示

安装喷油器时应该更换所有O形密封圈,并在新的O形密封圈上涂少量汽油或者润滑脂。

将喷油器装入燃油总管时应该不断转动喷油器,以免损坏O形密封圈。

用手转动喷油器,检查是否能够平顺地转动,如果喷油器不能用手转动,说明O形密封圈安装不当,应该拆下喷油器重新安装。

图 5-31 喷油器清洗机

**15. 燃油管在燃油供给系统中的作用是什么?**

(1)进油管:其作用是将燃油从燃油箱_____发动机。
(2)回油管:其作用是使多余的燃油_____燃油箱(注意:内置燃油压力调节器无回油管)。
(3)燃油蒸气管:作用是将蒸发的燃油蒸气从燃油箱内送至活性炭罐。

燃油管有的采用钢质硬管,也有的采用尼龙软管。这三条燃油管通常装在车身地板下或车架下。为防止路面飞起的石子损坏管道,一般安装有防护板。由于发动机振动,在燃油管与其他部件的连接处为橡胶软管。

连接燃油管接头前,务必将外管接头滴上数滴清洁的发动机机油,从而保证重新连接不会损坏接头,并可以防止燃油泄漏。在正常操作时,内管接头上的 O 形密封圈会出现膨胀。如果不进行润滑,就不能正确重新连接,如图 5-32 所示。

在松开油管接头时,一定要先释放燃油系统的压力,然后向两个方向来回拧 1/4 圈以松动内部可能有的脏物,如图 5-33 所示。

切勿试图矫直任何扭结的尼龙油路,更换任何扭结的尼龙进油管或回油管,防止车辆损坏。

拆卸安装新燃油管时,勿用锤子直接敲击燃油管路卡箍,否则会导致尼龙管损坏,造成燃油泄漏。

图 5-32 燃油管清洁　　　　　　图 5-33 燃油管拆卸

在尼龙管附近使用工作灯操作时,务必用湿毛巾覆盖蒸气管;此外,切勿使车辆在115℃以上的温度下停留1h以上,也不能在90℃以上的温度下长时间停留。

### 学习拓展

卡罗拉轿车1ZR发动机燃油系统的有这些特征:

采用多层塑料燃油箱总成以减轻质量。这种燃油箱总成由6层组成并使用了4种材料,如图5-34所示。燃油箱总成底部标有燃油排放标记。拆卸(报废)车辆时,在排放标记处钻孔以排空燃油。

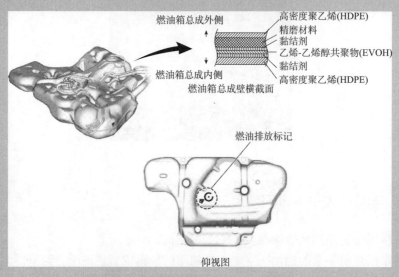

图5-34 燃油箱的结构与材料示意图

采用带泵和仪表的紧凑型燃油吸油管总成如图5-35所示。其基本零部件为燃油泵、燃油滤清器、燃油压力调节器总成、炭罐和燃油表传感器总成。

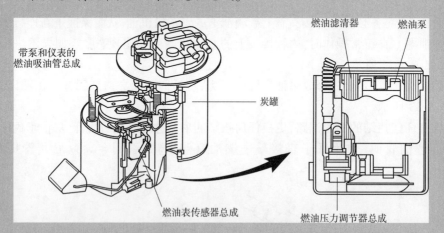

图5-35 带泵和仪表的紧凑型燃油吸油管总成

燃油输油管分总成内部采用内管(图5-36),以降低燃油脉动。该设计可停止使用安装在传统车型上的脉动阻尼器,使燃油系统更加紧凑和轻量化。燃油脉动时,内管的形状随着脉动改变,从而改变了输油管的内部容量。容量的改变降低了燃油脉动。

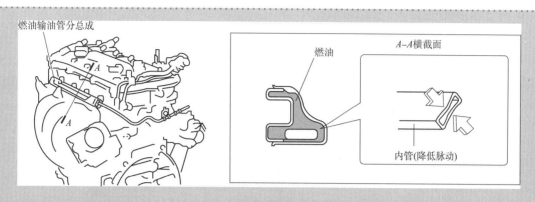

图 5-36　燃油输油管结构示意图

12 孔型喷油器总成呈长喷嘴形状如图 5-37 所示。这缩短了喷油器总成到进气阀的距离，可防止燃油黏附在进气口壁上，并降低 HC 废气的排放。

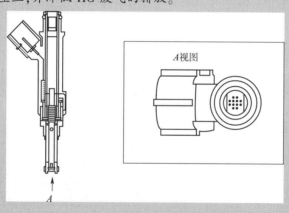

图 5-37　12 孔型喷油器总成示意图

## 三、评价与反馈

1. 使用（维修）案例分析

某车辆出现起动困难的故障后进厂检查，维修技术员在进行燃油系统检查时，发现残余油压出现明显的回落，说明喷油器、油压调节器或者燃油泵泄漏。小组讨论，设计一合理计划帮助维修技术员判断是哪一零部件有泄漏。

（1）车辆在什么情况下要进行燃油供给系统的检测？主要包括哪些检测项目？

（2）如何判断残余油压是由于喷油器、油压调节器或者燃油泵的故障所致？

2. 学习自测题

（1）在燃油压力检测时，首要的工序是（　　）。

　　A. 在将燃油压力表连接到电喷系统以前应先将管路卸压
　　B. 将燃油压力表连接到电控燃油喷射系统的回流管路上
　　C. 断开燃油蒸发罐管路

D. 拆下燃油机(分配器)上的燃油管

(2)某汽油喷射系统的汽油压力过高,以下(　　)正确。

　　A. 电动汽油泵的电刷接触不良　　　　B. 汽油压力调节器密封不严

　　C. 油管泄漏　　　　　　　　　　　　D. 回油管堵塞

(3)电控燃油喷射系统由(　　)组成。

　　A. 燃油系统　　　B. 进气系统　　　C. 控制系统　　　D. 增压系统

(4)在发动机运行过程中,ECU主要根据(　　)确定喷油时刻和喷油脉宽。

　　A. 曲轴转速信号　　　　　　　　　　B. 空气流量传感器信号

　　C. 节气门位置信号　　　　　　　　　D. 氧传感器信号

(5)燃油压力调节器的弹簧疲劳后不可继续使用,会增加发动机的油耗。

　　A. 正确　　　B. 错误

(6)喷油器的实际喷油时刻比ECU发出喷油指令的时刻晚。

　　A. 正确　　　B. 错误

3. 维修信息获取练习

通过维修手册查阅燃油压力偏高的检修步骤。

4. 学习目标达成度的自我检查(表5-13)

**自我检查表**　　　　　　　　　　　　　　　　　　　　　　　　表5-13

| 序号 | 学习目标 | 达成情况(在相应的选项后打"√") | | |
|---|---|---|---|---|
| | | 能 | 不能 | 如果不能,是什么原因 |
| 1 | 叙述电控燃油喷射系统的优点及组成 | | | |
| 2 | 识别各种类型的电控燃油喷射系统及相应的组成部件 | | | |
| 3 | 结合燃油供给系统各部件的工作原理,分析油压异常变化的故障原因 | | | |
| 4 | 规范检查燃油压力、燃油泵、喷油器及其控制电路 | | | |
| 5 | 检测并分析喷油器波形 | | | |
| 6 | 总结燃油系统的故障 | | | |

5. 日常表现性评价(由小组长或者组内成员评价)

(1)工作页填写情况。(　　)

　　A. 填写完整　　　B. 缺失0~20%　　　C. 缺失20%~40%　　D. 缺失40%以上

(2)工作着装是否规范?(　　)

　　A. 穿着校服(工作服),佩戴胸卡　　　B. 校服或胸卡缺失一项

　　C. 偶尔会既不穿校服又不戴胸卡　　　D. 始终未穿校服、佩戴胸卡

(3)能否主动参与工作现场的清洁和整理工作?(　　)

　　A. 积极主动参与5S工作

B. 在组长的要求下能参与5S工作

C. 在组长的要求下能参与5S工作,但效果差

D. 不愿意参与5S工作

(4)操作汽车举升器或起动发动机等时,有无进行安全检查并警示其他同学?(　　)

　　A. 有安全检查和警示　　　　　　　B. 有警示,无安全检查

　　C. 有安全检查,无警示　　　　　　D. 无安全检查,无警示

(5)是否达到全勤?(　　)

　　A. 全勤　　　　　　　　　　　　B. 缺勤0~20%(有请假)

　　C. 缺勤0~20%(旷课)　　　　　　D. 缺勤20%以上

(6)总体印象评价。(　　)

　　A. 非常优秀　　　B. 比较优秀　　　C. 有待改进　　　D. 急需改进

(7)其他建议:


小组长签名:_____　　　　　　　　　_____年____月____日

6. 教师总体评价

(1)对该同学所在小组整体印象评价。(　　)

　　A. 组长负责,组内学习气氛好

　　B. 组长能组织组员按要求完成学习任务,个别组员不能达成学习目标

　　C. 组内有30%以上的学员不能达成学习目标

　　D. 组内大部分学员不能达成学习目标

(2)对该同学整体印象评价:

_____

_____

_____。

教师签名:_____　　　　　　　　　_____年____月____日

# 学习任务 6　氧传感器的检测与维修

**学习目标**

完成本学习任务后,你应当能:
1. 叙述氧传感器的作用、类型;
2. 解释电控燃油喷射(EFI)闭环控制回路;
3. 正确检测分析氧传感器的波形;
4. 按照给定的检修计划对氧传感器进行故障排除。

**建议完成本学习任务为 6 学时**

## 内容结构

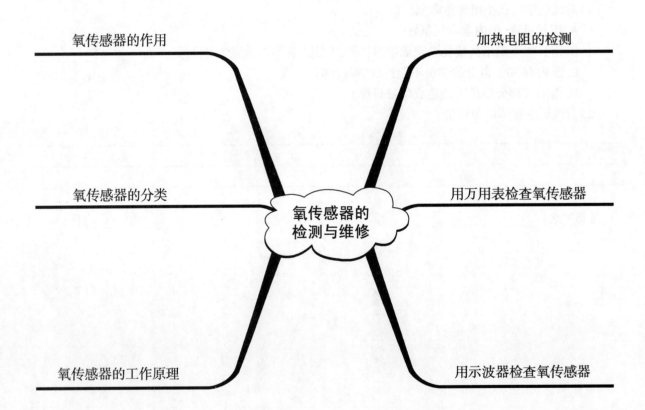

**学习任务描述**

一台发动机油耗过高,尾气排放超标。通过手持式汽车诊断电脑的检查,检测出与氧传感器相关的故障码,需对氧传感器及电路进行检查,确定故障部位,并进行维修。

发动机氧传感器是现代发动机控制系统中非常重要的传感器之一,主要用来检测排放废气中的氧含量,并反馈给发动机 ECU 用以控制喷油器喷油量的增减,将燃油混合气的浓度控制在理想的范围内,从而减小油耗,提高三元催化转换器的工作效率。

# 一、学习准备

 **1. 为什么现代车辆上需安装氧传感器?**

1)氧传感器的作用

在现代的电子控制燃油喷射发动机上,都装有三元催化装置,可以同时消除排气中的有害成分。三元催化装置的净化效率和空燃比密切相关,只有当混合气空燃比在理论空燃比附近时才能收到理想的净化效果。一旦空燃比偏离理论数值,那么催化剂对废气的净化能力将急剧下降,如图6-1所示。

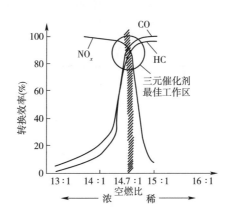

图6-1 三元催化器转换效率与空燃比的关系

 **小词典**

空燃比:空气和燃油的质量比。

理论空燃比:当1kg燃油和14.7kg的空气混合时,空气的氧正好可以和燃油完全燃烧,这时的空燃比为14.7:1,我们称之为理论空燃比。

氧传感器就是用来检测排气中的_____浓度,其安装位置如图6-2所示。根据安装氧传感器的数量不同,氧传感器的作用也不相同。现代汽车上一般安装有2个氧传感器,分别安装在三元催化装置的前后。

发动机 ECU 根据氧传感器传来的电压信号,判断混合气的_____。然后对_____进行修正,从而使空燃比始终保持在_____附近,最终达到理想的排气净化效果。

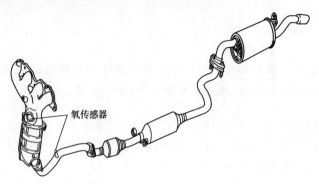

图6-2 氧传感器的安装位置

2)开环控制和闭环控制

 小词典

开环控制:是一种直链式控制,指控制模块根据传感器的信号控制执行器的工作,但不对控制结果进行检测。

闭环控制:又称反馈控制,与开环控制不同的是增加了反馈控制环节,即有些传感器检测控制结果并把这种结果返回给控制模块。

请写出图6-3a)和图6-3b)分别属于开环控制方式还是闭环控制方式?这两种控制方式有什么不同?哪种控制效果更好?有氧传感器的电子燃油喷射控制属于哪一种控制方式?

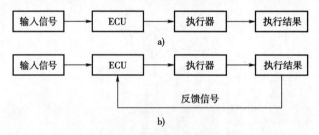

图6-3 开环与闭环的控制示意图

**2. 氧传感器用于检测排放废气中的氧含量,实际运用的氧传感器有哪些类型?**

按使用材料的类型进行分类,常见的氧传感器有二氧化锆式和二氧化钛式两种。二氧化锆氧传感器是通过电压变化反映可燃混合气浓度的变化,二氧化钛氧传感器则是通过电阻变化反映可燃混合气变化的。在发动机工况恶化时使用二氧化锆氧传感器的电控系统无法将实际的空燃比控制在理论空燃比附近,而二氧化钛氧传感器在发动机工况恶化的情况下也能将实际空燃比控制在理论空燃比附近。

按氧传感器是否安装加热器进行分类,有加热型氧传感器和非加热型氧传感器两种类型。氧传感器的工作温度一般要求在400℃以上,因此在发动机刚起动时由于排气温度比较低,氧传感器无法正常工作,需要增加一个加热丝让氧传感器快速达到工作温度。现在的车辆上基本使用的都是加热型氧传感器。

查阅维修手册,确定实际待维修车辆上运用的氧传感器是什么类型?

## 二、计划与实施

 **3. 某故障车辆的发动机油耗过高,尾气排放超标。通过手持式汽车诊断电脑的检查,检测出与氧传感器相关的故障码,需对氧传感器及电路进行检查,请制订相应的维修计划并实施。**

(1)将待修车辆信息填入表 6-1 中。

待 修 车 辆 信 息　　　　表 6-1

| 项　　目 | 内　　容 |
|---|---|
| 车辆识别代号(VIN) | |
| 发动机型号 | |
| 客户投诉 | |
| 维修意见 | |

(2)故障确认。起动发动机,在发动机出现的下述现象前打"√"。
□ 油耗过高。
□ 尾气排放超过国家标准。
□ 发动机加速无力。
□ 发动机怠速过高。
读取故障码并记录。


(3)氧传感器外观目检。
①氧传感器有几根导线。　　　　　　　　　　　□1根　□2根　□3根　□4根
②插头是否连接良好。　　　　　　　　　　　　　　　　　□是　　□否
③拔出插接器观察是否有锈蚀、松动。　　　　　　　　　　□是　　□否
④传感器外壳是否损坏。　　　　　　　　　　　　　　　　□是　　□否

(4)氧传感器电路检查。不同类型的氧传感器及其电路的检修可能存在差异,因此需要制订不同的检修计划,以丰田 1ZR-FE 发动机前氧传感器(空燃比传感器)为例,分析带加热电阻的氧传感器电路图(图 6-4)。

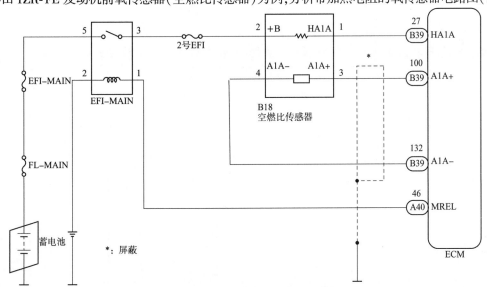

图 6-4　1ZR-FE 发动机氧传感器电路图

小提示

氧传感器的工作温度一般要求在400℃以上,因此在发动机刚起动时由于排气温度比较低,氧传感器无法正常工作,需要增加一个加热丝让氧传感器快速达到工作温度。

①ECM是怎样控制向氧传感器的加热器提供电源?假如EFI MAIN继电器损坏,会有什么故障现象,为什么?

②氧传感器的信号端子是哪一个?

☐ HA1A　　　☐ A1A+　　　☐ A1A-　　　☐ MERL

③参考电路图,完成氧传感器加热电阻及其电路的检测,并将检测结果填写在表6-2中。

氧传感器加热电阻及其电路检测结果　　　　表6-2

| 检测内容 | | 标 准 值 | 测 量 值 | 是否正常 |
| --- | --- | --- | --- | --- |
| 熔断丝 EFI NO.2 | | | | |
| 加热电阻 | | | | |
| 加热电阻与 EFI MAIN 继电器之间的导线(+B) | 电压检查 | | | |
| | 导通性检查 | | | |
| 加热电阻与 ECU 之间的导线(HA1A) | 断路检查 | | | |
| | 短路检查 | | | |

④参考电路图,完成氧传感器电路的检测,并将检测结果填写在表6-3中。

氧传感器电路的检测结果　　　　表6-3

| 检测内容 | | 标 准 值 | 测 量 值 | 是否正常 |
| --- | --- | --- | --- | --- |
| 传感器与 ECU 之间的导线(A1A+) | 断路检查 | | | |
| | 短路检查 | | | |
| 传感器与 ECU 之间的导线(A1A-) | 断路检查 | | | |
| | 短路检查 | | | |

⑤氧传感器的波形测试。

 小提示

通过检测氧传感器波形判断传感器性能好坏具有直观、准确的特点,可准确判断故障部位,并为深入分析故障原因提供充分的依据。

在发动机的息速状态下检查氧传感器输出波形,并记录在下面的方格中。

图 6-5 显示的是氧传感器不同工作状态下的波形。分析对比各种波形,请说明当氧传感器工作不良时,传感器输出的波形与正常波形比较,有什么不同,(从波形频率、波形幅值等方面对比)并判断实际检测的波形是否正常?

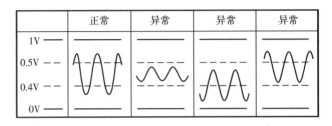

图 6-5 常见信号波形分析图

在正常情况下,随着反馈控制的进行,氧传感器的反馈电压将在 0.3~0.7V 波动,而且应该在 10s 之内有 6~8 次极大值和极小值的交替变化。如果少于 6~8 次,或反馈电压波动范围过大或过小,则说明氧传感器或反馈控制系统不正常。

大多数氧传感器没确定更换的周期,但当反应迟缓后应该进行更换。一般非加热型的氧传感器为 5 万~8 万 km 更换一次;加热型的氧传感器约为 10 万 km 更换一次。

小提示

氧传感器价格昂贵,在更换新的氧传感器之前必须确认是氧传感器故障,以免造成不必要的浪费。

此外,用于更换的新氧传感器可能也有故障,因此更换新氧传感器后一定要检测其波形是否正常。

 4. 氧传感器如何实现检测废气中的氧浓度,试分析它的结构和工作原理。

1)二氧化锆氧传感器

(1)二氧化锆氧传感器(图 6-6)内含有一个用陶瓷型材料二氧化锆($ZrO_2$)制成的元件。此元件的内侧和外侧都包着一层铂。排气管外部被引导至传感器的内侧,传感器的外侧则直接与_____接触。

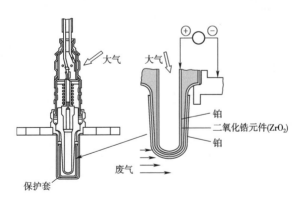

图 6-6 二氧化锆氧传感器

高温下氧气发生电离,当二氧化锆元件内部表面上的氧气浓度与外部表面上的氧气浓度相差太大时,二氧化锆元件就像一个微型的蓄电池向外输出电压。

(2)二氧化锆元件内外表面的铂有什么作用?



(3)氧传感器是如何工作的?

如图6-7所示,当空气—燃油混合气较稀时,废气中的氧气_____。因此传感器内、外氧气浓度的差别相对_____,传感器产生的电压_____。相反,当空气—燃油混合气较浓时,废气中的氧气_____。这时,传感器内、外侧的氧气浓度差_____,传感器就产生_____的电压(约1V)。发动机ECU根据传感器输出的电压信号,来控制燃油喷射量,使燃油混合气的空燃比保持在_____附近。

(4)氧传感器的工作温度,一般要求在400℃以上。因此在发动机刚起动时,由于排气温度比较低,氧传感器无法正常工作。发动机ECU根据什么传感器的信号判断是否可以进行空燃比反馈控制?



(5)为了保证发动机在起动后,在进气量小、排气温度比较低的时候,氧传感器也能输出信号,使ECU能够进行空燃比反馈控制,通常采取了哪些措施?



2)二氧化钛氧传感器

(1)二氧化钛氧传感器的结构与二氧化锆氧传感器相似,主要是材料不同。

(2)二氧化钛氧传感器的_____能随着混合气的空燃比的变化而改变。当混合气较浓时,废气中的氧气_____,_____值变小;反之,_____值变大(图6-8)。

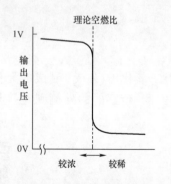

图6-7 氧传感器的输出特性

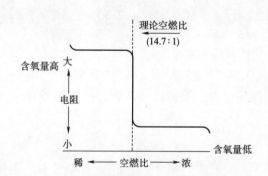

图6-8 空燃比与氧传感器电阻的关系

(3)二氧化钛氧传感器向ECU输出的信号是电压信号。请查阅其他资料,说明当混合气稀的时候,它向ECU输出的是高电压还是低电压?

### 学习拓展

现代汽车已经开始使用新型的空燃比传感器,空燃比传感器与普通氧传感器的材料相同,其结构上的差异在于空燃比传感器是平面型传感器,而氧传感器是杯型传感器(图6-9)。它们的区别是:

(1) 杯型传感器包括一个围绕着加热器的传感器元件。

(2) 平面型加热器用氧化铝制成,它有较好的导热性能和绝缘性能,以使传感器元件和加热器结合在一起,这样提高了传感器的加热性能。平面型传感器的加热时间为10s左右,而杯型传感器的加热时间为30s左右。

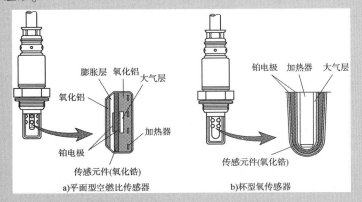

图6-9 新型空燃比传感器与氧传感器结构比较

请查阅相关资料,并根据图6-10分析氧传感器与空燃比传感器在输出特性上的差异。

(1) 空燃比传感器应用大约____V恒定电压,它的输出电流根据排放物中_____改变而改变。发动机ECU把输出电流的变化转化成____信号,线性地检测当前的空燃比。

(2) 氧传感器的输出电压根据排放物中氧的浓度改变而改变,发动机ECU用这个_____当前空燃比是否比理想空燃比浓或稀。

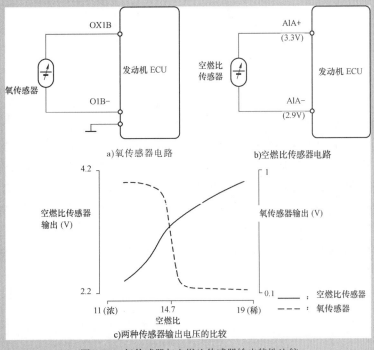

图6-10 氧传感器与空燃比传感器输出特性比较

小提示

空燃比传感器的电压值是发动机ECU内计算出来的,而不是发动机ECU的端子电压。

## 三、评价与反馈

1. 学习自测题

(1)二氧化锆只有在(　　)的温度时才能正常工作。
　　A. 500℃　　　　B. 90℃　　　　C. 815℃　　　　D. 300～400℃

(2)二氧化钛氧传感器工作时,当废气中的氧浓度高时,二氧化钛的电阻值(　　)。
　　A. 先减小后增大　　B. 小　　　　C. 不变　　　　D. 大

(3)杯型氧传感器输出(　　),则表示混合气过浓。
　　A. 0.1V　　　　B. 0.3V　　　　C. 0.7V　　　　D. 1.2V

(4)在氧传感器未工作时,发动机ECU使用(　　)控制混合气浓度。
　　A. 节气门传感器　　B. 冷却液温度传感器　　C. 空气流量传感器　　D. 进气温度传感器

(5)氧传感器失效可导致(　　)。
　　A. 油耗过高　　　　　　　　B. 尾气排放超标
　　C. 发动机加速无力　　　　　D. 发动机怠速过高

(6)发动机控制系统在(　　)需要进行闭环控制。
　　A. 冷起动　　　　B. 怠速　　　　C. 中小负荷　　　　D. 急加速

(7)当氧传感器的输出电压为0.9V时,在下一次喷油时,喷油器的喷油时间应该怎样变化？当氧传感器失效时,发动机如何控制混合气的浓度？

2. 维修案例分析

一辆丰田花冠汽车,在冷车时怠速在1200～1500r/min之间跳动;挂挡或打开空调时,怠速在1500～1800r/m之间跳动,有时非常不稳定。读取数据流发现空气流量传感器和节气门位置传感器均正常,而空燃比传感器电压值0.4～0.45V,变化很小,加速到2500r/m后电压值变为0.55～0.58V,与正常变化值不符。最后检测发现是空燃比传感器老化造成工作不良,更换新的空燃比传感器后,故障排除。

这个维修案例中是如何判断故障是在元件而不是线路,如果空燃比传感器线路出现断路或短路故障,数据流显示多少？

3. 学习目标达成度的自我检查(表6-4)

自我检查表　　　　　　　　　　　　　　　　　　　　　　　　　　表6-4

| 序号 | 学习目标 | 达成情况(在相应的选项后打"√") | | |
|---|---|---|---|---|
| | | 能 | 不能 | 如果不能,是什么原因 |
| 1 | 叙述氧传感器的作用、类型 | | | |
| 2 | 解释电控燃油喷射(EFI)闭环控制回路 | | | |
| 3 | 正确检测分析氧传感器的波形 | | | |
| 4 | 按照给定的检修计划对氧传感器进行故障排除 | | | |

4. 日常表现性评价(由小组长或者组内成员评价)

(1) 工作页填写情况。(　　)
　　A. 填写完整　　　　B. 缺失 0~20%　　　C. 缺失 20%~40%　　D. 缺失 40% 以上

(2) 工作着装是否规范?(　　)
　　A. 穿着校服(工作服),佩戴胸卡　　　　B. 校服或胸卡缺失一项
　　C. 偶尔会既不穿校服又不戴胸卡　　　　D. 始终未穿校服、佩戴胸卡

(3) 能否主动参与工作现场的清洁和整理工作?(　　)
　　A. 积极主动参与 5S 工作
　　B. 在组长的要求下能参与 5S 工作
　　C. 在组长的要求下能参与 5S 工作,但效果差
　　D. 不愿意参与 5S 工作

(4) 操作汽车举升器或起动发动机时,有无进行安全检查并警示其他同学?(　　)
　　A. 有安全检查和警示　　　　B. 有警示,无安全检查
　　C. 有安全检查,无警示　　　　D. 无安全检查,无警示

(5) 是否达到全勤?(　　)
　　A. 全勤　　　　　　　　　　B. 缺勤 0~20%(有请假)
　　C. 缺勤 0~20%(旷课)　　　　D. 缺勤 20% 以上

(6) 总体印象评价。(　　)
　　A. 非常优秀　　　B. 比较优秀　　　C. 有待改进　　　D. 急需改进

(7) 其他建议:

小组长签名:_____　　　　　_____年____月____日

5. 教师总体评价

(1) 对该同学所在小组整体印象评价。(　　)
　　A. 组长负责,组内学习气氛好
　　B. 组长能组织组员按要求完成学习任务,个别组员不能达成学习目标

C. 组内有 30% 以上的学员不能达成学习目标
D. 组内大部分学员不能达成学习目标
(2) 对该同学整体印象评价：
_____
_____
_____。

教师签名：_____　　　　　　　　　　_____年____月____日

# 学习任务 7　节气门位置传感器的检测与维修

## 学习目标

完成本学习任务后,你应当能:
1. 叙述节气门体的种类;
2. 叙述电子节气门控制系统的组成及各组成部分的作用;
3. 叙述各种节气门位置传感器的特点;
4. 参考维修手册,制订计划,并依据计划诊断、排除节气门位置传感器故障;
5. 规范地清洗节气门,并进行初始化设定;
6. 总结节气门开度与燃油喷射量之间的关系。

**建议完成本学习任务为 7 学时**

## 内容结构

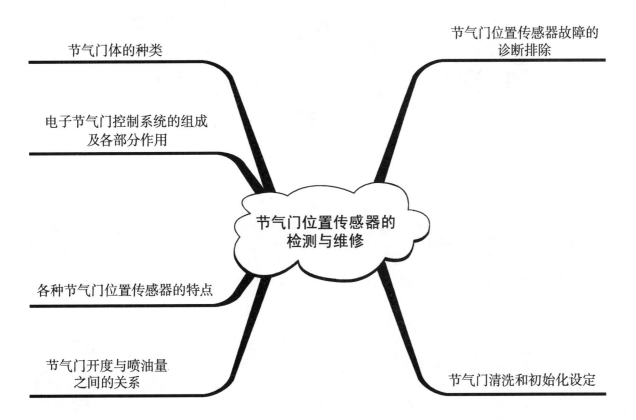

**学习任务描述**

一台发动机加速不良、油耗增加,通过手持式汽车诊断电脑检测到有与发动机节气门位置传感器相关的故障码,需对节气门位置传感器及其电路进行检查,确定故障部位,并维修或更换。

节气门位置传感器是现代发动机电控系统中必不可少的传感器之一,主要用来检测节气门的开度和节气门开闭的速率。节气门位置信号是发动机电控系统用于控制喷油量、点火正时、怠速转速和尾气排放的一个比较重要的参考信号。

# 一、学习准备

 **1. 节气门体有哪些类型?**

节气门体是进气系统中控制发动机进气量的一个阀门,有机械式、半自动式和电子式三种,如图7-1所示。传统机械式节气门体附带怠速控制阀和节气门位置传感器,节气门的开启角度通过拉索由加速踏板控制。半自动式节气门体安装了电动机控制发动机怠速,但仍保留了节气门拉索。电子式节气门体完全取消了节气门拉索。

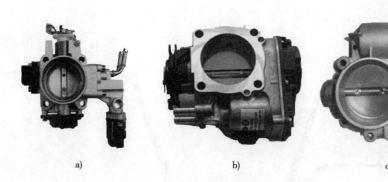

图7-1 节气门体的种类
a) 机械式;b) 半自动式;c) 电子式

 **2. 电子节气门系统由哪些部分组成?**

电子节气门控制系统主要包括节气门位置传感器、加速踏板位置传感器、电子控制单元和节气门控制电动机等,如图7-2所示。

正确连线图7-3中的部件名称与作用。

 **3. 节气门位置传感器的作用是什么?**

节气门位置传感器(TPS)用于检测节气门开度,通常安装在节气门体上,如图7-4所示。

在发动机电控系统中,节气门位置传感器判断发动机的_____,如怠速工况、部分负荷工况、大负荷工况等,从而对发动机进行相应的控制。

## 学习任务7 节气门位置传感器的检测与维修

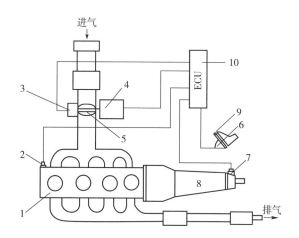

图7-2 电子节气门控制系统组成

1-发动机；2-曲轴位置传感器；3-节气门位置传感器；4-节气门控制电动机；5-节气门；6-加速踏板位置传感器；7-车速传感器；8-变速器；9-加速踏板；10-电子控制单元

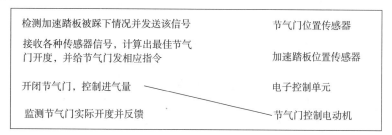

图7-3 电子节气门控制系统部件名称与作用连线

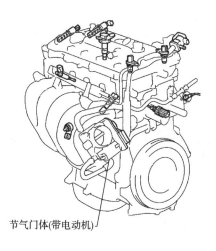

图7-4 节气门位置传感器的安装位置

**4. 节气门位置传感器有哪些类型？**

根据运用原理的不同，节气门位置传感器主要分成三种类型：开关式、线性电阻式、霍尔式。在图7-5中，图7-5a)是_____节气门位置传感器，图7-5b)是_____节气门位置传感器，

图 7-5c)是_____节气门位置传感器。

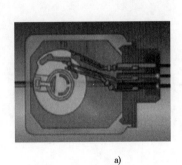
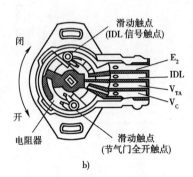
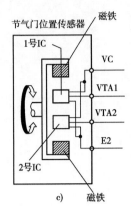

a)            b)            c)

图 7-5 节气门位置传感器的类型

## 二、计划与实施

**5. 客户反映其装备丰田 1ZR-FE 发动机的车辆存在加速不良,油耗增加的故障,需要对车辆进行检修。**

(1) 将车辆信息与客户投诉填写在表 7-1 中。

车辆信息与客户投诉表        表 7-1

| 车辆识别代号(VIN) | |
|---|---|
| 发动机型号 | |
| 外观目检(整车) | □ 正常　　□ 不正常 |
| 客户投诉 | |
| 维修接待员的维修意见 | |

(2) 故障现象确认。

起动发动机,确认故障,如果出现下列现象,请打"√":

□ 发动机故障灯不熄灭。
□ 发动机不能起动。
□ 发动机起动困难。
□ 刚刚起动后发动机失速。
□ 急速不稳、抖动。
□ 急速过高。
□ 加速不良、响应迟缓。
□ 进气管"回火"。
□ 排气管冒黑烟。
□ 其他故障:_____。

(3) 在教师指导下,使用手持式汽车诊断电脑,正确读取故障码(DTC)和数据。

① 故障码第一次读取:

□ 无 DTC。
□ 有 DTC:_____。

②记录定格数据中的基本数据,填入表7-2(空格有多余时则留空,下面各表同样处理)。

定格数据中的基本数据　　　　　　　　　　　　　　　　　　　　　　　　　　　　表7-2

| 项　目 | 数　值 | 单　位 |
|---|---|---|
|  |  |  |
|  |  |  |
|  |  |  |
|  |  |  |
|  |  |  |

③定格数据中除基本数据外的反应故障码特征的相关数据,填入表7-3。

定格数据中反应故障码特征的相关数据　　　　　　　　　　　　　　　　　　　　表7-3

| 项　目 | 数　值 | 单　位 |
|---|---|---|
|  |  |  |
|  |  |  |
|  |  |  |

④与故障码特征相关的动态数据记录,填入表7-4。

相关的动态数据　　　　　　　　　　　　　　　　　　　　　　　　　　　　　　表7-4

| 项　目 | 数　值 | 单　位 |
|---|---|---|
|  |  |  |
|  |  |  |
|  |  |  |

⑤清除故障码。

⑥故障码第二次读取:

□ 无DTC。

□ 有DTC:_____。

查阅维修手册,找出故障码的含义,填写表7-5。

故障码检测项目和检测条件　　　　　　　　　　　　　　　　　　　　　　　　　表7-5

| DTC编号 | 检测项目 | DTC检测条件 |
|---|---|---|
| P0120 | 节气门位置传感器"A"电路 | VTA1的输出电压快速波动,并超出上下故障阈值持续2s或更长时间 |
| P0121 | 节气门位置传感器"A"电路范围/性能 | VTA1和VTA2之间的输出电压差低于0.8V或高于1.6V持续2s |
| P0122 | 节气门位置传感器"A"电路_____(低/高)输入 | VTA1的输出电压____(低于/高于)0.2V持续2s或更长时间 |
| P0123 | 节气门位置传感器"A"电路_____(低/高)输入 | VTA1的输出电压____(低于/高于)4.535V持续2s或更长时间 |
| P0220 | 节气门位置传感器"B"电路 | VTA2的输出电压快速波动,并超出上下故障阈值持续2s或更长时间 |
| P0222 | 节气门位置传感器"B"电路_____(低/高)输入 | VTA2的输出电压____(低于/高于)1.75V持续2s或更长时间 |
| P0223 | 节气门位置传感器"B"电路_____(低/高)输入 | VTA2的输出电压____(低于/高于)4.8V,且VTA1在0.2~2.02V持续2s或更长时间 |
| P2135 | 节气门位置传感器"A"/"B"电压相关性 | 满足以下任一条件:<br>①VTA1和VTA2输出电压之间的差值为0.02V或更低持续0.5s或更长时间。<br>②VTA1的输出电压为0.2V或更低,且VTA2的输出电压为1.75V或更低持续0.4s或更长时间 |

查阅维修手册,找出正常状态下节气门位置传感器的数据,填写表7-6。

节气门位置传感器数据　　　　　　　　　　　　　　　　　表7-6

| 数 据 项 目 | 完全松开加速踏板 | 完全踩下加速踏板 |
|---|---|---|
| Throttle Position No.1 | ____ ~ ____ V | ____ ~ ____ V |
| Throttle Position No.2 | ____ ~ ____ V | ____ ~ ____ V |

根据表7-6,所检测车辆的节气门位置传感器数据为_____(正常/不正常)。

 小提示

丰田1ZR-FE发动机节气门位置传感器有两个传感器电路VTA1和VTA2,其中VTA1用于检测节气门开度,VTA2用于检测VTA1的故障。信号电压越高,表示节气门开度越大。Throttle Position No.1表示VTA1信号,Throttle Position No.2表示VTA2信号。

此外,也可以用百分比的形式检查节气门开度,在节气门全开时,"Throttle Position"值应在60%或更高。作此检查时,换挡杆应在N位置。

(4)基本检查。参考图7-4或维修手册,找出节气门体,并作基本检查。
①线路/连接器外观及连接情况;　　　　　　　　　　　　□正常　　□不正常
②零件安装等;　　　　　　　　　　　　　　　　　　　　□正常　　□不正常
③检查节气门控制电动机的工作声音。　　　　　　　　　　□正常　　□不正常

 小提示

检查节气门控制电动机工作声音的方法:将点火开关置于ON位置,踩下加速踏板时,听取节气门控制电动机有没有摩擦噪声。如果有任何摩擦噪声,则节气门体总成需要更换。

(5)故障诊断。
①观察并分析图7-6所示的丰田1ZR-FE发动机节气门位置传感器电路图,并查阅维修手册,回答以下问题:

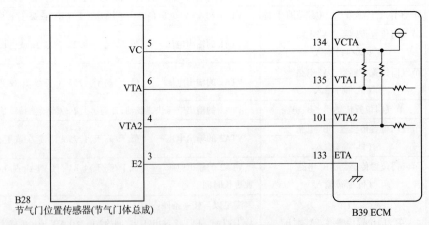

图7-6　丰田1ZR-FE发动机节气门位置传感器电路图

节气门位置传感器工作是否需要电源?如果需要,是通过哪个端子输入的?输入电压是多少伏?

B28-6(VTA)、B28-4(VTA2)、B28-3(E2)端子分别起什么作用?

正确连线图 7-7 中的数据与可能故障部位。

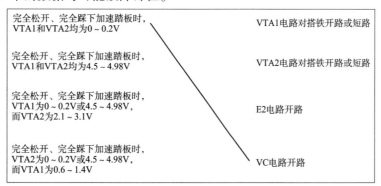

图 7-7　VTA1 和 VTA2 数据与可能故障部位连线

②检查电阻。

断开节气门体总成连接器,断开 ECM 连接器,参照图 7-8,按表 7-7 中的值测量电阻。

小提示

断开节气门体总成连接器、ECM 连接器前,必须先关掉点火开关。当点火开关接通时,绝不能断开汽车内部电器装置,由于断开时线圈的自感作用,将会产生很高的瞬时电压,这种电压将会造成传感器及 ECU 的损坏。

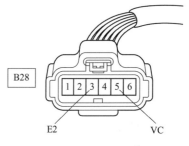

图 7-8　节气门位置传感器连接器

**线束和连接器测量结果**　　　　　　　　　　　　　　　　表 7-7

| 测量端子 | 条　件 | 规定状态 | 测量值 | 判　断 |
|---|---|---|---|---|
| B28-5（VC）—B39-134（VCTA） | | | | □正常<br>□不正常 |
| B28-6（VTA）—B39-135（VTA1） | | | | □正常<br>□不正常 |
| B28-4（VTA2）—B39-101（VTA2） | | | | □正常<br>□不正常 |
| B28-3（E2）—B39-133（ETA） | | | | □正常<br>□不正常 |
| B28-5（VC）或 B39-134（VCTA）—车身搭铁 | | | | □正常<br>□不正常 |
| B28-6（VTA）或 B39-135（VTA1）—车身搭铁 | | | | □正常<br>□不正常 |
| B28-4（VTA2）或 B39-101（VTA2）—车身搭铁 | | | | □正常<br>□不正常 |

如果数值不符合规定,则维修或更换线束或连接器。
③检查 VC 电压。
断开节气门体总成连接器,参照图 7-8,按表 7-8 中的值测量电压。

**VC 电压测量结果**     表 7-8

| 测量端子 | 条件 | 规定状态 | 测量值 | 判断 |
|---|---|---|---|---|
| B28-5（VC）—B28-3（E2） | | | | □正常<br>□不正常 |

(6) 故障部位确认和排除。
根据故障诊断的结果,在表 7-9 中,确认故障部位,并填写维修意见。

**故 障 维 修 意 见**     表 7-9

| | | |
|---|---|---|
| □元件损坏 | 请写明元件名称: | □更换<br>□修理<br>□调整 |
| □线路故障 | 请写明线路区间: | □更换<br>□修理<br>□调整 |
| □其他 | | □更换<br>□修理<br>□调整 |

> **小提示**
>
> 更换节气门体总成后,需利用诊断电脑,进行节气门初始化,包括学习值重置和怠速学习。

(7) 维修后质检。
①起动车辆。　　　　　　　　　　　　　　　　　　　　　　　　　□任务完成
②发动机故障灯状态。　　　　　　　　　　　　□正常　　　　　　□不正常
③读取故障码、清除故障码。　　　　　　　　　　　　　　　　　　□任务完成
④检查与原故障码相关的动态数据。　　　　　　　　　　　　　　　□任务完成
⑤观察发动机运转状态。　　　　　　　　　　　□正常　　　　　　□不正常
(8) 车辆清洁与交车。
①对车辆进行清洁。　　　　　　　　　　　　　　　　　　　　　　□任务完成
②车辆交车。　　　　　　　　　　　　　　　　　　　　　　　　　□任务完成

**6. 查阅资料,比较认识各种类型的节气门位置传感器有什么特点?**

1) 开关式
开关式节气门位置传感器如图 7-9 所示,是由两个开关触点构成一个旋转开关。
怠速触点(IDL)在节气门处在怠速位置时_____(断开/闭合)。发动机电子控制单元接到这个信号后,即可使发动机进入怠速闭环控制。

## 学习任务7 节气门位置传感器的检测与维修

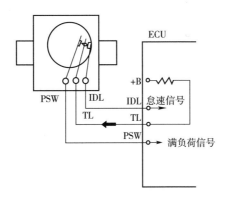

图7-9 开关式节气门位置传感器

满负荷触点(PSW)在节气门开度达到全负荷状态时_____(断开/闭合),发动机电子控制单元接到这个信号后,即可使发动机进入全负荷加浓控制状态。

2)线性电阻式

线性电阻式节气门位置传感器如图7-10所示,一个触点可在电阻上滑动,利用电阻的变化将节气门位置信号转换成电压值VTA,这个电压呈_____(线性/非线性)变化。根据这个线性电压值,ECU可感知节气门的开度,并进行喷油量修正。

另一个触点在节气门关闭时与急速触点IDL接触。

根据图7-10,如果电源VC突然中断,则VTA信号电压为_____V,VTA信号电压还会不会随着节气门开度的增大而增大?

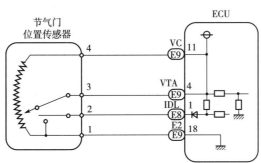

图7-10 线性电阻式气门位置传感器

如果搭铁E2中断,则VTA信号电压为_____V,VTA信号电压还会不会随着节气门开度的增大而增大?

如果滑动电阻的滑片接触不良,则VTA信号电压容易出现什么样的变化?

从以上分析可以看出,无论是滑动电阻的故障,还是连接导线的故障,都会对VTA信号电压产生什么影响?

在教师的指导下,利用示波器测试线性电阻式节气门位置传感器。

(1)画出实测波形。

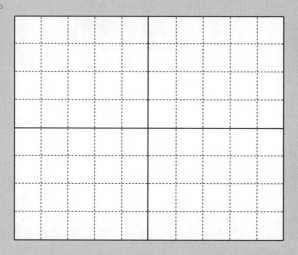

(2)线性电阻式节气门位置传感器的标准波形(图7-11)。

(3)参考图7-12,对你所测量的波形进行分析。

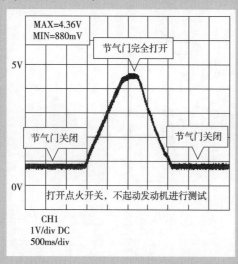

图7-11 线性电阻式节气门位置传感器标准波形

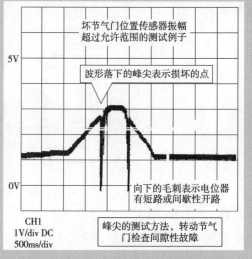

图7-12 节气门位置传感器典型故障波形分析

3)霍尔式

许多现代汽车发动机都采用霍尔式节气门位置传感器[图7-5c],它根据霍尔效应制成,是_____(接触型/非接触型)传感器,不会磨损,寿命长;可靠性_____(高/低);反应灵敏,高精度,可适应各种极端行驶条件。

 **7. 节气门位置传感器出现故障,对车辆性能有怎样的影响?**

节气门位置传感器出现故障,可能造成发动机起动困难,会影响发动机的怠速和加速性能,造成发动机怠速不稳、无怠速、加速不良等现象。节气门位置传感器信号还是电控自动变速器中重要的换挡信号,当它出现故障时,将导致变速器产生换挡冲击等故障。

**8.如何进行节气门清洗和初始化设定?**

(1)小组讨论,为什么要进行节气门清洗和节气门初始化设定?

(2)在教师指导下,根据现有条件,对一种具体车型进行节气门清洗及初始化设定,并简单描述工作过程。

### 学习拓展

通用雪佛兰2013款科鲁兹1.6AT轿车,在清洗节气门后必须进行节气门初始化设定。具体的设定方法是:
(1)关闭发动机,点火开关置于ON位置,使用手持式汽车诊断电脑,并执行"Module Setup(模块设置)"中的"Idle Learn Reset(怠速学习初始化)"。
(2)起动发动机,并监测"TB Idle Airflow Compensation(节气门怠速空气流量补偿)"参数。节气门怠速空气流补偿值应该等于0%,发动机应该以一个正常的怠速速度运转。

(3)查询相关资料,小组讨论对应不同车辆,节气门初始化的方法是否存在差异?

 **9.节气门位置与喷油量之间有什么关联?**

1)断油控制
作用:减速时,降低燃油消耗和改善尾气排放。
工作原理:在发动机急减速运行过程中,节气门突然关闭,而此时发动机由于惯性还保持在较高的转速,在发动机转速还没有下降到设定转速之前,发动机控制模块(ECU)判定此时为不需要供给燃油的减速状态,停止燃油供应。当发动机转速降到接近怠速转速时,重新开始喷油。发动机减速时断油和恢复供油的转速取决于发动机冷却液温度的高低,如图7-13所示。
根据图7-13,请说明冷却液温度与发动机减速断油转速、恢复供油转速之间的关系。

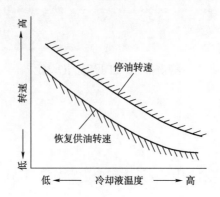

图 7-13 减速时断油与恢复供油的转速特性

2）节气门开度对喷油量的影响

（1）汽车在节气门全开情况下大负荷行驶时，为了确保车辆动力性，往往将空燃比设定在 12.5:1，缺点是不能利用氧传感器进行闭环控制。

（2）在发动机加速和减速的过程中，发动机控制模块根据节气门位置传感器和空气流量传感器（或进气歧管压力传感器）来识别发动机是否处于加减速运行状态，以便对混合气的浓度进行修正。节气门开启的速度越大，进气量变化（增加）越大，喷油量就越大；节气门关闭的速度越大，进气量变化（减小）越大，喷油量就越小。

3）失效保护

节气门位置传感器信号电路产生断路或短路时，发动机控制模块将采用正常运转值代替节气门位置传感器信号（通常节气门开度为 0°~25° 控制发动机工作）。

（1）将手持式汽车诊断电脑与发动机连接，起动车辆，断开节气门位置传感器，逐渐加速，观察节气门位置的动态数据，并填写表 7-10。

节气门位置的动态数据　　　　　　　　　　　　　　　　　　　　表 7-10

| 发动机数据 | 发动机怠速 | 中小负荷 | 大 负 荷 | 全 负 荷 |
| --- | --- | --- | --- | --- |
| 发动机转速 | | | | |
| 空气流量传感器 | | | | |
| 节气门位置传感器 | | | | |
| 冷却液温度传感器 | | | | |
| 喷油脉宽 | | | | |

（2）节气门位置传感器数据是否会发生变化？请解释原因。

4）清除溢流功能

如果发动机溢油，将加速踏板踩到底，再起动发动机，发动机控制模块将通过断开喷油器以清除多余的燃油。只要节气门开度保持在 80% 以上，且发动机转速在 600~800r/min，发动机 ECU 就使喷油器处于非通电状态。如果节气门开度低于 80%，喷油器将重新通电，喷射燃油。

小提示

部分车辆有此功能。

## 三、评价与反馈

1. 使用(维修)案例分析

阅读维修案例——丰田卡罗拉维修后怠速转速偏高,回答问题:

一辆行驶里程约12万km的丰田卡罗拉轿车。该车在清洗节气门后,出现发动机的怠速转速2000r/min。通过试车,行驶10km后,无下降趋势。

故障现象分析:观察仪表盘,发动机故障灯未亮起,初步判断为节气门体执行器或传感器故障。经过检测,系统无故障码,且各线束连接均正常,判断为机械故障引起汽车怠速变高。丰田卡罗拉轿车采用的是1ZR发动机,此发动机通过ECM操作节气门执行器,节气门执行器通过齿轮来打开或关闭节气门。安装在节气门体总成上的节气门位置传感器,用来检测节气门开度。首先读取发动机的数据流,数据流显示为发动机非怠速工况,数据流Throttle Idle Position显示为OFF,即发动机非怠速工况。正常怠速时,节气门开度为8%~20%,而数据流显示,本车节气门开度为29%,显然该故障是由节气门的开度失准引起的。由于车辆故障是在清洗节气门后出现的,经确认,维修人员在清洗节气门时,直接强行触动节气门的翻板,造成步进电机的控制角度和节气门位置传感器检测的角度不一致,换用新的节气门体后故障消失。

(1)通过网络词典查询,"Throttle Idle Position"的中文含义是什么?

(2)电子节气门与机械节气门相比,多了哪些部件?少了哪些部件?

2. 学习自测题

(1)测量线性电阻式节气门位置传感器的( )值,可计算节气门开度。

　　A.电流　　　　　　B.电压　　　　　　C.电阻　　　　　　D.功率

(2)线性电阻式节气门位置传感器随节气门开度增大,其输出电压( )。

　　A.先减小后增大　　B.减小　　　　　　C.不变　　　　　　D.增大

(3)节气门位置传感器信号在( )时可进行喷油量的修正。

　　A.减速　　　　　　B.怠速　　　　　　C.中小负荷　　　　D.全负荷

(4)开关式节气门位置传感器可精确测量( )等工况。

　　A.减速　　　　　　B.怠速　　　　　　C.中小负荷　　　　D.全负荷

(5)流入进气室的空气量取决于节气门开度和发动机的转速。( )

　　A.正确　　　　　　B.错误

(6)测量节气门位置传感器的波形可以分析节气门的开度和速率。(　　)

  A. 正确     B. 错误

(7)节气门控制发动机的进气量,因此节气门位置传感器的信号是计算喷油量的主控信号。(　　)

  A. 正确     B. 错误

3. 维修信息获取练习

(1)通过维修手册查阅节气门位置传感器线路断路的故障码,并记录在下面空白处。

(2)通过维修手册查找发动机怠速时,节气门位置传感器输出信号的正常范围,并记录在下面空白处。

4. 学习目标达成度的自我检查(表7-11)

自我检查表　　　　　　　　　　　　　　　　表7-11

| 序号 | 学习目标 | 达成情况(在相应的选项后打"√") | | |
|---|---|---|---|---|
| | | 能 | 不能 | 如果不能,是什么原因 |
| 1 | 叙述节气门体的种类 | | | |
| 2 | 叙述电子节气门控制系统的组成及各组成部分的作用 | | | |
| 3 | 叙述各种节气门位置传感器的特点 | | | |
| 4 | 参考维修手册,制订计划,并依据计划诊断、排除节气门位置传感器故障 | | | |
| 5 | 规范地清洗节气门,并进行初始化设定 | | | |
| 6 | 总结节气门开度与燃油喷射量之间的关系 | | | |

5. 日常表现性评价(由小组长或者组内成员评价)

(1)工作页填写情况。(　　)

  A. 填写完整  B. 缺失0~20%  C. 缺失20%~40%  D. 缺失40%以上

(2)工作着装是否规范?(　　)

  A. 穿着校服(工作服),佩戴胸卡  B. 校服或胸卡缺失一项

  C. 偶尔会既不穿校服又不戴胸卡  D. 始终未穿校服、佩戴胸卡

(3)能否主动参与工作现场的清洁和整理工作?(　　)

  A. 积极主动参与5S工作

  B. 在组长的要求下能参与5S工作

  C. 在组长的要求下能参与5S工作,但效果差

  D. 不愿意参与5S工作

(4)操作汽车举升器或起动发动机时,有无进行安全检查并警示其他同学?(　　)

  A. 有安全检查和警示    B. 有警示,无安全检查

C. 有安全检查,无警示　　　　　　　　D. 无安全检查,无警示
(5)是否达到全勤?(　　)
　　A. 全勤　　　　　　　　　　　　　　B. 缺勤 0~20%(有请假)
　　C. 缺勤 0~20%(旷课)　　　　　　　D. 缺勤 20%以上
(6)总体印象评价。(　　)
　　A. 非常优秀　　　B. 比较优秀　　　C. 有待改进　　　D. 急需改进
(7)其他建议:


小组长签名:_____　　　　　　　　　　　_____年____月____日

**6. 教师总体评价**

(1)对该同学所在小组整体印象评价。(　　)
　　A. 组长负责,组内学习气氛好
　　B. 组长能组织组员按要求完成学习任务,个别组员不能达成学习目标
　　C. 组内有 30%以上的学员不能达成学习目标
　　D. 组内大部分学员不能达成学习目标
(2)对该同学整体印象评价:
_____
_____
_____。

教师签名:_____　　　　　　　　　　　_____年____月____日

# 学习任务 8　温度传感器的检测与维修

## 学习目标

完成本学习任务后,你应当能:
1. 叙述温度传感器的类型和作用;
2. 叙述温度传感器的工作原理;
3. 规范地进行发动机冷却液温度传感器的检查;
4. 总结温度传感器对车辆性能的影响;
5. 自行制订进气温度传感器检查计划,并实施。

**建议完成本学习任务为 7 学时**

## 内容结构

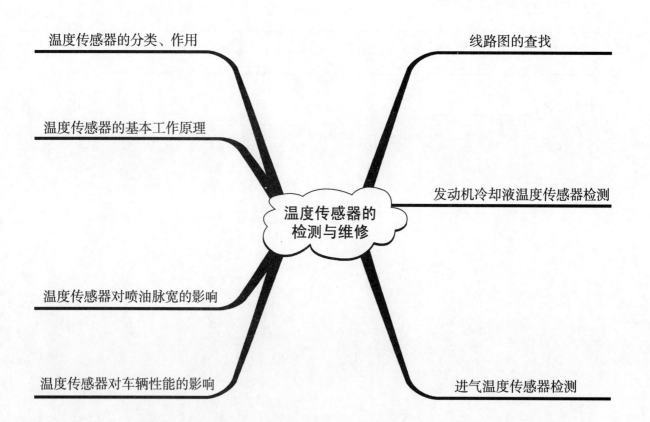

学习任务描述

一台发动机起动困难、油耗增加,通过手持式汽车诊断电脑的检查,检测出与温度传感器相关的故障码,需对温度传感器及电路进行检查,确定故障部位,并维修或更换。

为了确定发动机的温度状态,精确地控制燃油喷射、点火正时、怠速转速和尾气排放,提高发动机的运行性能,发动机控制模块需要能连续精确地监测冷却液温度、进气温度与排气温度(部分车型装备),因此,在现代电控发动机上安装有2~3种温度传感器。

# 一、学习准备

 **1. 温度传感器有哪些类型?**

(1)根据温度传感器结构的不同,常用温度传感器有绕线电阻式、热敏电阻式、扩散电阻式、半导体晶体管式、金属芯式和热电耦式等类型。

目前应用较多的是_____式和绕线电阻式温度传感器。前一种温度传感器是利用半导体材料的电阻随温度变化而变化的特性制成的,按照电阻—温度特性的不同又可分为负温度系数(NTC)和正温度系数(PTC)两种。

 小词典

NTC(负温度系数 Negative Temperature Coefficient)电阻的电阻值随着温度的升高而减小。

PTC(正温度系数 Positive Temperature Coefficient)电阻的电阻值随着温度的升高而增大。

(2)根据温度传感器用途的不同,温度传感器又分为_____(ECT)(图8-1)、进气温度传感器(IAT)(图8-2)、排气温度传感器三种。

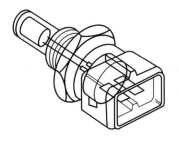

图8-1 热敏电阻式冷却液温度传感器

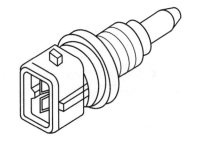

图8-2 热敏电阻式进气温度传感器

 **2. 查找相关的维修资料,叙述各种温度传感器的主要作用。**

1)发动机冷却液温度传感器(ECT)

发动机冷却液温度传感器又称水温传感器,它用来检测_____温度并将温度信号转变成_____(光、电、磁)信号输送给发动机控制模块,作为汽油喷射、点火正时、怠速和尾气排放控制的重要_____（主控、修正）信号。

2) 进气温度传感器（IAT）

进气温度传感器（IAT）用来检测_____，并将进气温度信号转变成_____（光、电、磁）信号输送给发动机控制模块，作为汽油喷射、点火正时的_____（主控、修正）信号。

3) 排气温度传感器

排气温度传感器用来检测排气管排出的废气温度，以判断三元催化器的工作温度是否过高，氧传感器是否已达到工作温度。排气温度传感器已逐渐被淘汰。

### 3. 各种温度传感器安装位置在哪里？

(1) 冷却液温度传感器安装在发动机的冷却液通路上，常见安装位置有出水口、水套等处。某些老款电控发动机，往往安装有 2~3 个冷却液温度传感器，但其作用均不同：分别用于控制散热器风扇、给发动机 ECU 传递冷却液温度信号，向仪表板的冷却液温度表传递冷却液温度信号。在现代新型车辆上，为了减少传感器、信号线和 ECU 针脚数量，采用了车载局域网系统，形成资源共享。如通用别克的 CLASS2 网络系统，一个冷却液温度传感器便可满足上述三个功能。

(2) 进气温度传感器常见的安装位置有：_____（代表发动机有丰田威驰 5A-FE 发动机）、_____（代表发动机有本田雅阁 F23A）和_____（代表发动机有大众捷达王 5 气门发动机）等三处。

观察你们学校的发动机台架，进气温度传感器安装在哪里？

(3) 排气温度传感器主要安装在排气管。那么，它是安装在三元催化器之前还是之后呢？

## 二、计划与实施

### 4. 某故障车辆的电控发动机起动困难，通过手持式汽车诊断电脑的检查，检测出与冷却液温度传感器相关的故障码，需对冷却液温度传感器及电路进行检修，请制订相应的维修计划并实施。

(1) 将车辆信息与客户投诉填写在表 8-1 中。

车辆信息与客户投诉表　　　　　　　表 8-1

| 项　目 | 内　容 |
| --- | --- |
| 车辆识别代号（VIN） |  |
| 发动机型号 |  |
| 外观目检（整车） | □正常　　□不正常 |
| 客户投诉 | 发动机冷车起动困难，发动机故障指示灯点亮 |
| 维修接待员的维修意见 | 检查冷却液温度传感器及其电路，检查发动机 ECU |

(2)故障确认。起动发动机,在发动机出现的下述现象前打"√"。
□ 发动机冷起动困难或无法起动。
□ 发动机热起动困难或无法起动。
□ 发动机排气管冒黑烟。
□ 发动机怠速过低。
□ 发动机怠速高。
□ 其他,故障说明_____。
在教师指导下,读取动态故障码和动态数据并记录。

(3)冷却液温度传感器外观目检。
观察学校的发动机台架,冷却液温度传感器安装在哪里?
① 线束连接器是否连接良好? □ 是 □ 否
② 拔出线束连接器,观察是否有锈蚀、松动? □ 是 □ 否
③ 是否有冷却液泄漏? □ 是 □ 否
将检查到故障部位的维修建议填写在表8-2内。

**故障部位的维修建议表**　　　　　　　　　　　　　　　　　表8-2

| 故 障 部 位 | 维 修 建 议 |
|---|---|
| 线束连接器连接不正常 |  |
| 线束连接器损坏 |  |
| 冷却液泄漏 |  |

(4)故障检修。
①查阅维修手册,将冷却液温度传感器电路图画在下列空白处,并对电路进行分析。
电路图:


电路说明:


参考电路图,完成冷却液温度传感器的电路检修,并记录检测结果。


**小提示**

检查ECU及其相关电路时,必须使用数字式万用表。

②查阅维修手册,将冷却液温度传感器的标准电阻值填写在表8-3中。

冷却液温度传感器的标准电阻值　　　　　　　表 8-3

| 冷却液温度(℃) | 标准电阻值(Ω) |
|---|---|
| 20 | |
| 30 | |
| 40 | |
| 50 | |
| 60 | |
| 70 | |
| 80 | |
| 90 | |
| 100 | |

检查冷却液温度传感器电阻值，并填写在表 8-4 中。

冷却液温度传感器电阻值检查表　　　　　　　表 8-4

| 冷却液温度(℃) | 标准电阻值(Ω) | 测量电阻值(Ω) | 是否正常 |
|---|---|---|---|
| | | | |
| | | | |

③根据上面所有检查，请在表 8-5 中写出你的诊断建议，并向客户解释原因。

冷却液温度传感器故障诊断建议　　　　　　　表 8-5

| 故障部位 | 故障原因 | 维修建议 | 维修方法 |
|---|---|---|---|
| 冷却液温度传感器 | | | |
| 信号线 | | | |
| 搭铁线 | | | |

在完成冷却液温度传感器故障的检修后，根据自己的检查步骤，补充完成冷却液温度传感器检查流程（图 8-3）。

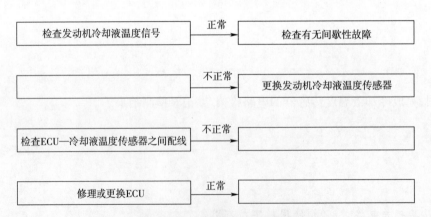

图 8-3　冷却液温度传感器检测流程

（5）完成检修后，请对车辆进行复位与清洁，并将操作结果记录在表 8-6 中。

## 车辆故障排除后的检查

表 8-6

| 项 目 | 内 容 |
|---|---|
| 起动车辆,试车 | □ 任务完成 |
| 发动机故障灯状态 | □ 正常　　□ 不正常 |
| 观察发动机运转状态 | □ 正常　　□ 不正常 |
| 读取故障码、清除故障码 | □ 任务完成 |
| 工具收拾与清洁 | □ 任务完成 |

　**5. 发动机 ECU 需要参考冷却液温度传感器的信号精确地控制燃油喷射、点火正时,冷却液温度传感器是如何实现检测冷却液温度信号的?**

1) 认识冷却液温度传感器

(1) 图 8-4 和图 8-5 是冷却液温度传感器示意图,请将各元件代号的名称填写在表 8-7 中。

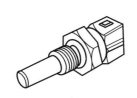
图 8-4　冷却液温度传感器实物图

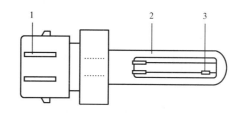
图 8-5　冷却液温度传感器示意图

### 冷却液温度传感器元件名称

表 8-7

| 序 号 | 元件名称 | 序 号 | 元件名称 |
|---|---|---|---|
| 1 | 冷却液温度传感器线束连接器 | 3 | |
| 2 | | | |

(2) 将图 8-5 中各元件相对应的数字填入下面的括号内。

当发动机冷却液温度逐渐升高,冷却液温度传感器热敏电阻(　　)随着冷却液温度的升高电阻值逐渐减少,并以电信号的形式通过冷却液温度传感器线束连接器(　　)及导线将冷却液温度变化传递给发动机 ECU。

2) 冷却液温度传感器的工作原理

根据图 8-6 所示连接电路,作一个小试验。请观察试验现象,完成下列问题。

(1) 当冷却液温度传感器处于常温下时,灯泡的亮度将:
　　□ 明亮　　　　□ 不亮　　　　□ 微亮

(2) 测量 A、B 点电压:＿＿＿＿＿V。

(3) 冷却液温度传感器电阻:＿＿＿＿＿Ω。

(4) 加热冷却液温度传感器,当温度上升时,灯泡的亮度将:
　　□ 逐渐变亮　□ 逐渐变暗　□ 亮度不变

(5) 测量 A、B 点电压:由＿＿V＿＿("升高"或"降低")到＿＿V。

(6) 结论:随温度的升高,电压值应逐渐:
　　□ 升高　　　　□ 降低　　　　□ 不变

(7)冷却液温度传感器的电阻:由____Ω____("升高"或"降低")到____Ω。

(8)结论:冷却液温度传感器随着温度的升高,电阻值将逐渐_____,是属于_____温度系数热敏电阻。

(9)利用欧姆定律解释灯泡亮度发生变化的原因。

(10)冷却液温度传感器中的电阻变化怎样转化为电压信号(图8-7)?

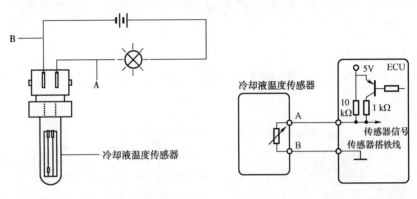

图8-6 冷却液温度传感器电路图　　　　图8-7 冷却液温度传感器电路图

如果将图8-6中的电源和灯泡作为一个整体,则图8-6、图8-7两图的电路完全相似。图8-6中A、B的电压变化规律与图8-7中冷却液温度传感器的信号电压变化一致。根据两图的类比,完成下列问题。

①如果冷却液温度升高,图8-7中冷却液温度传感器信号线的电压将出现何种变化?为什么?

②如果将图8-7中冷却液温度传感器的线束连接器拔掉,请测量信号线A点电压,并对检查结果进行解释。

③如果图8-7中冷却液温度传感器的信号线对搭铁短路,请测量信号线A点电压,并对检查结果进行解释。

## 6.冷却液温度传感器出现故障时怎样影响车辆的使用性能?

无论是汽油低温雾化不良还是在高温时容易产生汽油蒸气,都将导致按照基本燃油喷射量所配的混合气浓度偏稀。因此必须根据发动机的温度相应地增加燃油喷射量(喷油脉宽)。

1)温度修正

温度修正主要有：

(1)冷起动燃油加浓修正。

(2)暖机燃油修正。

(3)高温燃油修正。

2)喷油脉宽数据分析

冷车起动发动机,让发动机处于怠速工况,利用手持式汽车诊断电脑,读取发动机由冷车到热车时冷却液温度、冷却液温度传感器的电压、喷油脉宽、进气量的动态数据,并将数据记录在表8-8中。

发动机由冷车到热车时的动态数据　　　　　表8-8

| 冷却液温度(℃) | 发动机工况 | 喷油脉宽(ms) | 进气量(g/s) | 信号电压(V) |
| --- | --- | --- | --- | --- |
| 20 | 发动机刚起动 | | | |
| 20 | 发动机怠速 | | | |
| 30 | 发动机怠速 | | | |
| 40 | 发动机怠速 | | | |
| 50 | 发动机怠速 | | | |
| 60 | 发动机怠速 | | | |
| 70 | 发动机怠速 | | | |
| 80 | 发动机怠速 | | | |
| 完全预热 | 发动机怠速 | | | |
| 80 | 重新起动发动机 | | | |

(1)发动机起动时和起动后,喷油脉宽有何不同？

(2)发动机在冷却液温度低时起动和冷却液温度高时起动,喷油脉宽有何不同？

(3)随着发动机温度的升高,喷油脉宽又是如何变化的？

(4)总结冷却液温度传感器在起动和暖机时是如何修正燃油喷射量的？

**学习拓展**

（1）ECM 根据发动机冷却液温度、车速、发动机转速和空调的工作情况计算冷却风扇转速，并将信号发送至冷却风扇 ECU。冷却风扇 ECU 接收到 ECM 发出的信号后，冷却风扇 ECU 将驱动冷却风扇电动机。图 8-8 所示为冷却风扇电动机控制逻辑图。

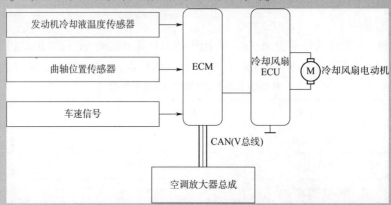

图 8-8 冷却风扇电动机控制逻辑图

（2）如图 8-9 所示，ECM 从以下各种情况中选择最快的风扇转速，以确定所需风扇转速。
① 根据发动机冷却液温度得出的所需风扇转速，如图 8-9a）所示。
② 根据空调制冷剂压力得出的所需风扇转速，如图 8-9b）所示。
③ 根据发动机转速得出的所需风扇转速，如图 8-9c）所示。
④ 根据车速得出的所需风扇转速，如图 8-9d）所示。

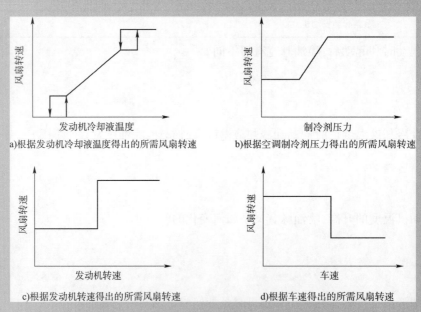

a）根据发动机冷却液温度得出的所需风扇转速　　b）根据空调制冷剂压力得出的所需风扇转速

c）根据发动机转速得出的所需风扇转速　　d）根据车速得出的所需风扇转速

图 8-9 冷却风扇转速变化图

（3）发动机冷却液温度传感器不但对以上内容有影响，同时对发动机冷却系统的大小循环也有影响，具体见《汽车发动机机械检测与维修》模块。

**7.冷却液温度传感器失效后,为了保证发动机能继续运转,发动机 ECU 将采取什么样的失效保护措施?**

冷却液温度一般设定在 -59～150℃(各车会稍有不同)。如果 ECU 检测到冷却液温度信号不在上述范围内,ECU 便命令控制程序停止采集冷却液温度信号,保存冷却液温度传感器故障码,并点亮发动机故障灯。

冷却液温度传感器失效后,ECU 将进入失效保护状态,利用一个固定的冷却液温度信号(如 90℃)进行替代。有些发动机,在冷车起动时,若冷却液温度信号出现故障,将采用进气温度信号进行替代,然后每运转 20s,使冷却液温度增加 1℃,直至增加到设定值(如 90℃)为止。

(1)拔掉冷却液温度传感器线束连接器,发动机故障灯是否亮?

(2)当冷却液温度传感器失效后,ECU 是怎样进行失效保护的?

**8.进气温度传感器的工作原理与冷却液温度传感器的工作原理不同吗?进气温度传感器有故障也会和冷却液温度传感器一样对发动机性能有较严重的影响吗?**(请查阅相关学习资料回答)

## 三、评价与反馈

1. 使用(维修)案例分析

故障现象:一辆桑塔纳轿车行驶 12 万 km 后,行驶一段时间后会突然熄火,待 10min 左右再起动,发动机又能正常运转,继而再熄火,最后不能起动。

故障排除:检查火花塞后,发现火花塞顶部有大量油渍,说明混合气过浓,喷油量过多,有"淹缸"现象。读取故障码,提示为冷却液温度传感器故障。冷却液温度传感器位于节温器壳附近,向 ECU 输入喷油和点火修正信号。它们的电阻值随温度的升高而减小,按斜线规律下降。冷却液温度传感器的检测方法如下:①测量冷却液温度传感器电阻,应符合温度特性要求,如果不符,则应更换传感器。②点火开关打开,在冷却液温度为 80℃时,测量冷却液温度信号线与搭铁线之间电压应为 0.2～1.0V,如果不符合,应作进一步检查。经过上述检查,确认冷却液温度传感器损坏,更换传感器后故障消失。

(1)利用你所学习的知识,解释该故障现象。

(2)根据所学知识,各小组分析车辆起动困难的可能原因,并在课堂上向其他小组同学陈述自己的观点。

2. 学习自测题

(1)冷却液温度传感器损坏后,技术员甲说会导致发动机怠速不稳定;技术员乙说会导致发动机油耗偏大。谁正确?(  )

　　A.甲正确　　　　B.乙正确　　　　C.甲乙均正确　　　　D.甲乙均不正确

(2)负温度系数的热敏电阻其阻值随温度的升高而(　　)。

　　A.升高　　　　B.不受影响　　　　C.先高后低　　　　D.降低

(3)在(　　)工况下,发动机ECU需要根据冷却液温度传感器的信号进行喷油修正。

　　A.冷起动　　　　B.怠速　　　　C.中小负荷　　　　D.全负荷

(4)冷却液温度传感器失效后一般采用(　　)替代。

　　A.固定的冷却液温度值　　　　　　B.进气温度信号

　　C.空气流量传感器信号　　　　　　D.氧传感器信号

(5)发动机在起动后,将随着冷却液温度的逐渐升高而减少喷油脉宽。

　　A.正确　　　　B.错误

3. 维修信息获取练习

现有一辆汽车,发动机故障灯常亮,读取故障码为进气温度传感器故障,请你参考所学的冷却液温度传感器的检查计划,为维修该故障制订进气温度传感器的检查计划,并予以实施。

(1)所需设备计划:

(2)实施步骤:

(3)检查结果与维修结论记录:

(4)在检测过程中,有哪些需做安全措施?

4. 学习目标达成度的自我检查(表8-9)

自 我 检 查 表　　　　　　　　　　　　　　　　　　　　　　表8-9

| 序　号 | 学 习 目 标 | 达成情况(在相应的选项后打"√") | | |
|---|---|---|---|---|
| | | 能 | 不能 | 如果不能,是什么原因 |
| 1 | 叙述温度传感器的类型和作用 | | | |
| 2 | 叙述温度传感器的工作原理 | | | |
| 3 | 规范地进行发动机冷却液温度传感器的检查 | | | |
| 4 | 总结温度传感器对车辆性能的影响 | | | |
| 5 | 自行制订进气温度传感器检查计划,并实施 | | | |

5. 日常表现性评价(由小组长或者组内成员评价)

(1)工作页填写情况。(　　)

A.填写完整　　　　B.缺失 0~20%　　C.缺失 20%~40%　　D.缺失 40%以上
(2)工作着装是否规范？(　　)
　　A.穿着校服(工作服)，佩戴胸卡　　　　B.校服或胸卡缺失一项
　　C.偶尔会既不穿校服又不戴胸卡　　　　D.始终未穿校服、佩戴胸卡
(3)能否主动参与工作现场的清洁和整理工作？(　　)
　　A.积极主动参与 5S 工作
　　B.在组长的要求下能参与 5S 工作
　　C.在组长的要求下能参与 5S 工作，但效果差
　　D.不愿意参与 5S 工作
(4)操作汽车举升器或起动发动机时，有无进行安全检查并警示其他同学？(　　)
　　A.有安全检查和警示　　　　　　　　　B.有警示，无安全检查
　　C.有安全检查，无警示　　　　　　　　D.无安全检查，无警示
(5)是否达到全勤？(　　)
　　A.全勤　　　　　　　　　　　　　　　B.缺勤 0~20%(有请假)
　　C.缺勤 0~20%(旷课)　　　　　　　　 D.缺勤 20%以上
(6)总体印象评价。(　　)
　　A.非常优秀　　　B.比较优秀　　　C.有待改进　　　D.急需改进
(7)其他建议：

小组长签名：_____　　　　　　　　　　　　　_____年____月____日

6.教师总体评价
(1)对该同学所在小组整体印象评价。(　　)
　　A.组长负责，组内学习气氛好
　　B.组长能组织组员按要求完成学习任务，个别组员不能达成学习目标
　　C.组内有 30%以上的学员不能达成学习目标
　　D.组内大部分学员不能达成学习目标
(2)对该同学整体印象评价：

_____
_____
_____。

教师签名：_____　　　　　　　　　　　　　　_____年____月____日

# 学习任务 9　电控点火系统的检测与维修

## 学习目标

完成本学习任务后,你应当能:
1. 叙述电控点火系统的基本组成及工作原理;
2. 叙述点火系统的发展历史及分类;
3. 对比电控点火系统与传统点火系统的异同;
4. 正确检查电控点火系统各组成元件及 IGT、IGF 信号的波形;
5. 按照给定的计划排除无故障码的电控点火系统故障;
6. 查阅维修资料,小组合作制订有故障码的电控点火系统故障检修计划并实施。

**建议完成本学习任务为 20 学时**

## 内容结构

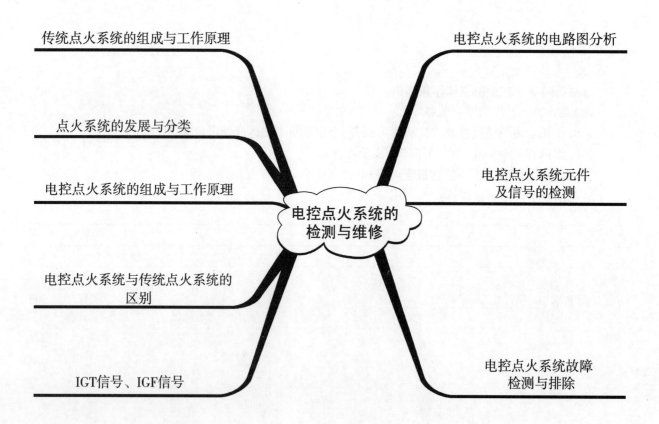

## 学习任务9  电控点火系统的检测与维修

### 学习任务描述

一台电控发动机工作异常,经初步检查发现火花塞的火花不良,甚至缺火,需要对电控点火系统各元件及其电路进行检查,确定故障部位,并维修或更换。

汽油发动机正常工作的三要素:良好的空气—燃油混合气,足够高的汽缸压缩压力,正确的点火时刻及强烈的火花。而点火系统的作用就是在最佳点火时刻产生强烈的电火花,点燃空气—燃油混合气。

## 一、学习准备

 **1. 回顾传统触点式点火系统的组成与工作原理。**

参考图9-1,正确回答问题。

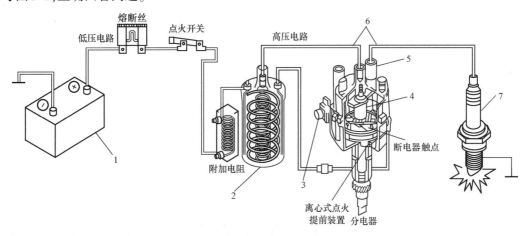

图9-1  传统触点式点火系统

(1)将表9-1补充完整。

传统触点式点火系统元件名称及作用    表9-1

| 元件代号 | 名 称 | 作 用 描 述 |
|---|---|---|
| 1 | 蓄电池 | |
| 2 | | |
| 3 | | |
| 4 | | |
| 5 | | |
| 6 | | |
| 7 | | |

(2)按照图9-1连接传统点火系统各元件,打开点火开关,转动分电器轴,观察火花塞是否有火花?　　　　　　　　　　　　　　　　　　　　　　　　□有　　□无

小提示

火花塞跳火时的点火电压在10000V以上,因此转动分电器轴时,手不能接触高压线、分电器盖、火花塞等部位。

(3)拆下分电器上的中央高压线,让中央高压线直接连接一个火花塞,打开分电器盖。

□ 任务完成

(4)转动分电器轴,观察火花塞是否有火花? □ 有 □ 无
观察断电器触点是否打开?每次跳火时,分电器的分火头是否改变?

对比步骤(2)、(4)时火花塞产生火花的频率是否一致?有何关系?

通过以上的试验,回忆传统触点式点火系统的工作原理,并分析该系统如何控制点火正时?

 小词典

点火正时:即点火时刻,从点火开始到混合气完全燃烧大约需2ms,只要混合气浓度不变,这个时间就是不变的。而要获得最佳的发动机输出,最大燃烧压力应该在上止点后约10°到达,因此火花塞必须在上止点之前跳火。这个时间上的配合就称作"点火正时",往往用上止点前所对应的曲轴转角来表达,即"点火提前角"。

 **2.汽车发展百余年,其点火系统是如何演变和发展的?**

随着汽车技术的高速发展,汽油发动机点火系统经历了由传统触点式点火系统、晶体管点火系统至计算机控制的点火系统(又称"电控点火系统")三个阶段,其中电控点火系统又分为有分电器电控点火和无分电器电控点火两个阶段。

(1)晶体管点火系统是由哪些元件组成,与传统点火系统有什么不同?
①根据图9-2,参考相关书籍,将表9-2补充完整。
②晶体管点火系统的点火正时控制装置与传统触点式点火系统相同,不同的是晶体管点火系统用_____取代了传统点火系统中的触点,根据信号发生器产生的电信号来控制点火线圈初级电流的通断。
③晶体管点火系统中的信号发生器的工作原理及结构类似于凸轮轴位置传感器,常用的类型有_____、_____和光电式三种,其中前两种应用更广泛。

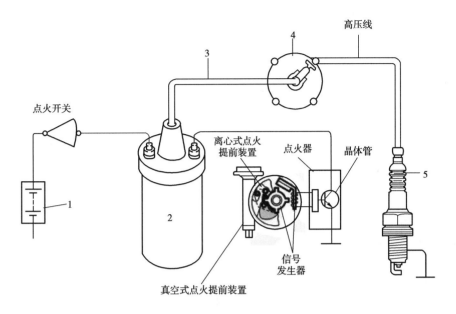

图9-2 晶体管点火系统

**晶体管点火系统的元件名称及安装位置** 表9-2

| 元件代号 | 元件名称 | 安装位置 |
| --- | --- | --- |
| 1 | 蓄电池 | 发动机舱左前 |
| 2 |  |  |
| 3 |  |  |
| 4 |  |  |
| 5 |  |  |

④你们学校是否有采用晶体管点火系统的试验汽车(发动机台架)？如果有,是什么品牌的汽车？试列举几种采用晶体管点火系统的常见车型？

(2)电控点火系统的发展分为有分电器电控点火和无分电器电控点火两个阶段,有分电器电控点火系统与传统点火系统、晶体管点火系统有什么不同？

①认识有分电器式电控点火系统。

a. 根据图9-3,参考相关书籍,将表9-3补充完整。

**有分电器电控点火系统的元件名称及安装位置** 表9-3

| 元件代号 | 元件名称 | 安装位置 |
| --- | --- | --- |
| 1 | 分电器 | 排气凸轮轴末端 |
| 2 |  |  |
| 3 |  |  |
| 4 |  |  |

续上表

| 元件代号 | 元件名称 | 安装位置 |
| --- | --- | --- |
| 5 |  |  |
| 6 |  |  |
| 7 |  |  |
| 8 | 点火开关 |  |
| 9 |  |  |

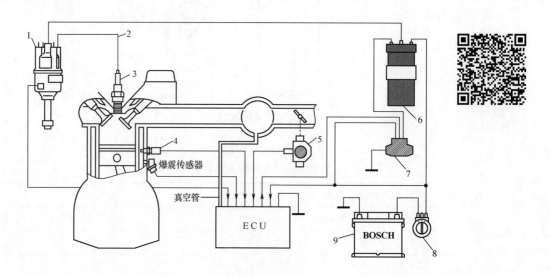

图9-3 有分电器式电控点火系统

b.有分电器电控点火系统是在晶体管点火系统的基础上,根据各传感器传来的信号,通过发动机_____控制点火正时和初级电流的通电时间,即增加了电控点火提前(ESA)功能,取消了离心式、真空式点火提前装置。

c.有些有分电器电控点火系统的点火线圈、点火器、分电器分开安装,有些点火线圈安装在分电器内、点火器安装在分电器外,有些点火线圈、点火器安装在分电器内。调查丰田皇冠2JZ-GE、丰田威驰5A-FE、本田雅阁F23A发动机分别属于哪一种？

②对比以上三个发展阶段点火系统的功能及结构。

a.控制功能区别(在表9-4中填写部件名称)。

点火系统的控制功能区别　　　　表9-4

| 系统名称 | 控制一次电流通断的部件 | 控制点火正时的部件 | 分配高压电的部件 |
| --- | --- | --- | --- |
| 传统点火系统 | 触点 | 离心式、真空式点火提前装置 | 分电器 |
| 晶体管点火系统 |  |  |  |
| 有分电器电控点火系统 |  |  |  |

b. 结构对比(在表9-5中填写有无这种元件)。

**点火系统的结构对比** 表9-5

| 系统 | 元件 | | | | | |
|---|---|---|---|---|---|---|
| | 火花塞 | 高压线 | 分电器 | 点火线圈 | 点火器 | ECU |
| 传统点火系统 | 有 | 有 | 有 | 有 | 无 | 无 |
| 晶体管点火系统 | | | | | | |
| 有分电器电控点火系统 | | | | | | |

目前在用车辆均采用电控点火系统,且绝大多数为无分电器电控点火系统,在"计划与实施"阶段将围绕无分电器电控点火系统展开学习。

## 二、计划与实施

 **3. 电控点火系统由哪些元件组成?与传统点火系统有何异同?**

1)电控点火系统的基本组成

不同车型的电控点火系统元件的安装位置不一定相同。可查阅维修手册确定点火系统的元件位置图,图9-4所示为丰田1ZR-FE发动机电控点火系统的元件布置图。

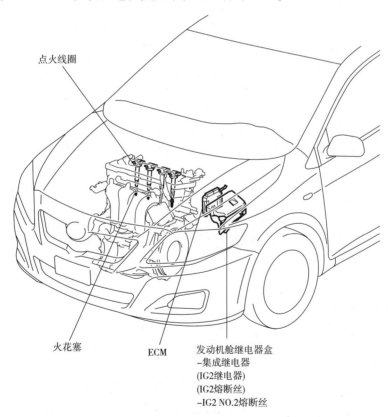

图9-4 丰田1ZR-FE发动机电控点火系统元件布置图

参照图9-4,在装备1ZR-FE发动机的车辆或台架上找到电控点火系统的电子控制单元(ECU)、带点火器的点火线圈、火花塞等元件。

2)电控点火系统与传统点火系统的比较

对比电控点火系统与传统点火系统的元件,完成表9-6。

电控点火系统与传统点火系统的比较    表9-6

| 系统名称 | 元件 | | | | | |
|---|---|---|---|---|---|---|
| | 火花塞 | 高压线 | 分电器 | 点火线圈 | 点火器 | ECU |
| 传统点火系统 | 有 | 有 | 有 | 有 | 无 | 无 |
| 无分电器电控点火系统 | | 无 | 无 | | | |

对比电控点火系统与传统点火系统元件功能,完成表9-7。

电控点火系统与传统点火系统元件功能的比较    表9-7

| 系统名称 | 控制一次电流通断的部件 | 控制点火正时的部件 | 分配高压电的部件 |
|---|---|---|---|
| 传统点火系统 | 触点 | | |
| 无分电器电控点火系统 | | ECM | 无 单独点火无需分配 |

**4.** 通过电控点火系统与传统点火系统结构、功能的对比,结合电控点火系统的工作原理,分析电控点火系统对发动机点火性能起到了哪些改善?

1)电控点火系统的工作原理

参考图9-5,查阅相关资料,在教师指导下,描述电控点火系统的基本工作原理。

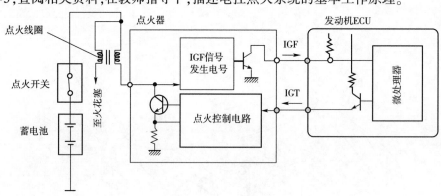

图9-5 电控点火系统控制原理

(1)电控点火系统中的点火器有什么作用?

(2)IGT、IGF信号的作用。

丰田车系用IGT表示点火正时信号。发动机ECU根据不同传感器的信号,计算出最佳的点火正时,并向点火器发送IGT信号,点火器根据IGT信号断开点火线圈初级电流,使点火线圈产生高压电。

丰田车系用IGF表示点火确认信号。当点火线圈的初级电流被断开时,点火器根据点火线圈产生的反电动势,向ECU发出一个IGF信号,ECU接收到该信号后,便认为点火已成功。

 小提示

不是所有的车型都有点火确认信号。

2)电控点火系统的特点

分析电控点火系统对发动机点火性能起到了哪些改善,完成下面连线。

(1)不存在机械磨损　　　　　　　发动机上的构件在布置上更方便

(2)无分电器　　　　　　　　　　不存在各间隙间跳火的能量损失

(3)人为因素不能改变点火时刻　　消除了维修安装等失误引起的点火不正时

**5.通过检测 IGT、IGF 信号波形,结合 IGT、IGF 产生的原理,分析 IGT、IGF 对电控点火系统有什么影响？**

1)波形检测

(1)按照图 9-6,在试验车上找到相应的元件、线束、线束连接器。

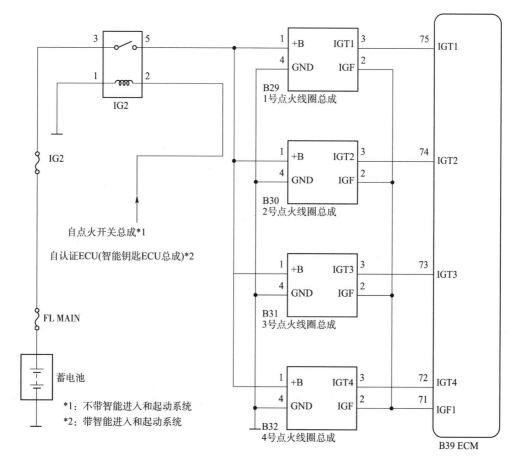

图 9-6　1ZR-FE 发动机点火系统电路

(2)通过观察连接器实物和电路图,画出发动机 ECM 的 B39 连接器端子排列图,并在图上标出 IGT1、IGT2、IGT3、IGT4、IGF 的位置。

(3)通过观察连接器实物和电路图,画出点火器的连接器端子排列图,并在图上标出 +B(电源端子)、IGT、IGF、GND(搭铁端子)的位置。

(4)通过示波器检测出 ECM 与点火器间 IGT、IGF 的波形,将检查的波形画在下面的方格中。

2V/格

20ms/格

2)波形分析

结合系统控制原理图(图9-5),正确回答以下问题。

如图9-7所示,当来自点火线圈的初级电流达到预定值 $I_1$ 时(注意:在有些发动机上,IGF 信号是通过初级电压判定的),IGF 信号即被输出。当初级电流超过预定值 $I_2$ 时,系统就判定目前的电流足以使点火线圈次级产生让火花塞跳火的电压,因而允许 IGF 信号回至其原来的电压(IGF 信号的波形随发动机型号不同可能不一样)。

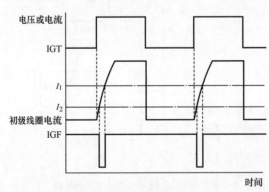

图9-7 IGT、IGF 的信号波形

(1)在 IGT 的信号波形中,哪段时间表示初级线圈通电时间?什么时候开始点火?

(2) IGF 信号和 IGT、初级电流之间有什么关联？

IGF 信号是根据_____产生的，当 IGT 接通，IGF 就_____；当初级电流超过预定值，IGF 就_____。

小提示

IGF 信号用于诊断和失效保护。有些类型的发动机是通过初级电压判定 IGF 信号的，IGF 信号的波形也可能不同。

如果发动机 ECU 未收到 IGF 信号，则判定点火系统内存在故障，为了防止没有燃烧的燃油直接进入三元催化器而导致催化器过热，发动机 ECU 停止燃油喷射，发动机转速下降直至熄火，并将故障以故障码的形式储存下来。

**6. 一台电控发动机因点火系统故障不能起动，自诊断系统无故障码显示，则需对点火系统各元件进行检查，找到故障部位，进行维修或更换。**

(1) 在表 9-8 中记录车辆基本信息。

车辆基本信息及客户投诉表　　　　　　　　　表 9-8

| 项 目 | 内　　容 |
|---|---|
| 车辆识别代号(VIN) | |
| 发动机型号 | |
| 外观目检(整车) | |
| 客户投诉 | 发动机不能起动 |
| 维修接待员的维修意见 | 无故障码，火花塞不跳火，检查点火系统各元件及线路 |

(2) 故障确认。

请参考图 9-8 的检查流程对电控点火系统进行检查。

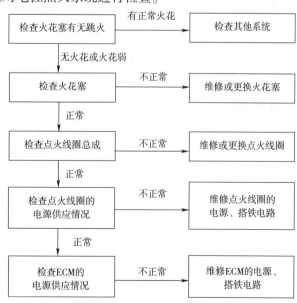

图 9-8　无故障码的火花塞不跳火故障检查流程

(3)火花测试。

①以丰田 1ZR-FE 发动机为例,参考图 9-9～图 9-11,拆下 4 个点火线圈和 4 个火花塞。

☐任务完成

 小提示

从汽缸盖上拆卸火花塞时一定要用火花塞套筒。如果使用普通长套筒,在拆卸火花塞的过程中,火花塞容易从套筒中掉下而被损坏。

热车时,火花塞温度较高,拆卸时需戴上手套。

拆下并取出火花塞后,立即用事先准备好的抹布盖上火花塞孔,防止掉入异物。

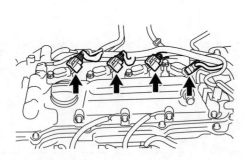

图 9-9 断开点火线圈连接器

图 9-10 拆下点火线圈

②断开喷油器连接器,如图 9-12 所示。 ☐任务完成

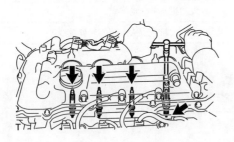

图 9-11 拆卸火花塞

图 9-12 断开喷油器连接器

为什么要断开喷油器连接器?

 小提示

断开连接器时,首先要压下锁爪,使其解锁,严禁硬拉线束。

③将火花塞安装到各点火线圈上,并连接点火线圈连接器。 ☐任务完成

④参考图 9-13,将火花塞搭铁,检查确认发动机起动过程中是否出现火花。 ☐有 ☐没有

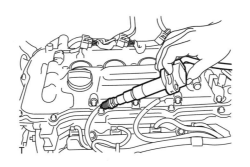

图9-13 火花塞跳火测试

 小提示

为了防止起动机过热,起动发动机的时间不要超过2s。

如果火花塞能跳火,则还需要观察火花塞跳火时的火花强度。只有火花足够强,才能保证在压缩时正常跳火,点燃空气—燃油混合气。

可以通过改变火花塞的间隙来改变火花的强度,以便对比观察。

对比观察正常火花与弱火花的区别。将观察结果记录在表9-9中。

正常火花与弱火花的区别　　　　　　　　　　　　　　　　表9-9

| 项　目 | 发光强度 | 火花颜色 |
|---|---|---|
| 火花正常 | | |
| 火花过弱 | | |

(4)检查火花塞。

①检查火花塞绝缘体是否有裂纹。　　　　　　　　　　　□是　　□否
②检查火花塞螺纹是否损坏。　　　　　　　　　　　　　□是　　□否
③检查火花塞铜密封垫圈是否完好。　　　　　　　　　　□是　　□否

以上检查部位参见图9-14,如果有任何损坏,则更换火花塞。

火花塞绝缘体裙部及其电极的颜色,通常可以反映发动机工作情况的好坏。参见图9-15,观察火花塞绝缘体裙部、中心电极、搭铁电极的颜色。完成检查,根据表9-10判断火花塞状态,若存在异常,请分析造成的原因,并将表9-10补充完整。

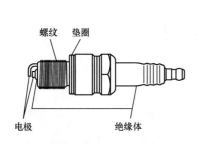

图9-14 火花塞检查部位

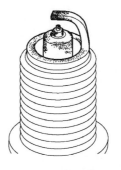

图9-15 火花塞电极检查

火花塞检查表　　　　　　　　　　　　　　　　　　　　　　表9-10

| 图　示 | 描　述 | 判断 | 原　因 | 措　施 |
|---|---|---|---|---|
|  | 绝缘体裙部颜色为灰白色或淡黄色,在绝缘体裙部及电极上有少量易刮去或刷去的粉状堆积物 | 正常 |  |  |
|  | 绝缘体、电极为黑色,被干燥毛状的炭垢覆盖,即有积炭 | 异常 | (1)混合气过浓或点火提前角过小。<br>(2)火花塞的热值比发动机规定的热值低,即选用的火花塞太冷 |  |
|  | 绝缘体、电极为黑色且发亮,上有油垢 | 异常 | 气门杆或汽缸磨损过大,导致机油串入燃烧室,从而形成油垢 |  |
|  | 绝缘体部分脱色,电极被烧成白色或紫色,甚至电极被烧熔 | 异常 | (1)混合气过稀或点火提前角太小导致过热。<br>(2)选用的火花塞太热。<br>(3)火花塞间隙不正确 |  |

**学习拓展**

　　火花塞热值是指火花塞的热特性,即火花塞将热量传给发动机汽缸盖的速度快慢程度(图9-16)。由火花塞散出的热量因其形状和材料的不同而不同。能散出较多的热量的火花塞称为"冷塞";散热较少的火花塞称为"热塞",因为自身保持较高的热量。

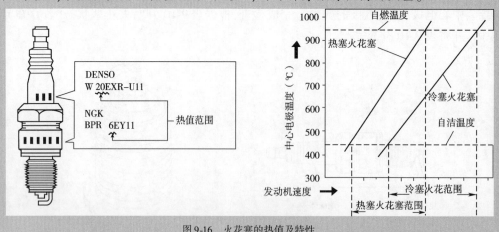

图9-16　火花塞的热值及特性

## 学习任务9 电控点火系统的检测与维修

> 火花塞打印(刻上)有数字和字母的组合代码,用来说明构造和性能,代码因生产厂商的不同稍有不同。通常,热值越大,火花塞越冷,因为它散热好。热值越小,火花塞越热,因为它不容易散热。
>
> 火花塞在最小中心电极温度——自洁温度450℃和最大电极温度——自燃温度950℃之间性能最佳。
>
> 不同的发动机,对火花塞的热值要求不一样,因此在选择火花塞的时候,建议选择生产厂家推荐的火花塞。

查找维修资料,确定1ZR-FE发动机推荐使用的火花塞,将相关信息填写在表9-11中。

**IZR-FE发动机推荐使用的火花塞的信息** 表9-11

| 制 作 商 | 产 品 型 号 |
|---|---|
|  |  |

 小词典

自洁温度:是指火花塞绝缘体裙部的温度应保持在450℃以上,保证积在绝缘体上的油滴立即烧掉,不会形成积炭。

自燃温度:是指火花塞绝缘体裙部的温度超过950℃,该温度已在汽油的着火点之上,这样火花塞将在产生火花之前点燃混合气,从而引起发动机自燃。

观察火花塞中心电极、侧电极是否过度烧蚀。　　　　　　　　□是　　□否

参照图9-17,用塞尺检查火花塞电极间隙,将测量值填在表9-12中。

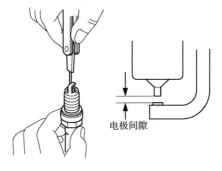

图9-17 火花塞电极间隙测量

**火花塞电极间隙测量** 表9-12

| 测 量 值 | 标 准 值 | |
|---|---|---|
|  | 新火花塞 | 旧火花塞 |
|  | 1.0~1.1mm | 1.3mm |

维修结论:

 小提示

铂、铱的火花塞间隙不能调整。

火花塞电极间隙过大或者过小对点火系统有什么不良的影响？

根据以上的检查，判断该火花塞是否正常，并作出相应的维修结论。若需更换火花塞，是全部更换还是可单独更换？

（5）检查点火线圈。
①检查并确认带点火器的点火线圈的线束侧连接器连接牢固。　　　　　　　　　　□任务完成
②换上正常工作的带点火器的点火线圈，再次进行火花测试。　　　　　　　　　　□任务完成
如果火花正常，则更换带点火器的点火线圈；如无火花，则需进一步检查点火线圈的电路。
③检查点火线圈电路。参考图9-16所示的电路图，完成相应的检查。
将点火开关置于ON位置，检查点火线圈正极（+B）端子是否有蓄电池电压，将检查结果填写在表9-13中。

检查点火线圈正极端子电压　　　　　　　　　　　　　　　　表9-13

| 测 量 点 | 规定状态 | 测量状态 | 检测结论 |
| --- | --- | --- | --- |
| 点火线圈端子1（+B）—搭铁点 | | | |
| 点火线圈端子4（GND）—搭铁点 | | | |

若点火线圈电源供应正常，则需检查并确认ECM是否有电源供应。
（6）检查ECM。通过查阅维修手册或电路图，查找ECM的相应针脚，参考图9-18。

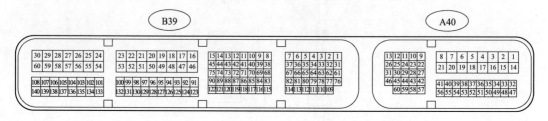

图9-18　1ZR-FE发动机ECM连接器针脚

①断开ECM连接器B39和A40。
②参考图9-19，测量线束侧连接器的电压和电阻，将检查结果填写在表9-14中。

 小提示

大众电路图电气系统中常见端子代号及其含义：
30：不通过任何开关控制的恒正极线。
15：经过点火开关控制的电源正极线。
31：搭铁线。
X：受点火开关控制的卸荷继电器输出的电源，为大功率电源线。比如前照灯、风扇等用电设备，受15号线控制卸荷继电器触点闭合，蓄电池电源直接接通X线。

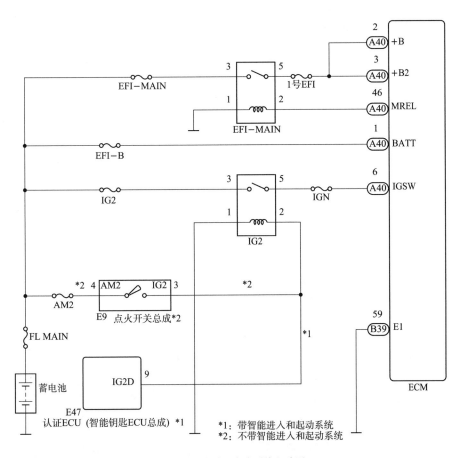

图 9-19 发动机点火系统电路图

**测量线束侧连接器的电压和电压**　　表 9-14

| 测 量 点 | 测 量 值 | 标 准 值 | 检 查 结 论 |
|---|---|---|---|
| ECM E1 端子与车身搭铁电阻 | | | |
| ECM +B 与 E1 电压 | | | |
| ECM IGSW 与车身搭铁电压 | | | |

（7）判断维修结论。

将最终的检测结果填写在表 9-15 中。

**最 终 检 测 结 果**　　表 9-15

| 检 查 项 目 | 检 查 结 果 | 是 否 正 常 |
|---|---|---|
| 火花塞外观、颜色 | | |
| 火花塞间隙 | | |
| 火花塞的火花 | | |
| 点火线圈和点火开关之间的线束和连接器 | | |
| ECM 供电、搭铁 | | |

维修结论：

7. 一台电控发动机因点火系统故障造成急速不稳、偶尔出现熄火,自诊断系统显示有故障码 **P0351**,查阅维修资料,参考图 **9-20** 制订点火系统故障检查计划,并实施。

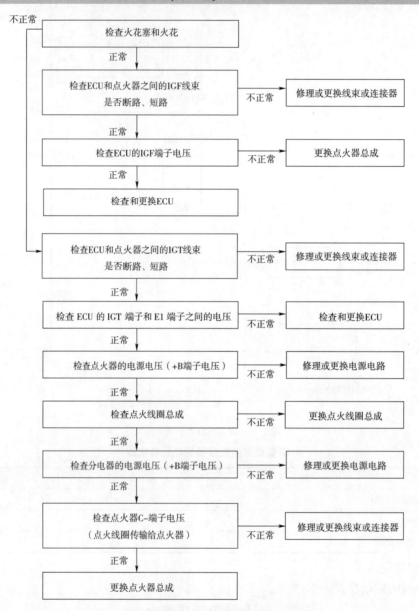

图 9-20　有故障码火花塞不能跳火故障检查流程

将检查结果记录到表 9-16,并给出维修结论。

**点火系统故障检查结果及维修结论**　　表 9-16

| 检查项目 | 检查结果 | 是否正常 |
| --- | --- | --- |
| IGF 线束及连接器(短路、断路) | | |
| IGF 信号(电压或波形) | | |
| IGT 线束及连接器(短路、断路) | | |
| IGT 信号(电压或波形) | | |
| 点火线圈和点火开关之间的线束和连接器 | | |

续上表

维修结论：

**8. 无分电器电控点火系统除了丰田 1ZR-FE 发动机采用的单独点火方式外，还有另外一种常见的双缸同时点火方式，应用在大众捷达、丰田皇冠等车型上。通过对比，分析双缸同时点火方式的工作特点。**

（1）分析对比捷达与花冠的点火系统，完成表 9-17。
（2）参照图 9-21，分析大众捷达五阀发动机点火电路。

①发动机 ECU 根据各传感器传来的信号，确定点火时间，按照点火顺序轮流通过 T80/71 端子、T80/78 端子向点火器的 T4/1 端子、T4/3 端子发送点火信号，从而控制两个点火线圈轮流产生高压，通过高压线直接将高压电输送给成对的两缸火花塞（1、4 缸，或 2、3 缸），使两缸火花塞同时跳火，其中处于压缩行程的汽缸点火做功，而处于排气的汽缸不做功。

捷达和花冠轿车点火系统对比　　　　　　　　　　　　　　　　表 9-17

| 对比 | 车　　型 | |
|---|---|---|
| | 捷达 | 花冠 |
| 结构图 | 1.＿＿　2.＿＿　3.＿＿ | 1.＿＿　2.＿＿　3.＿＿　4.＿＿　5.＿＿ |
| 电路示意图 | | |
| 点火方式 | 双缸同时点火 | 单独点火 |
| 共同特点 | 取消了分电器，将点火线圈产生的高压电通过高压导线直接传递给火花塞 | |
| 区别 | 两个汽缸共用一个点火线圈，即一个点火线圈分别与两个火花塞相连。这种点火系统的火花塞在压缩行程和排气行程分别点火一次 | 一个汽缸共用一个点火线圈，即一个点火线圈分别与一个火花塞相连。这种点火系统的火花塞在压缩行程点火一次 |

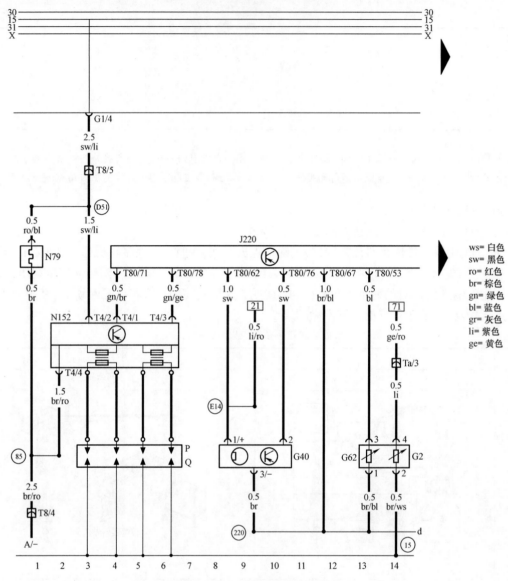

图 9-21 捷达五阀发动机点火电路图

A-蓄电池；G2-冷却液温度传感器；G40-霍尔传感器；G62-冷却液温度传感器；J220-多点喷射控制单元；N79-加热电阻（曲轴箱通风）；N152-点火线圈；P-火花塞插头；Q-火花塞；T4-4 孔插头；T8-8 孔插头；T80-80 孔插头；⑮-搭铁点，在汽缸盖上；㊏-搭铁连接点 1，在发动机舱线束内；㉒-搭铁连接点（传感器搭铁），在发动机舱线束内；D51-正极连接点 1（15），在发动机舱线束内；E14-连接点 1，在多点喷射控制单元线束内

②通过观察点火器连接器实物和电路图，画出点火器的连接器端子排列图，并在图上标出 T4/1、T4/2、T4/3、T4/4 的位置，并写出 T4/2 和 T4/4 的作用。

③与丰田车系不同，捷达五阀发动机的点火系统中，点火器并不会向 ECU 发送点火反馈信号，因此，

自诊断系统无法监控点火器电路故障,即当点火器电路出现故障时,并没有相应的故障码。

(3)检查排除捷达五阀发动机电控点火系统故障。

①每小组按照表9-18准备好检查与维修电控点火系统所需的资料、工具。

检查与维修电控点火系统的资料、工具　　　　　　　　　　　　　　　　　表9-18

| 资料或者工具的名称 | 数　　量 |
|---|---|
| 大众捷达五阀发动机(或捷达王汽车) | 1台 |
| 捷达五阀发动机维修资料 | 1套 |
| 万用表 | 1个 |
| 发光二极管电笔 | 1支 |
| 维修导线 | 1扎 |
| 扭力扳手 | 1把 |
| 火花塞套筒 | 1个 |
| 常用拆装工具 | 1套 |
| 塞尺 | 1把 |

主要用到哪些常用拆装工具?

②当由于点火系统的故障导致火花塞不能跳火时,需要对点火系统的各部件进行检查,找到故障部位,进行维修或更换。

基本检查流程如图9-22所示。

 小提示

捷达五阀发动机的点火线圈与点火器是一个整体,不能单独更换。

a. 按照图9-22提供的检查程序,进行故障检查与排除。在进行检修时应注意下列事项:发动机处于运转或处于起动转速时,不允许触摸或拔下点火高压线;只有在点火开关关闭状态下才可拆下或连接测试仪器的导线;在进行火花测试时,起动发动机的时间不能太长,火花塞一定要搭铁良好。

b. 外观检查是进行零件检查、电路检查的基础,所以必须先作外观检查。参考前面所学的有分电器电控点火系统中各部件的外观检查,自行制订捷达五阀发动机点火系统的外观检查表。

c. 将检查结果填写在表9-19中。

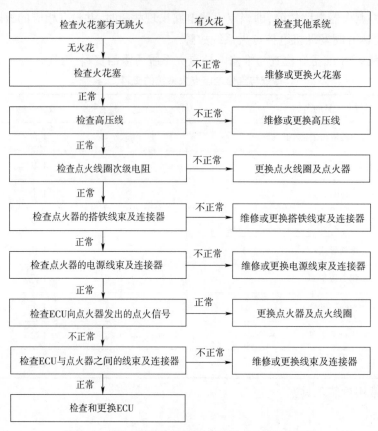

图 9-22 捷达五阀发动机火花塞不能跳火故障检查流程

外观检查表　　　　　　　　　　　　　　　　　　　　　　表 9-19

| 检查项目 | 检查细则 | 检查结果 | 是否正常 |
| --- | --- | --- | --- |
| 火花塞 | 外观 | | |
| | 间隙 | | |
| | 火花 | | |
| 高压线 | 外观 | | |
| | 电阻 | | |
| 点火器及点火线圈 | 外观 | | |
| | 次级电阻 | | |
| 线束及连接器 | T4/1-T80/71 | | |
| | T4/2-电源 | | |
| | T4/3-T80/78 | | |
| | T4/4-搭铁 | | |
| ECU | 点火信号 | | |
| | 电源搭铁 | | |

维修结论：

小提示

由于点火器与点火线圈连接在一起,无法测量捷达王点火线圈的初级线圈电阻。

(4)当捷达五阀发动机的凸轮轴位置传感器有故障时,火花塞是否会跳火,发动机是否能起动?为什么?

## 三、评价与反馈

1. 使用(维修)案例分析

故障现象:一辆丰田陆地巡洋舰4500,1FZ-FE发动机,行驶里程9.5万km。在一次事故修复后,就出现怠速规律性抖动的现象。发动机怠速运转时,坐在驾驶室内手握转向盘时明显感觉到发动机规律性地抖动。当发动机转速高于怠速时,抖动故障消失,在行驶时无论任何速度都正常。

故障检查与排除:让发动机怠速运转,用检测仪读取发动机控制系统数据流,都在正常范围之内,并且无故障码显示。既然发动机控制系统正常,应着重检查高压电。车主提示此车的发动机曾大修一次,在其他修配厂检测过,为此还更换了高压线、火花塞和点火线圈。换完后故障现象反而比以前更严重了,发动机的机械部分重新分解后安装,故障依旧。在检查时发现高压线为非原厂配件,更换原厂高压线后,故障现象比以前减轻,但没有完全排除。拆下火花塞观察,采用的是铂火花塞,工作正常。查询原厂维修手册得知,此车的火花塞为普通型火花塞,全部更换成丰田专用普通型火花塞后,试车,故障现象消失。

铂火花塞与普通火花塞有什么不同?为什么用铂火花塞会造成这种故障?

2. 学习自测题

(1)丰田1ZR-FE发动机采用( )点火系统。
   A. 传统点火系统               B. 有分电器电控点火系统
   C. 双缸同时点火电控点火系统     D. 单独点火电控点火系统

(2)( )不属于发动机正常工作所必需的条件。
   A. 良好的混合气              B. 较高的压缩压力
   C. 正确的点火                 D. 较高的发动机工作温度

(3)传统点火系统不包含( )。
   A. 点火线圈     B. 点火器     C. 分电器     D. 火花塞

(4)电控点火系统由( )组成。
   A. ECM          B. 曲轴位置传感器     C. 凸轮轴位置传感器    D. 点火器

(5)在发动机运行过程中,ECU主要根据( )确定点火时刻。
   A. 曲轴转速信号            B. 空气流量传感器信号
   C. 节气门位置信号          D. 氧传感器信号

(6)火花塞的间隙过大可能引起发动机失火的故障。
　　A. 正确　　　　　　B. 错误
(7)带分电器的电控点火系统仍然使用真空点火提前装置控制点火提前角度。(　　)
　　A. 正确　　　　　　B. 错误
(8)IGF 是点火确认信号,用于判断点火是否完成。(　　)
　　A. 正确　　　　　　B. 错误
(9)大众汽车点火系统也有 IGF 信号,用于判断点火是否完成。(　　)
　　A. 正确　　　　　　B. 错误
(10)直列 4 缸的双缸同时点火发动机,有(　　)个火花塞。
　　A. 4　　　　　B. 2　　　　　C. 8

3. 维修信息获取练习

(1)通过维修手册查阅电控点火系统的故障码,选取一种故障码,记录相应的诊断流程。

(2)通过网络资料等,查找马自达压燃式汽油发动机的相关报道介绍,简述其点火系统的作用,描述其与点燃式汽油发动机的区别。

4. 学习目标达成度的自我检查(表9-20)

自 我 检 查 表　　　　　　　　　　　　　　　　　　　　表9-20

| 序号 | 学习目标 | 达成情况(在相应的选项后打"√") | | |
|---|---|---|---|---|
| | | 能 | 不能 | 如果不能,是什么原因 |
| 1 | 叙述电控点火系统的基本组成及工作原理 | | | |
| 2 | 对比电控点火系统与传统点火系统的异同 | | | |
| 3 | 正确检查电控点火系统各组成元件及 IGT、IGF 信号的波形 | | | |
| 4 | 按照给定的计划实施无故障码的电控点火系统故障排除 | | | |
| 5 | 查阅维修资料,小组合作制订有故障码的电控点火系统故障检修计划并实施 | | | |

5. 日常表现性评价(由小组长或者组内成员评价)

(1)工作页填写情况。(　　)
　　A. 填写完整　　B. 缺失 0~20%　　C. 缺失 20%~40%　　D. 缺失 40% 以上
(2)工作着装是否规范?(　　)
　　A. 穿着校服(工作服),佩戴胸卡　　　　B. 校服或胸卡缺失一项
　　C. 偶尔会既不穿校服又不戴胸卡　　　　D. 始终未穿校服、佩戴胸卡

(3)能否主动参与工作现场的清洁和整理工作？（　　）
　　A. 积极主动参与 5S 工作
　　B. 在组长的要求下能参与 5S 工作
　　C. 在组长的要求下能参与 5S 工作,但效果差
　　D. 不愿意参与 5S 工作
(4)操作汽车举升器或起动发动机时,有无进行安全检查并警示其他同学？（　　）
　　A. 有安全检查和警示　　　　　　　　B. 有警示,无安全检查
　　C. 有安全检查,无警示　　　　　　　　D. 无安全检查,无警示
(5)完成本学习任务后,能看懂丰田汽车的电路图吗？
评价情况：_____。
(6)在进行本学习任务时,是否认真阅读过有关维修电控点火系统的小提示？
评价情况：_____。
(7)在进行本学习任务时,哪些仪器设备使用熟悉、规范；哪些还有待于进一步熟悉？
操作熟练的仪器设备有：_____。
需要进一步熟悉的仪器设备有：_____。
(8)是否达到全勤？（　　）
　　A. 全勤　　　　　　　　　　　　　　B. 缺勤 0~20%（有请假）
　　C. 缺勤 0~20%（旷课）　　　　　　　D. 缺勤 20% 以上
(9)总体印象评价。（　　）
　　A. 非常优秀　　B. 比较优秀　　　　C. 有待改进　　　　D. 急需改进
(10)其他建议：


小组长签名：_____　　　　　　　　　　　　_____年____月____日

**6. 教师总体评价**

(1)对该同学所在小组整体印象评价。（　　）
　　A. 组长负责,组内学习气氛好
　　B. 组长能组织组员按要求完成学习任务,个别组员不能达成学习目标
　　C. 组内有 30% 以上的学员不能达成学习目标
　　D. 组内大部分学员不能达成学习目标
(2)该小组在电控点火系统的检测与维修过程中遇到的主要困难及解决方法：



(3)对该同学整体印象评价：
_____
_____
_____。

教师签名：_____　　　　　　　　　　　　_____年____月____日

# 学习任务 10　电子控制点火提前角的检测与维修

**学习目标**

完成本学习任务后,你应当能:
1. 叙述点火正时、点火提前角的定义;
2. 叙述点火正时控制的基本原理;
3. 叙述爆震传感器的作用与原理;
4. 按照给定的计划,检测点火提前角;
5. 规范地检查爆震传感器;
6. 总结各影响因素对点火提前角的修正规律。

**建议完成本学习任务为 12 学时**

## 内容结构

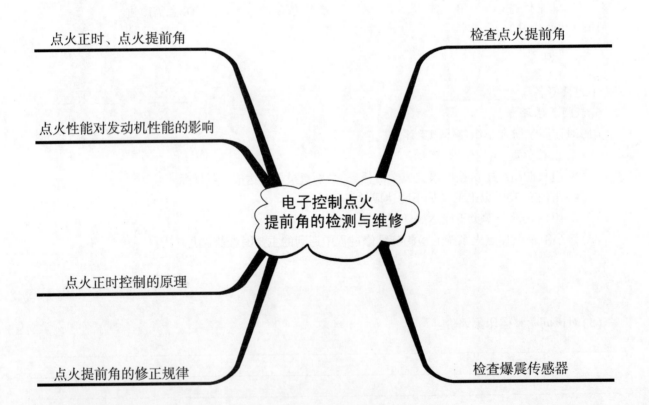

## 学习任务10 电子控制点火提前角的检测与维修

 **学习任务描述**

一台发动机动力不足、油耗过高,需对其进行基本检查。已确认进气系统正常,现需检查点火提前角,并按规定进行调整。

工作良好的点火系统,除了能够产生几万伏的高电压,以保证产生强烈的火花来点燃空气—燃油混合气,还应该始终根据发动机转速和载荷等因素的变化,提供正确的点火时刻。

## 一、学习准备

 **1. 什么是点火正时和点火提前角?**

图 10-1 所示为不同点火时刻条件下监测的汽缸内燃烧压力。研究表明,当燃烧压力在上止点后约 10° 到达最大时,会获得最佳的发动机功率输出。而汽缸内的混合气需要一段时间才能完成燃烧并产生最大的爆发力。为使最大爆发力发生在上止点后 10°,点火时刻应该有所提前。因此火花塞必须在上止点前跳火。这个时间上的配合就称作"点火正时","点火正时"往往用上止点前所对应的曲轴转角来表达,即_____。将点火时刻向上止点前方向调整,则点火_____,反之,当点火时刻向相反的方向调整,则点火_____。

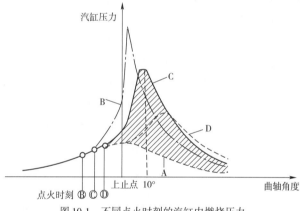

图 10-1 不同点火时刻的汽缸内燃烧压力

 **2. 点火正时对发动机性能有什么影响?**

根据图 10-1 可知:点火系统根据发动机的工作情况控制点火正时,以使最大燃烧爆发力发生在上止点后 10°。当点火系统不能正确地控制点火正时(点火提前角)时,发动机性能将会下降。试分析并完成表 10-1。

最理想的点火时机应该是将点火正时控制在发动机爆燃即将发生而还未发生的时刻。

**点火正时对发动机性能的影响** 表 10-1

| 点火提前角状况 | 描 述 | 故 障 现 象 | 对发动机性能的影响 |
|---|---|---|---|
| 过大 | 过早点火 | ☐ 爆燃<br>☐ 进气歧管回火<br>☐ 排气管放炮<br>☐ 发动机过热 | ☐ 燃油经济性下降<br>☐ 发动机无力 |
| 过小 | 过晚点火 | ☐ 爆燃<br>☐ 进气歧管回火<br>☐ 排气管放炮<br>☐ 发动机过热 | ☐ 燃油经济性下降<br>☐ 发动机无力 |

**小词典**

爆燃:火花塞跳火,点燃混合气后,如果火焰在传播途中压力异常升高,部分混合气未等火焰传到,便自燃造成瞬时爆发燃烧,这种现象称为爆燃,爆燃会使发动机产生不正常的敲击声。

 **小提示**

当点火不正时非常严重时,还会造成发动机不能起动或难于起动。例如,高压线插错汽缸。

 **3. 电控点火系统对点火正时如何控制?**

电控点火系统由各种传感器、发动机 ECU、点火器、点火线圈和火花塞组成。

(1) 电控点火系统中主要用到的传感器有:

_____传感器(G 信号):探测标准的曲轴转角的信息(用于汽缸位置的判别)和凸轮轴正时。

_____传感器(Ne 信号):探测曲轴转角和发动机转速。

_____传感器(VG 或 PIM 信号):探测进气量或进气歧管压力。

_____传感器(IDL 信号):探测怠速状态。

_____传感器(THW 信号):探测冷却液温度。

_____传感器(KNK 信号):探测爆燃状态。

_____传感器(OX 信号):探测尾气中氧气的浓度。

(2) 发动机 ECU 的作用:

发动机 ECU 接收从传感器传来的信号,计算出发动机在每种工况下相对应的最佳点火正时(最佳点火提前角),将_____信号传递给点火器。

(3) 点火器的作用:

点火器针对发动机 ECU 输出的_____信号,间歇性地接通和断开点火线圈_____电流。它还将_____信号传递给发动机 ECU(部分发动机)。

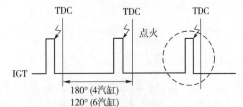

图 10-2 电控点火系统确定的点火正时

电控点火系统对点火提前角的控制,简称为 ESA。ESA 系统为发动机 ECU 根据来自传感器的信号,将 IGT 信号发送至点火器,以得到最佳的点火正时,如图 10-2 所示。IGT 信号正好在微处理器所计算的点火正时前发出,当信号中断后,点火线圈初级电流断开,火花塞就在这个信号中断的这一瞬间跳火产生火花。

## 二、计划与实施

 **4. 如何检测发动机的点火正时提前角?**

1) 工具和资料准备

工具和资料准备见表 10-2。

## 学习任务10 电子控制点火提前角的检测与维修

检测所需的工具和资料　　　　　　　　　　　　　　　　　　　表 10-2

| 资料或者工具的名称 | 数　量 |
|---|---|
| 丰田 1ZR-FE 发动机（或花冠、卡罗拉汽车） | 1 台 |
| 1ZR-FE 发动机维修资料 | 1 套 |
| 点火正时灯 | 1 把 |
| 跨接线 | 1 根 |
| 常用拆装工具 | 1 套 |

2）点火正时灯

图 10-3 为常用到的点火正时灯。点火正时灯是利用高压线中电流的感应作用，触发正时灯在火花塞点火时发出闪光。由于正时灯只在火花塞跳火的瞬间闪光，其他时间都不闪光，这就使飞轮（或曲轴）上的快速旋转着的点火正时标记呈现为静止状态。

小提示

夏天的晚上，我们常常看到运转的风扇叶片好像固定在一个地方，而白天却看不到，这是由于荧光灯不停闪烁造成的，这种现象就是所谓的频闪效应。而点火正时灯正是运用这种原理检查点火正时的。

3）检查点火正时

（1）查找并验证飞轮或曲轴前端带轮上 1 缸压缩终了上止点标记（图 10-4）和点火提前角标记，擦拭使之清晰可见，如标记不清晰，最好用粉笔或油漆将标记描白。　　　　　　　　□ 任务完成

 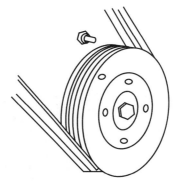

图 10-3　点火正时灯　　　　图 10-4　飞轮上的点火正时标记

（2）连接点火正时灯。

①将点火正时灯的信号夹夹在第一缸点火线圈连接器第 1 角红色导线（＋B），如图 10-5 所示。注意不要让信号夹碰到排气管。　　　　　　　　　　　　　　　　　　　　　　　　　　□ 任务完成

②将红色的夹子夹住蓄电池的正极接线柱。　　　　　　　　　　　　　　　　　□ 任务完成

③将黑色的夹子夹住蓄电池的负极接线柱。　　　　　　　　　　　　　　　　　□ 任务完成

（3）检查点火正时。

①起动发动机，如图 10-6 所示，用正时灯对准曲轴前端的点火正时标记，打开正时灯开关。

图10-5 安装正时灯信号夹

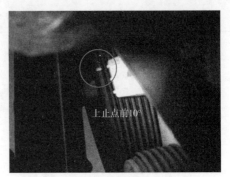

图10-6 检查点火正时

②观察点火提前角的大小。此时为____度。

**小提示**

如果点火提前角不稳定，可以通过移动信号夹，或将信号夹反过来夹的方式使点火提前角稳定。

检测其余几种状况下的发动机点火提前角，将检查结果填在表10-3中。

发动机点火提前角的检查    表10-3

| 发动机工况 | 描 述 | 点火提前角 |
| --- | --- | --- |
| 起动时 | 转速小于或等于500r/min | |
| 稳定怠速(700±50)r/min 时1 | 跨接诊断座TE1和TC端子 | |
| 稳定怠速(700±50)r/min 时2 | 断开以上跨接线 | |
| 稳定怠速后，3000r/min | | |

**小提示**

短接诊断插座上相应端子（图10-7）时所检查的点火提前角，是初始点火提前角与固定点火提前角之和。其中固定点火提前角的数值储存在发动机ECU中，它在点火正时的检查调整时输出，与正常驾驶中所常用的校正无关。

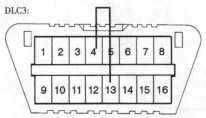

图10-7 短接DLC3 TC(13)-CG(4)端子

注意诊断插座类型不同，短接端子不同。

分析表10-3的数据，你的结论是：

用正时灯检测点火提前角的传统方法，存在着受车辆上零部件布置紧凑，不便放置正时灯；无法检测双缸同时点火式发动机；检测易受干扰而不精确等缺陷。所以现在车辆的点火正时多采用手持式汽车诊断电脑来检测。

**5. 如何用手持式汽车诊断电脑检测点火提前角？**

以金德 KT600 综合智能诊断仪为例，检测试验车或台架上发动机点火提前角。

(1) 连接诊断仪 KT600，打开点火开关、诊断仪电源开关，选择车型等信息，进入主界面，如图 10-8 所示。

(2) 进入"发动机与变速器系统"，如图 10-9 所示。

(3) 进入"功能选择"界面，选择"动作测试"，如图 10-10 所示。

(4) 进入"动作测试"界面，选择"连接 TC 和 TE1"，如图 10-11 所示。

(5) 激活测试模式，将连接 TC 和 TE1"指令状态"设置为"打开"，如图 10-12 所示。

(6) 返回进入"功能选择"界面，选择"读数据流"，如图 10-13 所示。

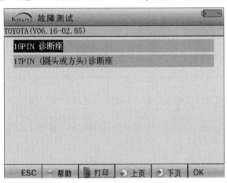

图 10-8 诊断仪界面（一）

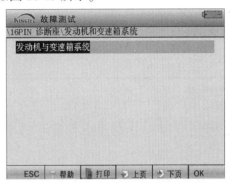

图 10-9 诊断仪界面（二）

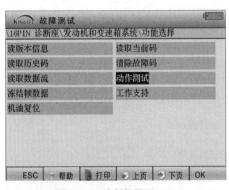

图 10-10 诊断仪界面（三）

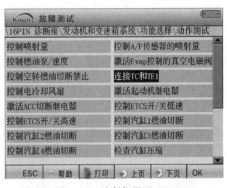

图 10-11 诊断仪界面（四）

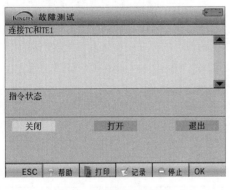

图 10-12 诊断仪界面（五）

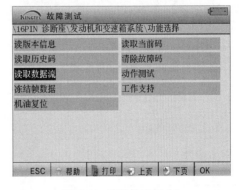

图 10-13 诊断仪界面（六）

(7) 进入"数据流测试"界面，选择"点火提前角"，如图 10-14 所示。

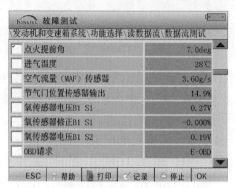

图10-14 诊断仪界面(七)

(8)将检查结果填在表10-4中。

点火提前角的检查结果　　　　　　　　　　　　　　　　　　　　　　　　表10-4

| 检 测 项 目 | 检 测 仪 显 示 | 测 量 数 值 |
|---|---|---|
| 点火正时提前角 |  |  |

### 学习拓展

以丰田卡罗拉1ZR-FE发动机为例,也可使用丰田专用手持诊断仪IT-Ⅱ的"当前测试"功能来读取点火提前角数值。

(1)连接诊断仪IT-Ⅱ,打开点火开关、诊断仪电源开关,选择车型等信息,进入主界面。

(2)选择"Engine and ECT",点击"当前测试",如图10-15所示。

(3)选择"Connect the TE and TE1",点击"进入",如图10-16所示。

(4)激活测试模式,读取点火提前数值,如图10-17所示。

图10-15 诊断仪界面(一)

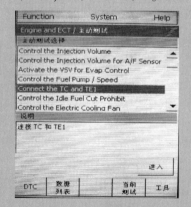
图10-16 诊断仪界面(二)

图10-17 诊断仪界面(三)

(5)将检查结果填在表10-5中。

丰田卡罗拉IZR-FE发动机点火提前角检测结果　　　　　　　　　　　　　　表10-5

| 检 测 项 目 | 检 测 仪 显 示 | 测 量 数 值 |
|---|---|---|
| 点火正时提前角 |  |  |

(6)查阅维修资料,填写表10-6。

点火正时提前角的检测　　　　　　　　　　　　　　　　　　　　　　　　表10-6

| 检 测 项 目 | 检 测 仪 显 示 | 测量项目及范围 | 正 常 状 态 |
|---|---|---|---|
| 点火正时提前角 | IGN Advance |  |  |

对于无分电器电控点火系统,点火提前角是不可调整的,若点火提前角的检测值与标准值不符,则只能检查点火正时标记是否对准。如果正时标记对准,则需对发动机控制系统进行系统分析,找出导致点火不正时的原因。

 **6. 哪些因素会影响发动机的点火提前角,控制系统如何修正?**

1) 设备、工具和学习资料准备

设备、工具和学习资料见表 10-7。

**设备、工具和学习资料**　　　　　　　　　　　　　　　　　表 10-7

| 资料或者工具的名称 | 数　　量 |
| --- | --- |
| 带进气歧管压力传感器的发动机台架 | 1 台 |
| 相应的维修手册 | 1 套 |
| 点火正时灯 | 1 把 |
| 真空枪 | 1 把 |
| 可变电阻器(100Ω~5kΩ) | 1 个 |
| 常用拆装工具 | 1 套 |
| 手持汽车故障电脑诊断仪 | 1 套 |

2) 影响点火提前角的因素

(1) 发动机转速。

① 空载下通过控制加速踏板开关控制发动机的转速,检查发动机不同转速的点火提前角,将检查结果填在表 10-8 中。

**发动机转速与点火提前角的关系**　　　　　　　　　　　　　表 10-8

| 发动机转速 | 点 火 正 时 |
| --- | --- |
| 急速(　　)r/min | |
| 1000r/min | |
| 2000r/min | |
| 3000r/min | |

② 根据检测结果,小组讨论分析发动机转速与点火提前角之间的关系。

(2) 发动机进气量。

① 发动机空载,转速控制在 2000r/min,使用真空枪改变进歧气管压力传感器的真空度,检查点火正时的变化,将检查结果填在表 10-9 中。

发动机进气量与点火提前角的关系　　　　　　　　　　　　　　　　表 10-9

| 进气歧管压力传感器上施加的真空度 | 点火正时 | 进气歧管压力传感器上施加的真空度 | 点火正时 |
| --- | --- | --- | --- |
| 0kPa(0mmHg) | | -26.6kPa(-200mmHg) | |
| -13.3kPa(-100mmHg) | | -39.9kPa(-300mmHg) | |

②根据检测结果,小组讨论分析发动机进气量与点火提前角之间的关系。

(3) 发动机温度。

①发动机空载,预热,转速控制在 2000r/min,断开冷却液温度传感器的连接器,在连接器上连接一个可变电阻器,改变可变电阻器的电阻,检查点火正时的变化,将检查结果填在表 10-10 中。

发动机温度与点火提前角的关系　　　　　　　　　　　　　　　　表 10-10

| 可变电阻器的电阻 | 对应的冷却液温度 | 点火正时 |
| --- | --- | --- |
| 5kΩ | | |
| 2.5kΩ | | |
| 800Ω | | |
| 400Ω | | |

②根据检测结果,小组讨论分析发动机温度与点火提前角之间的关系。

(4) 发动机怠速控制与点火提前角。

①夹住和松开曲轴箱强制通风阀的软管以改变发动机怠速转速,检查点火正时的变化,将检查结果填在表 10-11 中。

发动机怠速控制与点火提前角的关系　　　　　　　　　　　　　　表 10-11

| 是否夹住软管 | 怠速转速 | 点火正时 |
| --- | --- | --- |
| 是 | | |
| 否 | | |

②根据检测结果,小组讨论分析发动机怠速与点火提前角之间的关系。

许多发动机在怠速转速变化较小时,发动机 ECU 通过控制点火提前角来控制怠速转速;当怠速转速变化较大时,发动机 ECU 通过怠速阀的开度来控制怠速转速。

（5）其他因素的影响。

过热修正：当冷却液温度极高时，点火提前角将被_____以防止爆燃或过热。

空燃比例反馈校正：发动机怠速运转时，在空燃比例反馈校正过程中，发动机中的空气—燃油混合气的浓度在改变，为了保持怠速稳定，点火提前角要和空气—燃油混合气的浓度相匹配。

转矩控制校正：在配备了电子控制变速器的汽车上，为了减小换挡加速或减速时的冲击，点火提前角将被_____以降低发动机转矩。

转换校正：当从减速转换为加速时，点火提前角需要提前或者延迟，以满足加速过程的需要。

牵引力控制校正：在一些具有牵引力控制的发动机中，当牵引力控制运作时，为了降低发动机转矩，发动机 ECU _____点火提前角。

最大和最小提前角控制：发动机的实际点火角始终不小于最小点火提前角，不大于最大点火提前角。

 **7. 实际点火提前角由哪些部分组成？如何控制？**

（1）图 10-18 可以看出：

实际点火提前角 = 初始点火提前角____（ + / - / × / ÷ ）基本点火提前角____（ + / - / × / ÷ ）修正点火提前角。

 小词典

初始点火提前角：发动机起动时的点火提前角。

基本点火提前角：由进气歧管压力（或进气量）和发动机转速确定的点火提前角。

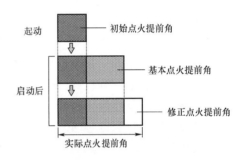

图 10-18 点火提前角的组成

修正点火提前角：发动机起动后，ECU 根据各种传感器的信号，对初始点火提前角和基本点火提前角进行修正的点火提前角。

点火正时控制如图 10-19 所示。

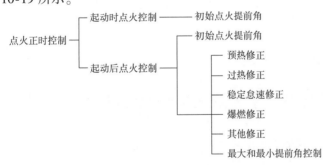

图 10-19 点火正时控制

（2）根据图 10-18 回答以下问题。

①初始点火提前角。

当发动机转速小于或等于某一转速（如 500r/min）时，发动机 ECU 认为发动机正在起动。这时，由于转速低，进入发动机的空气量或进气歧管压力不稳定，点火提前角应采取定值控制法。该角度为一固定值，是发动机出厂时已有的点火提前量，任何工况都保持恒定，如丰田 TCCS 系统，其值大约为 10°。

②基本点火提前角。

存储在 ECU 的存储器 ROM 中,可分为怠速和平常行驶时的点火提前角。

怠速时的基本点火提前角,其值根据空调是否工作而略有不同,空调工作时基本点火提前角为 8°,不工作时其值为 4°。也就是怠速运转时,若空调工作,其实际点火提前角将从上止点前 14°增加到 18°,以防因空调负荷使发动机运转不稳。

正常行驶的基本点火提前角,是指节气门位置传感器怠速触点打开时的基本点火提前角。其值是 ECU 根据发动机的转速和负荷(用进气量表示),从其 ROM 中进行查表,选出最佳的点火提前角,如图 10-20 所示。

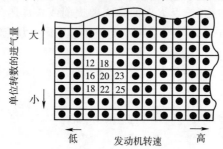

图 10-20　正常行驶时的基本点火提前角

③修正点火提前角。

初始点火提前角 + 基本点火提前角所得到的点火提前角,必须根据相关因素加以修正。可根据暖机、稳定怠速的点火提前特性来确定点火提前角的大小,为实现最佳点火提前角进行修正。如修正点火提前角随冷却液温度升高而减小。

当冷却液温度较低时,必须增大点火提前角,以促使发动机尽快暖机;当发动机冷却液温度较高时,如超过 90℃,为避免发动机过热,其点火提前角必须减小。

 小提示

影响最佳点火提前角的主要因素有:发动机转速、发动机负荷、燃油的牌号以及其他因素(如发动机温度、是否有爆燃等)。当这些因素发生变化时,点火提前角就要同时发生变化。

(3)爆燃控制。

爆燃对发动机是有害的。一方面噪声大,另一方面很可能使发动机损坏。特别在大负荷条件下,这种可能性更大。

①点火提前角越大,爆燃越_____,因此当发动机产生爆燃时,可以通过_____点火提前角,来消除爆燃。

②当点火提前角太小,发动机输出功率_____,燃油消耗率_____。

③为了使发动机既不会_____,又有良好的_____和_____,因此在电控点火系统中引入了爆燃控制,将点火时刻始终控制在接近爆燃的边缘范围内。这样比传统的点火提前角控制更加精确。

④爆燃控制的基本原理为:发动机 ECU 根据发动机是否发生爆燃来控制点火提前角。如果发生爆燃,减小点火提前角,消除爆燃,否则增大点火提前角。根据爆燃控制的基本原理完成图 10-21 所示的流程图。

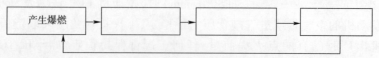

图 10-21　爆燃闭环控制流程图

点火系统的这种控制方式像一个循环一样,我们称为闭环控制,回忆此前学过的哪些控制方式采用了闭环控制?

⑤爆震传感器用于检测发动机是否爆燃,一旦发动机发生爆燃,它就向发动机ECU发出爆燃(KNK)信号。发动机ECU收到爆燃(KNK)信号后,就延迟点火提前角,抑制爆燃。爆燃的测量方法主要有三种:

a. 检测汽缸压力:检测精度最佳,但传感器耐久性差,安装困难。
b. 检测燃烧噪声:非接触式,耐久性好,但精度和灵敏度差。
c. 检测发动机机体振动:较为实用,方便,成本低。

因此,在汽车上用的爆震传感器多为第三种。

爆震传感器内装有压电元件,如图10-22所示。当发动机爆燃时,发动机的汽缸将产生剧烈的振动,爆震传感器内的压电元件将变形,从而产生电压。

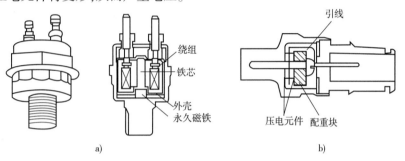

图 10-22 爆震传感器结构
a) 磁伸缩式爆震传感器结构; b) 压电式爆震传感器结构

观察爆震传感器的安装位置并记录。

当爆震传感器或爆震传感器的电路有故障时,发动机ECU将点亮仪表板上的故障指示灯,提示驾驶人有故障,并将故障码存储在ECU内。同时,为了防止发动机产生爆燃,发动机ECU将_____推迟到最大值。此时,发动机的燃油经济性能下降,排放性能变差。

 **8. 如何判断与排除车辆点火正时错误的故障?**

一台装备丰田1ZR-FE发动机的车辆,发动机故障指示灯点亮,根据客户反映该车动力下降,油耗上升。已初步确认进气系统、油路供给系统正常,现需对电控点火系统进行检查。

(1) 在表10-12中记录车辆基本信息与客户投诉。

**车辆基本信息与客户投诉** 表10-12

| 项 目 | 内 容 |
|---|---|
| 车辆识别代号(VIN) | |
| 发动机型号 | |
| 客户投诉 | |

(2) 故障确认。

①起动发动机,将发动机预热至正常工作温度。 □任务完成

②突然加速,观察发动机的工作情况(在观察到的现象前打"√"):
  □ 发动机速度急速提高时有短促而轻微的突爆声(轻微爆燃),而后很快消失。
  □ 发动机转速不能随节气门开大而增大,发动机发闷且排气管出现"突突"声。
  □ 发动机出现严重的金属敲击声,即爆燃(敲缸)。
③根据观察到的现象,判断发动机点火正时是否存在故障。

小提示

爆燃声容易被发动机运转声音掩盖,需仔细辨认。

④点火系统常见的故障有缺火(火花塞不能跳火)和点火不正时。判断下面哪些故障症状是由点火不正时引起的。
  □ 发动机不能起动/难于起动。
  □ 怠速不稳。
  □ 发动机加速不良。
  □ 燃油消耗过大。
  □ 排气管放炮。
  □ 发动机回火。
  □ 发动机过热。

(3)故障分析与排除。
①使用诊断仪读取故障码并记录。

如故障码显示为:"DTC P0327/0328 爆震传感器1电路输入(B1或单个传感器)",则爆震传感器或相应电路存在故障。
②分析爆震传感器电路图。
  a. 根据图10-23所示的爆震传感器电路图,在试验车上(或发动机台架)找到相应的元件、线束、线束连接器。

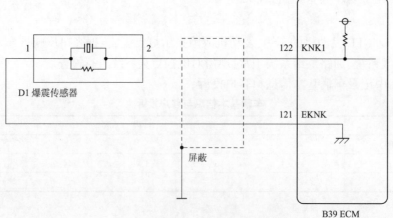

图10-23　丰田1ZR-FE发动机爆震传感器电路图

b. 在下面的空格中分别画出爆震传感器线束连接器的简图,发动机 ECU 连接器(与爆震传感器相连的连接器)的简图,并在发动机 ECU 连接器的简图上标出爆燃信号端子的位置。

③爆震传感器输出波形检测。

在教师的指导下,参考示波器使用手册,用示波器检查爆震传感器的输出波形。

在发动机 KNK1 端子和 EKNK 端子之间连接示波器。　　　　　□ 任务完成

按照表 10-13 的条件检测爆震传感器的输出波形。

检测爆震传感器输出波形的条件　　　　　　　　　　　　　表 10-13

| 项　目 | 内　容 |
| --- | --- |
| 端子 | KNK1—EKNK |
| 示波器的量程设置 | 电压为:0.5V,时间为:1ms |
| 条件 | 发动机暖机后,转速保持在 4000r/min |

将检测到的波形画在下面的方表格中

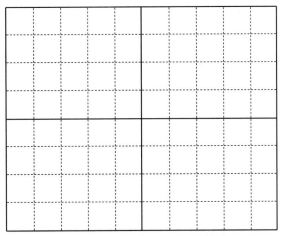

与标准波形比较(通过查阅维修资料获得),传感器的波形是否正常？

④爆震传感器元件及电路检查。

a. 断开爆震传感器连接器,对连接器进行外观检查。

轻拉线束,检查:□ 端子丢失　□ 端子卷边松动　□ 线芯破损

目视检查：　　□ 端子锈蚀　□ 端子弯曲变形　□ 端子有水　□ 有金属碎片

将点火开关置于 ON 位置,根据表 10-14 中的端子测量电压。

测量端子 D1-1 与 D1-2 之间的电压　　　　　　　　　　　表 10-14

| 测量端子 | 标　准　值 | 测　量　值 | 结　果　判　断 |
| --- | --- | --- | --- |
| D1-1—D1-2 | 4.5～5.5V | | |

b. 检查爆震传感器元件电阻,如图 10-24 所示,根据表 10-15 中的端子测量电阻。

测量端子 D1-1 与 D1-2 之间的电阻 表 10-15

| 测量端子 | 标 准 值 | 测 量 值 | 结 果 判 断 |
|---|---|---|---|
| D1-1—D1-2 | 25℃ 120~280kΩ | | |

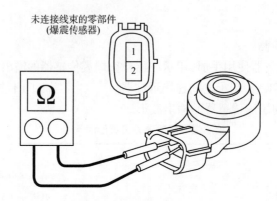

图 10-24 检查爆震传感器

c. 断开发动机 ECM 的连接器,对连接器进行外观检查。

轻拉线束,检查:□ 端子丢失　□ 端子卷边松动　□ 线芯破损

目视检查：　□ 端子锈蚀　□ 端子弯曲变形　□ 端子有水　□ 有金属碎片

d. 检测发动机 ECM 至爆震传感器间线束和连接器(表 10-16)。

检测发动机 ECM 至爆震传感器间线束和连接器 表 10-16

| 测量端子 | 标 准 值 | 测 量 值 | 结 果 判 断 |
|---|---|---|---|
| D1-2—B39-122(KNK1) | | | |
| D1-1—B39-121(EKNK) | | | |
| D1-2 或 B39-122(KNK1)—车身搭铁 | | | |

e. 检测爆震传感器端子和传感器壳体之间是否短路,将检查结果填在表 10-17 中。

检测爆震传感器端子和传感器壳体是否短路 表 10-17

| 测量端子 | 标 准 值 | 测 量 值 | 结 果 判 断 |
|---|---|---|---|
| D1-2—车身搭铁 | | | |
| D1-1—车身搭铁 | | | |

如果短路或元件损坏则更换爆震传感器,如何更换爆震传感器?

线束不正常,则进行修理或更换。

f. 安装爆震传感器时候需确保正确位置,查阅维修手册,如图 10-25 所示。

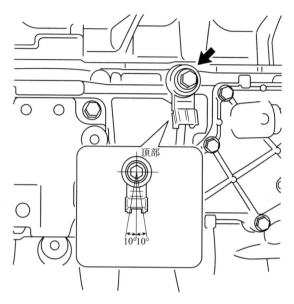

图 10-25 爆震传感器安装位置

并按照规定力矩：_____紧固。

根据前面的检查步骤，试描述爆震传感器电路故障的检查排除流程。

## 三、评价与反馈

1. 学习自测题

(1) 在什么情况下，点火提前角会减小。(　　)
　　A. 发动机转速升高　　　　　　　　B. 发动机负荷减小
　　C. 发动机冷却液温度降低　　　　　D. 空调开关打开

(2) 以下哪一项不属于点火系统的控制。(　　)
　　A. 点火提前角控制　　B. 闭合角控制　　C. 爆燃控制　　　　D. 排放控制

(3) 怠速时的基本点火提前角主要是根据下面哪些信号决定的。(　　)
　　A. 发动机转速和空调开关是否接通　　B. 发动机转速和进气歧管压力
　　C. 进气歧管压力和空调开关　　　　　D. 发动机转速、进气歧管压力和空调开关是否接通

(4) 发动机冷车起动后，应适当地(　　)点火提前角，随着冷却液温度的升高，点火提前角应逐渐(　　)。
　　A. 减小，减小　　　B. 减小，增大　　　C. 增大，减小　　　D. 增大，增大

(5) 实际点火提前角包括(　　)。
　　A. 初始点火提前角　　B. 基本点火提前角　　C. 修正点火提前角　　D. 爆燃反馈

(6) 决定基本点火提前角的因素有(　　)。
　　A. 曲轴转速信号　　　　　　　　　B. 空气流量传感器信号
　　C. 节气门位置信号　　　　　　　　D. 氧传感器信号

(7) 当发动机产生爆燃时，可以通过减少点火提前角，消除爆燃。(　　)

A. 正确　　　　　　　B. 错误

（8）在检查发动机的配气正时标记时，需要首先让第一缸的活塞处于压缩上止点。请查阅资料说明确定一缸上止点的方法。

2. 维修信息获取练习

（1）通过维修手册查阅爆震传感器线路断路的故障码，并将查到后的故障记录在下面的空白处。

（2）通过维修手册查找发动机怠速时点火提前角的正常范围，并记录在下面的空白处。

3. 学习目标达成度的自我检查（表10-18）

自 我 检 查 表　　　　　　　　　　　　　　　　　表10-18

| 序号 | 学习目标 | 达成情况（在相应的选项后打"√"） | | |
|---|---|---|---|---|
| | | 能 | 不能 | 如果不能，是什么原因 |
| 1 | 叙述点火正时、点火提前角的定义 | | | |
| 2 | 叙述点火正时控制的基本原理 | | | |
| 3 | 叙述爆震传感器的作用与原理 | | | |
| 4 | 按照给定的计划，检测点火提前角 | | | |
| 5 | 规范地检查爆震传感器 | | | |
| 6 | 总结各影响因素对点火提前角的修正规律 | | | |

4. 日常表现性评价（由小组长或者组内成员评价）

（1）工作页填写情况。（　　）

　　A. 填写完整　　　B. 缺失 0～20%　　　C. 缺失 20%～40%　　　D. 缺失 40% 以上

（2）工作着装是否规范？（　　）

　　A. 穿着校服（工作服），佩戴胸卡　　　B. 校服或胸卡缺失一项

　　C. 偶尔会既不穿校服又不戴胸卡　　　D. 始终未穿校服、佩戴胸卡

（3）能否主动参与工作现场的清洁和整理工作？（　　）

　　A. 积极主动参与 5S 工作

　　B. 在组长的要求下能参与 5S 工作

　　C. 在组长的要求下能参与 5S 工作，但效果差

　　D. 不愿意参与 5S 工作

（4）操作汽车举升器或起动发动机时，有无进行安全检查并警示其他同学？（　　）

　　A. 有安全检查和警示　　　　　　　B. 有警示，无安全检查

C. 有安全检查,无警示      D. 无安全检查,无警示

(5)是否达到全勤?(　　)

  A. 全勤      B. 缺勤0～20%(有请假)

  C. 缺勤0～20%(旷课)      D. 缺勤20%以上

(6)在进行本学习任务时,是否能正确地总结出各因素对点火提前角的影响?(　　)

  A. 能迅速地根据观察到的现象得出正确的结论

  B. 能与同学们讨论得出正确的结论

  C. 无法从观察到的现象总结出任何结论

  D. 其他

(7)能否快速规范地使用点火正时灯?(　　)

  A. 是      B. 否

(8)总体印象评价。(　　)

  A. 非常优秀      B. 比较优秀      C. 有待改进      D. 急需改进

(9)其他建议:

小组长签名:_____　　　　　　　　　　_____年____月____日

5. 教师总体评价

(1)对该同学所在小组整体印象评价。(　　)

  A. 组长负责,组内学习气氛好

  B. 组长能组织组员按要求完成学习任务,个别组员不能达成学习目标

  C. 组内有30%以上的学员不能达成学习目标

  D. 组内大部分学员不能达成学习目标

(2)该同学在电子控制点火提前角的检查与调整过程中遇到的困难是什么?是怎样解决的?

(3)对该同学整体印象评价:

_____

_____

_____。

教师签名:_____　　　　　　　　　　_____年____月____日

# 学习任务 11　怠速控制系统的检测与维修

> **学习目标**
>
> 完成本学习任务后，你应当能：
> 1. 叙述怠速控制系统的作用及基本原理；
> 2. 识别不同的怠速控制系统；
> 3. 正确地检查发动机怠速转速；
> 4. 根据给定的工作计划对电子节气门电动机进行检查，并判断其好坏；
> 5. 借鉴电子节气门怠速系统的检查方法，对旋转滑阀式和步进电动机式怠速系统进行检查，并判断其好坏。
>
> **建议完成本学习任务为 10 学时**

## 内容结构

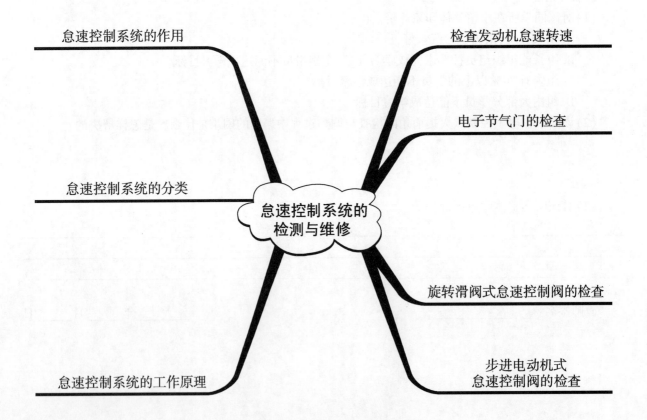

## 学习任务11 怠速控制系统的检测与维修

 **学习任务描述**

一台发动机通过手持式汽车诊断电脑的检查,估计由于怠速控制系统工作不良导致发动机怠速不正常,需对怠速控制系统进行检查,确定故障部位,并维修或更换。

怠速控制系统(ISC)是发动机控制系统中的重要组成部分,用于控制发动机的怠速运转。一旦怠速控制系统出现故障,发动机将出现无怠速、怠速过高、怠速过低、怠速不稳等。此外还会造成发动机油耗增加,排放超标等。

 **小词典**

怠速:发动机在无负荷(对外无功率输出)的情况下的稳定运转状态。

## 一、学习准备

 **1. 怠速控制系统有什么功用?**

电控发动机怠速运转时,加速踏板完全松开,节气门接近关闭,进入汽缸的混合气很少,发动机输出功率较小,仅能维持自身在无负载下低速空转。若发动机负载发生变化,如空调等投入工作等则会引起发动机怠速转速变化,导致发动机怠速不稳,甚至熄火。因此,在电控发动机上一般都装有怠速控制系统(ISC)。

怠速控制系统的功用主要有:

(1)起动控制。当发动机 ECU 接收到_____信号(STA),确定发动机将起动,ECU 将根据发动机_____信号(NE)和_____温度信号来控制节气门或怠速控制阀的开度,使发动机更容易起动。

(2)预热控制(快怠速控制)。发动机起动后,发动机 ECU 根据_____温度来调节_____的开度,控制发动机的怠速转速,从而保证发动机在低温时怠速稳定,同时使发动机尽可能快地上升到工作温度。

(3)反馈控制。发动机 ECU 将_____速度和储存在 ECU 内的目标怠速转速相比较。然后控制节气门或怠速控制阀,将_____怠速转速调整到目标怠速转速。

 **小提示**

目标怠速转速随发动机的工作条件不同而发生变化。例如,变速器是否挂挡,空调是否打开都会影响发动机的目标怠速转速。

(4)其他控制。例如,当突然松开加速踏板时,发动机 ECU _____节气门或怠速控制阀,防止发动机转速过低。车型不同,怠速控制系统的其他控制功能会有所不同。

 **2. 怠速控制系统有哪些控制方式?常见的怠速控制系统有哪些类型?**

(1)怠速控制系统对进气量的控制方式随车型不同而不同,对于带发动机控制系统的发动机来说,目前主要分为两种基本类型:

① _____ 式,如图 11-1a)所示,直接控制节气门关闭位置。这种方式使用较普遍,试举出一种采用这种控制方式的我国常见车型:_____。

② _____ 式,如图 11-1b)所示,控制节气门旁通空气流量。试举出一种采用这种控制方式的我国常见车型:_____。

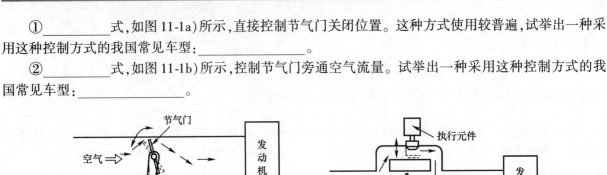

图 11-1 怠速的两种控制方式
a)节气门直动式;b)旁通空气式

(2)目前常见的怠速控制系统为节气门直动式的电子节气门系统,电子节气门系统取消了怠速调节阀,直接由控制单元调节节气门开度来实现车辆的怠速控制。

## 二、计划与实施

**3.** 一台丰田 1ZR-FE 发动机通过手持式汽车诊断电脑的检查,发现发动机怠速不正常,需对怠速控制系统进行检查。查询相关资料,确定该发动机怠速控制系统的类型和安装位置。

(1)在表 11-1 中记录车辆信息与客户投诉。

车辆信息与客户投诉表　　　　表 11-1

| 项　目 | 内　容 |
|---|---|
| 车辆识别代号(VIN) | |
| 发动机型号 | |
| 外观目检(整车) | |
| 客户投诉 | 发动机怠速不正常 |
| 维修接待员的维修意见 | 检查怠速控制系统及其线路,检查发动机 ECU |

(2)不同车型的怠速控制系统,其组成结构和安装位置不一定相同,丰田 1ZR-FE 发动机的怠速控制系统是什么类型?

(3)查找电子节气门在试验台架或者车辆的位置,根据图 11-2 所示的电子节气门结构,确定控制节气门开度的执行器是什么?

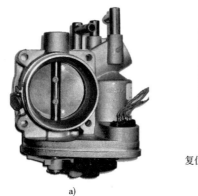
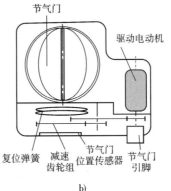

a)　　　　　　　　　b)

图 11-2　电子节气门结构
a)电子节气门实物照片；b)电子节气门结构简图

 **4. 当确定待修车辆的电子节气门的安装位置后，为了对电子节气门及电路进行检修，需要制订相应的检修计划，对电子节气门进行检查。**

1）检查电子节气门执行电动机

(1) 在试验台架或实车上打开点火开关，踩下加速踏板，听电子节气门处是否有电动机转动的声音。
　　　　　　　　　　　　　　　　　　　　　　　　　　　　　□ 是　　　□ 否
(2) 起动发动机，踩下加速踏板，观察试验台架或者车辆加速状况是否正常？　□ 是　　　□ 否

2）读取故障码

(1) 将手持式汽车诊断电脑连接到诊断接头上。在此操作过程中有什么要求？

(2) 打开点火开关，操作仪器读取故障码，并记录下来。

3）检测波形

起动发动机，检查怠速时发动机 ECU 向电子节气门执行电动机输出的信号波形。将测得的波形画在下面的方格中。

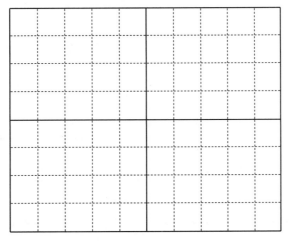

4）判断故障范围

（1）结合检测波形,查阅维修手册,判断故障发生的可能原因有哪些?

（2）电子节气门失效保护的原理和结果是什么?

5）检查电子节气门执行电动机

查阅维修手册,测量电子节气门执行电动机线圈,并填写表11-2。

电子节气的执行电动机线圈测量结果　　表11-2

| 仪器连接 | 条　件 | 标　准　值 | 测量结果 | 判　　断 |
| --- | --- | --- | --- | --- |
|  | 20℃ |  |  | □正常　□不正常 |

6）检查电路

参照图11-3,完成相应的电路检查,并将检查结果填写在表11-3中。

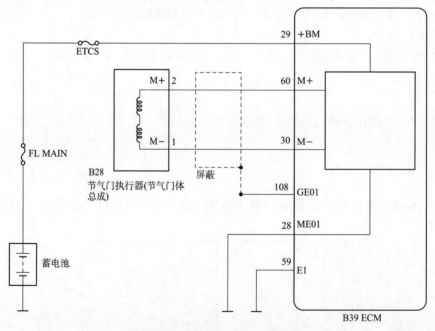

图11-3　1ZR-FE发动机节气门执行器电路

节气门执行器电路检查结果　　表11-3

| 检测端子 | 断路检查 | | | 短路检查 | | |
| --- | --- | --- | --- | --- | --- | --- |
|  | 标准值 | 测量值 | 是否正常 | 标准值 | 测量值 | 是否正常 |
|  |  |  |  |  |  |  |
|  |  |  |  |  |  |  |

根据以上的检测结果,描述你的维修结论:

### 5. 电子节气门式怠速控制系统的工作原理。

在发动机处于起动、怠速工况时,发动机ECU根据各个传感器、开关传来的输入信号,确定发动机的工作情况,通过控制节气门或怠速控制阀的开度来控制怠速时发动机的进气量,从而控制发动机的怠速转速。

(1)在教师指导下用手持式汽车诊断电脑(或转速表)读出怠速转速。　　　　　　□任务完成

(2)在教师指导下用手持式汽车诊断电脑,进入到数据流测试项目,设置只显示冷却液温度和发动机转速。　　　　　　□任务完成

(3)发动机起动后,关闭所有电气附件,检查怠速转速随冷却液温度的变化,并填写表11-4。

怠速转速随冷却液温度的变化　　　　　　表11-4

| 冷却液温度 | 怠 速 转 速 |
|---|---|
| 冷态发动机 | r/min |
| 40℃ | r/min |
| 60℃ | r/min |
| 80℃ | r/min |

根据上述检查结果分析发动机怠速转速与冷却液温度之间的关系。

(4)为发动机施加负荷,检查发动机怠速的变化,并填写表11-5。

怠速随发动机负荷的变化　　　　　　表11-5

| 条　件 | 怠速的变化 | 变化前的怠速 | 变化后的怠速 |
|---|---|---|---|
| 将变速器挡位从N挡换至D挡 | □升　□降 | r/min | r/min |
| 将变速器挡位从D挡换至N挡 | □升　□降 | r/min | r/min |
| 打开前照灯开关 | □升　□降 | r/min | r/min |
| 打开空调开关 | □升　□降 | r/min | r/min |

小提示

当在实车上操作时,要确保已实施了驻车制动,且放置了车轮挡块。不具备驾驶资格的学生禁止操作此项目。

根据上述检查结果进行分析,当发动机的负荷增大时,怠速转速是如何变化的?如何解释怠速转速

的这种变化？

(5) 怠速时，拆下电子节气门的连接器，检查怠速转速，并填写表11-6。

怠速转速检查表　　　　　　　　　　　　　　　　　　　　表11-6

| 未拆下电子节气门连接器时的怠速转速 | 拆下电子节气门连接器时的怠速转速 |
|---|---|
| r/min | r/min |

根据上述检查结果分析，如果没有怠速控制阀，发动机的怠速转速会怎样变化？

(6) 占空比与电子节气门打开程度之间的关系。
①将汽车专用示波器的测试笔连接到电子节气门执行电动机的信号端子(M+)。　　□任务完成
②起动发动机，检查发动机ECU向电子节气门执行电动机输出的信号波形。将测得的波形画在下面的方格中，并将测量波形的端子号和波形横纵坐标含义填入表11-7中。

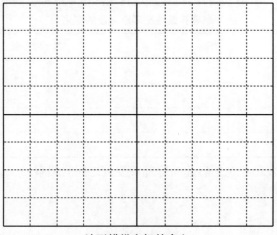

波形横纵坐标的含义　　　　　　　　　　　　　　　　　　表11-7

| 项　目 | 内　容 |
|---|---|
| 检测端子 | |
| 横纵坐标的单位 | 横：每格　　　　纵：每格 |

 小词典

占空比是指在一个通电周期内，高电位时间所占的比率。

例如：图11-4所显示的占空比为60%。

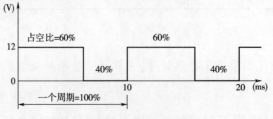

图11-4　占空比示意图

③随着发动机温度的升高,观察示波器上波形的变化(在观察到的现象前打"√")。
☐ 波形中的高电压对应的时间越来越长。
☐ 波形中的高电压对应的时间越来越短。
④此时的发动机转速是怎样变化的?


⑤当发动机暖机后,打开空调,示波器上波形是如何变化的?发动机转速又是如何变化的?


⑥关闭空调,示波器上波形是如何变化的?发动机转速又是如何变化的?


⑦发动机怠速转速越高,怠速控制阀的开启程度是越大还是越小?


⑧从上面的观察结果可以看出,占空比与发动机怠速控制阀的开启程度、发动机怠速转速之间的关系是怎样的?




**6. 其他类型的怠速控制阀的工作原理。**

除了电子节气门式怠速控制系统外,怠速控制系统还有旋转滑阀式怠速控制系统、步进电动机式怠速控制系统和节气门直动式怠速控制系统等类型。这三种怠速控制系统是根据它们采用的怠速控制阀来分类的。即旋转滑阀式怠速控制系统采用了旋转滑阀式怠速控制阀,如图11-5所示;步进电动机式怠速控制系统采用了步进电动机式怠速控制阀,如图11-6所示;节气门直动式怠速控制系统无专门的怠速控制阀,如图11-7所示,它依靠节气门的开度来控制怠速转速。

(1)观察这三种怠速控制阀在相应的发动机上各自安装在什么位置?


(2)旋转滑阀式怠速控制阀通过电动机带动_____转动,改变空气旁通道的开启面积,从而控制进气量,控制怠速转速。旋转滑阀式的怠速控制阀有新旧两种类型。它们都是根据发动机ECU输出的占空比来控制阀的打开程度,但怠速控制阀的内部结构和工作原理不同。

(3)步进电动机式怠速控制阀通过步进电动机带动阀芯转动,改变阀芯的_____,以改变阀芯与阀座之间的间隙,从而控制进气量,控制怠速转速。

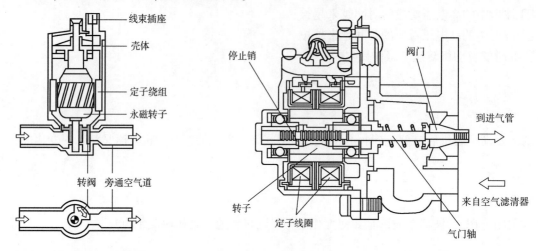

图 11-5　旋转滑阀式怠速控制阀　　　　图 11-6　步进电动机式怠速控制阀

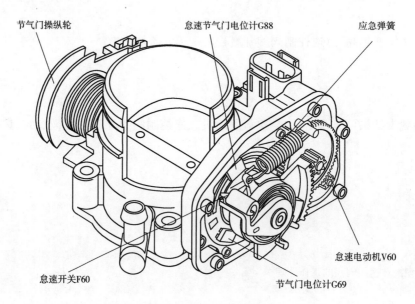

图 11-7　节气门直动式怠速控制系统的节气门结构

（4）打开捷达轿车节气门位置传感器的盖,观察它在什么条件下怠速开关始终是关闭的？它在怠速时,是如何改变节气门的开度以控制进气量的？

**7. 参考电子节气门的检修方法,对旋转滑阀式怠速控制阀及其电路进行检查。**

（1）按照下列步骤确认故障症状,将观察到的现象记录下来。
①起动发动机,将发动机预热至正常工作温度。　　　　　　　　　　　　　□ 任务完成
②突然加速,观察发动机的工作情况。　　　　　　　　　　　　　　　　　□ 任务完成

③在完全上述两项任务时,在发动机出现的下述现象前打"√"。
□ 发动机冷起动困难。
□ 发动机热起动困难。
□ 发动机怠速过高。
□ 发动机怠速过低。
□ 发动机怠速不稳定。
□ 发动机起动后熄火。
□ 发动机换挡熄火。
□ 踩下加速踏板后发动机熄火。
□ 其他。

(2)检查发动机的怠速转速。
①起动发动机,让发动机暖机。　　　　　　　　　　　　　　□任务完成
②用手持式汽车诊断电脑检查发动机怠速转速。
a. 将手持式汽车诊断电脑连接到诊断插座上。　　　　　　　□任务完成
b. 将结果填写在表11-8中。

发动机怠速转速检查表　　　　　　　　　　　　　表11-8

| 发动机型号 | 标　准　值 | 测　量　值 | 怠速是否正常 |
|---|---|---|---|
|  |  |  |  |

③用转速表检查发动机怠速转速。
a. 将转速表的测试表笔连接到诊断插座的转速信号输出端子。　□任务完成

📒 小提示

不同的诊断插座,测试信号的输出端子不一样。以OBD-Ⅱ诊断插座为例,转速信号输出端子为9号端子。因此需查阅维修资料确认测试端子的位置。

b. 将结果填写在表11-9中。

发动机怠速转速检查表　　　　　　　　　　　　　表11-9

| 发动机型号 | 标　准　值 | 测　量　值 | 怠速是否正常 |
|---|---|---|---|
|  |  |  |  |

📒 小提示

检查发动机怠速转速的前提条件是发动机必须有怠速,即发动机不能一起动就熄火或松开加速踏板就熄火。此外,在作怠速检查时应该关闭所有电器和空调。

(3)识读与分析丰田5A-FE发动机怠速控制系统电路图。
①按照图11-8,在试验车(发动机台架)上找到相应的元件、线束、线束连接器。
②电路说明。
a. 谁给怠速阀提供电源?

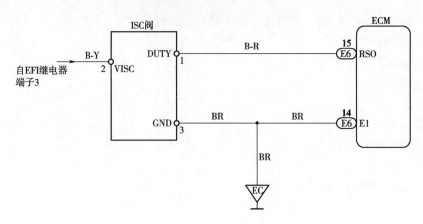

图 11-8 丰田 5A-FE 发动机怠速控制系统电路图

b. 发动机 ECU 通过哪根导线向怠速阀发出控制信号？

c. 怠速阀的搭铁端子是哪个？

③画出怠速阀连接器的示意图，并在图上标出各个端子的作用。画出相关部分发动机 ECU 连接器（E6）的示意图，并在图上标出怠速信号端子（RSO）和搭铁端子（E1）的位置。

(4) 对旋转滑阀式怠速控制阀及其电路进行检查。

①在教师的指导下，用手持式汽车诊断电脑的主动测试模式进行测试，开启或关闭怠速控制阀，检查怠速的变化，并判断是否正常，将结果填写在表 11-10 中。

检测怠速控制阀　　　　　　　　　　　　　　　表 11-10

| 控制方式 | 怠速转速 | | 是否正常 |
|---|---|---|---|
| 增大怠速控制阀的开度 | □增大 | □减小 | |
| 减小怠速控制阀的开度 | □增大 | □减小 | |

②打开点火开关，测量怠速控制阀的电源端子（VISC）和搭铁端子（GND）之间的电压，并判断其是否正常，将结果填写在表 11-11 中。

测量怠速控制阀的电源端子和搭铁端子电压　　　　　　　表 11-11

| 检测端子 | 标准值 | 测量值 | 是否正常 |
|---|---|---|---|
| | | | |

a. 如果不正常，可能是电源电路有故障，或者是搭铁电路有故障。直接跳转至第⑤步进行检查。

b. 如果正常，则进行第③步检查。

小提示

在进行电路检查时,一般要先找到电路中点,这样可以大大减少电路检查的时间。检查怠速控制系统的电路时,最先检查怠速控制阀连接器的电源电压,就是采用这样的方法。

③断开ECU和怠速控制阀的连接器,检查ECU和怠速阀之间的导线是否有断路、短路,并判断其是否正常,将结果填写在表11-12中。

断路和短路检查　　　　　　　　　　　　　　　　　　表11-12

| 检测端子 | 断路检查 | | | 短路检查 | | |
|---|---|---|---|---|---|---|
| | 标准值 | 测量值 | 是否正常 | 标准值 | 测量值 | 是否正常 |
| | | | | | | |
| | | | | | | |

④检查怠速控制阀总成。

如果怠速控制阀总成正常,则需要检查发动机ECU。

从图11-9、图11-10可以看出,新旧两种旋转滑阀式怠速控制阀在结构上完全不同。

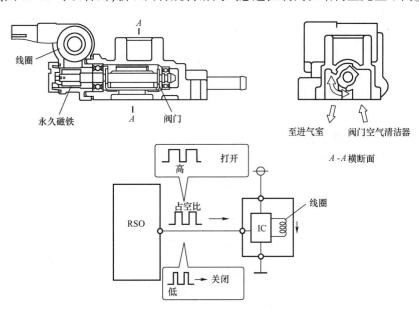

图11-9　新型旋转滑阀式怠速控制阀

新型旋转滑阀式怠速控制阀包括:____组电磁线圈,_____、永久磁铁和阀。

旧型旋转滑阀式怠速控制阀包括:____组电磁线圈,_____、永久磁铁和阀。

它们的工作原理也不同。新型旋转滑阀式怠速控制阀的工作原理:IC(集成电路)根据发动机ECU输出信号的_____,控制流入电磁线圈_____的方向及大小,使阀门转动,从而控制进气量。_____较高时,IC将阀门向_____方向转动;_____较低时,IC将阀门向_____方向转动。旧型旋转滑阀式怠速控制阀的工作原理:怠速控制阀根据发动机ECU输出信号的_____,改变流向两线圈的_____的方向,从而改变阀门的开度,达到控制进气量的目的。

正因为新旧两种类型的旋转滑阀式怠速控制阀的结构、工作原理不同,它们的检查方法也不同。

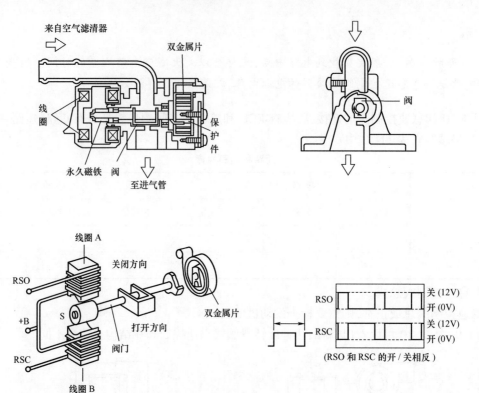

图 11-10 旧型旋转滑阀式怠速控制阀和工作原理

a. 新型怠速控制阀的检查(以丰田 5A-FE 发动机为例):
从节气门体上拆下怠速控制阀。 □ 任务完成
重新连接怠速控制阀的线束连接器。 □ 任务完成
将点火开关扭至 ON 位置,检查怠速控制阀的工作情况。
正常为:怠速控制阀在 0.5s 内,从半开到全闭合,再到全开,最后半开。
与正常条件相比,所检查的怠速控制阀是否正常?

b. 旧型怠速控制阀的检查(以丰田 5S-FE 发动机为例):
检查怠速控制阀各端子间的电阻值(即测量两线圈的电阻值),并判断其是否合格,将结果填写在表 11-13 中。

检查怠速控制阀各端子间的电阻　　表 11-13

| 检测端子 | 标 准 值 | 测 量 值 | 是否合格 |
|---|---|---|---|
| +B 和 RSC | 17~24.5Ω | | |
| +B 和 RSO | 17~24.5Ω | | |

测试怠速控制阀的工作情况。分别向 +B 端子和 RSC 端子、+B 端子和 RSO 端子提供电压,观察怠速控制阀的运行情况,将结果填写在表 11-14 中。

## 学习任务11 急速控制系统的检测与维修

测试急速控制阀工作情况  表 11-14

| 提供电压的端子 | 急速阀是否动作 | 急速阀是打开还是关闭 |
|---|---|---|
| +B 和 RSC | | |
| +B 和 RSO | | |

所检查的急速控制阀是否正常？

 小提示

新型旋转滑阀式急速控制阀内有一个集成电路(IC)，因此不可能直接测量急速阀线圈的电阻。

⑤急速控制阀的搭铁电路、电源电路的检查，将结果填写在表 11-15 中。

急速控制阀的搭铁电路和电源电路检查  表 11-15

| 检测内容 | 断路检查 | | | 短路检查 | | |
|---|---|---|---|---|---|---|
| | 标准值 | 测量值 | 是否正常 | 标准值 | 测量值 | 是否正常 |
| 急速阀搭铁线对地短路、断路的检查 | | | | | | |
| EFI 继电器端子 3 和急速阀电源端子 VISC 端子之间的电阻 | | | | | | |

如果 EFI 继电器与急速阀之间的线束正常，则需要检查 ECU 的电源电路。

⑥检查结论，判断故障原因是什么？

 **8.** 借鉴前两种急速控制系统的检查方法，对步进电动机式急速控制阀进行检查。

步进电动机式急速控制阀及其电路的检查，检查程序与旋转滑阀式急速控制阀的检查类似，不同的是，步进电动机的端子更多（图 11-11），线路更复杂，步进电动机式急速控制阀与旋转滑阀式急速控制阀的具体检查完全不一样。

以雷克萨斯 LS400 的急速控制阀为例，学习如何对步进电动机式的急速控制阀进行检查。

（1）认识与分析步进电动机式急速控制阀电路图（图 11-12）。

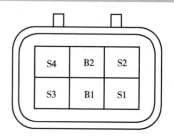

图 11-11 步进电动机式急速控制阀端子

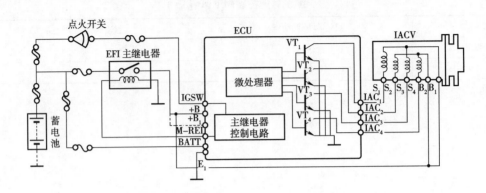

图 11-12 步进电动机式怠速控制系统的控制电路图

发动机 ECU 按一定的顺序,使晶体管 $VT_1$、$VT_2$、$VT_3$、$VT_4$ 适时导通,分别给步进电动机定子线圈供电,驱动步进电动机转子旋转,从而改变阀芯与阀座间的间隙,来调节旁通空气道的进气量。

(2)检查怠速控制阀是否可以正常工作。

起动发动机,然后关闭发动机,听怠速控制阀是否有"咔嗒"声?如果有"咔嗒"声,怠速控制阀工作是否正常?

(3)检查怠速控制阀的电阻。

按表 11-6 测量怠速控制阀各端子间的电阻,并根据标准值判断其是否正常,将结果填写在表 11-16 中。

测量怠速控制阀各端子间的电阻　　　　　　表 11-16

| 检测端子 | 标 准 值 | 测 量 值 | 是否正常 |
|---|---|---|---|
| $B_1$—$S_1$ | 10~30Ω | | |
| $B_1$—$S_3$ | 10~30Ω | | |
| $B_2$—$S_2$ | 10~30Ω | | |
| $B_2$—$S_4$ | 10~30Ω | | |

(4)检查怠速控制阀的运行。

①从节气门体上拆下怠速空气控制阀。

②将蓄电池的正极连接到怠速控制阀的 $B_1$ 和 $B_2$ 端子上。

③按顺序将负极依次接到端子 $S_1$、$S_2$、$S_3$ 和 $S_4$ 上,观察怠速控制阀的运动情况。怠速控制阀的阀芯是伸出来还是缩回去?怠速控制阀是关闭还是打开?

④反过来,按顺序将负极依次接到端子 $S_4$、$S_3$、$S_2$ 和 $S_1$ 上,观察怠速控制阀的运动情况。怠速控制阀的阀芯是伸出来还是缩回去?怠速控制阀是关闭还是打开?

⑤被检查的步进电动机式怠速控制阀是否正常？

## 三、评价与反馈

1. 使用(维修)案例分析

维修案例：一位维修技师在维修一辆捷达轿车怠速不稳的故障时，经过一番检查，发现怠速控制阀损坏，更换怠速控制阀后，故障排除。而这位技师在另一次维修捷达怠速不稳的故障时，没作任何检查就直接更换了怠速控制阀，发现故障并没有消除。后经仔细检查，发现是发动机冷却液温度传感器损坏，更换后，故障排除。

从这个维修案例中，你得到了什么启示？

2. 学习自测题

(1) 旁通空气式怠速控制是通过调节(　　)来控制空气流量的方法来实现的。

　　A. 旁通气道的空气通路面积　　B. 主气道的空气通路面积
　　C. 主气道或旁通气道的空气通路面积　　D. 节气门开度

(2) (　　)不是旋转滑阀式怠速控制阀的控制方式。

　　A. 起动控制　　B. 反馈控制　　C. 固定占空比控制　　D. 暖机控制

(3) 在怠速控制系统中，发动机 ECU 将(　　)怠速转速和储存在 ECU 内的目标怠速转速相比较，然后控制怠速控制阀，将(　　)怠速转速调整到目标怠速转速。

　　A. 初始,实际　　B. 初始,初始　　C. 实际,初始　　D. 实际,实际

(4) 怠速控制系统可使用(　　)进行怠速控制。

　　A. 怠速旋转滑阀　　B. 怠速电动机　　C. 电子节气门　　D. 电子气门

(5) 怠速控制包括(　　)。

　　A. 起动控制　　B. 反馈控制　　C. 固定占空比控制　　D. 预热控制

(6) 发动机怠速运转时，实际怠速转速低于目标怠速转速时，点火提前角将增大。(　　)

　　A. 正确　　B. 错误

(7) 许多新出厂的轿车，在对发动机进行断开蓄电池、清洁节气门等操作后，会出现发动机怠速不稳或发动机怠速过高的现象，请解释原因。

(8) 导致发动机怠速不正常的因素有很多，除了怠速控制系统出现故障会导致发动机怠速不正常之

外,影响发动机怠速的因素还有哪些？

3. 维修信息获取练习

查阅资料,说明旋转滑阀式怠速控制系统按照发动机 ECU 输出的占空比信号来控制怠速控制阀的原理。

4. 学习目标达成度的自我检查(表 11-17)

自 我 检 查 表　　　　　　　　　　　　　　　　表 11-17

| 序　号 | 学 习 目 标 | 达成情况(在相应的选项后打"√") | | |
|---|---|---|---|---|
| | | 能 | 不能 | 如果不能,是什么原因 |
| 1 | 叙述怠速控制系统的作用及基本原理 | | | |
| 2 | 识别不同的怠速控制系统 | | | |
| 3 | 正确地检查发动机怠速转速 | | | |
| 4 | 根据给定的工作计划对电子节气门电动机进行检查,并判断其好坏 | | | |

5. 日常表现性评价(由小组长或者组内成员评价)

(1)工作页填写情况。(　　)

　　A. 填写完整　　　　B. 缺失 0~20%　　　　C. 缺失 20%~40%　　　D. 缺失 40% 以上

(2)工作着装是否规范？(　　)

　　A. 穿着校服(工作服),佩戴胸卡　　　　B. 校服或胸卡缺失一项

　　C. 偶尔会既不穿校服又不戴胸卡　　　　D. 始终未穿校服、佩戴胸卡

(3)能否主动参与工作现场的清洁和整理工作？(　　)

　　A. 积极主动参与 5S 工作

　　B. 在组长的要求下能参与 5S 工作

　　C. 在组长的要求下能参与 5S 工作,但效果差

　　D. 不愿意参与 5S 工作

(4)操作汽车举升器或起动发动机时,有无进行安全检查并警示其他同学？(　　)

　　A. 有安全检查和警示　　　　　　　　　B. 有警示,无安全检查

　　C. 有安全检查,无警示　　　　　　　　D. 无安全检查,无警示

(5)是否达到全勤？(　　)

　　A. 全勤　　　　　　　　　　　　　　　B. 缺勤 0~20%(有请假)

  C. 缺勤 0~20%（旷课）       D. 缺勤 20% 以上
(6) 是否可以独立地用手持式汽车诊断电脑对怠速阀进行主动测试？（  ）
  A. 是     B. 否
(7) 能按照工作页提供的检查步骤，对步进电动机式怠速控制阀进行检测吗？（  ）
  A. 是     B. 否
(8) 总体印象评价。（  ）
  A. 非常优秀   B. 比较优秀   C. 有待改进   D. 急需改进
(9) 其他建议：


小组长签名：_____           _____年____月____日

**6. 教师总体评价**

(1) 对该同学所在小组整体印象评价。（  ）
  A. 组长负责，组内学习气氛好
  B. 组长能组织组员按要求完成学习任务，个别组员不能达成学习目标
  C. 组内有 30% 以上的学员不能达成学习目标
  D. 组内大部分学员不能达成学习目标

(2) 对该同学整体印象评价：
_____
_____
_____。

教师签名：_____           _____年____月____日

# 学习任务 12　排放控制系统的检测与维修

## 学习目标

完成本学习任务后,你应当能:
1. 叙述汽车废气的成分以及排放控制系统的组成;
2. 叙述催化转换器、曲轴箱强制通风(PCV)系统、燃油蒸发控制(EVAP)系统的作用与工作原理;
3. 检测汽油发动机的尾气成分,并分析发动机的故障原因;
4. 按照给定的计划,检查、清洁、更换排放控制系统。

**建议完成本学习任务为 16 学时**

## 内容结构

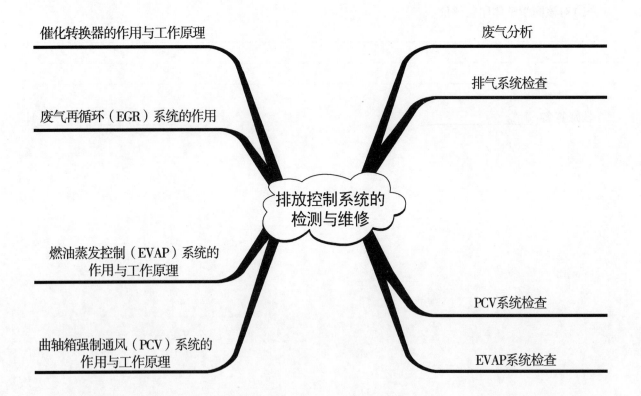

学习任务描述

一台发动机怠速不良、油耗过高,已确认燃油喷射系统、点火系统等均正常,现需对发动机排放控制系统进行检查。如发现故障,请按规定进行维修或更换。

当发动机出现怠速不良、油耗过高、机油消耗过高等故障时,可能是由于排放控制系统的故障所致。此外为了使汽车排放达到国家标准,也需要对汽车排放系统定期进行一些检查维护,其中维护项目包括检查催化器、曲轴箱强制通风系统、燃油蒸发控制系统等。

# 一、学习准备

 **1.汽车废气主要有哪些成分,其中有哪些有害的成分?**

从图12-1可以看出,汽车产生的废气主要来源于以下三个方面:汽车尾气(即排气)、燃油蒸气、曲轴箱漏气。

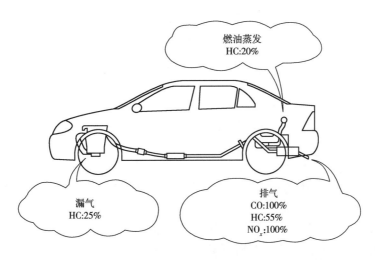

图12-1 汽车废气来源

尾气是从排气管排出的气体,是汽车废气的主要组成部分。主要包括二氧化碳($CO_2$)、水蒸气($H_2O$)、一氧化碳(CO)、碳氢化合物(HC)、氮氧化合物($NO_x$)、氮气($N_2$)和少量的氧气($O_2$)等。

燃油蒸气是指燃油箱等处的燃油蒸发成气体进入大气。它的主要成分是碳氢化合物(HC)。

曲轴箱漏气是部分未燃烧的燃油蒸气在压缩行程时,从活塞和汽缸壁的间隙窜入曲轴箱。它的主要成分是未燃混合气中的碳氢化合物(HC)。

废气中有害成分是什么?

**2.** 空燃比不同,废气中 CO、HC、$NO_x$ 的含量也不同,请按照图 12-2 分析空燃比与废气中 CO、HC、$NO_x$ 含量之间的关系。

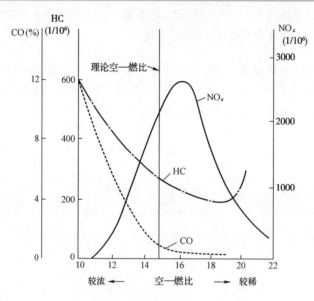

图 12-2 空燃比和排放的关系

 小词典

空燃比:空气和燃油的质量比。

理论空燃比:当 1kg 燃油和 14.7kg 的空气混合时,空气的氧正好可以和燃油完全燃烧,这时的空燃比为 14.7:1,我们称之为理论空燃比。

空燃比小,则混合气中空气少,燃油多,即混合气浓;空燃比大,则混合气中空气多,燃油少,即混合气稀。请按照图 12-2 进行分析,将分析结果填写在表 12-1 中。

填写说明:在表 12-1 中"↓"表示某种成分的排放最低,"↑"表示某种成分的排放最高,"↘""↗""—"表示某种成分的排放相对前一工况有所下降、上升、不变。

空燃比与废气中 CO、HC、$NO_x$ 的含量关系　　　　　表 12-1

| 工 况 | 空 燃 比 | CO 含量 | HC 含量 | $NO_x$ 含量 |
|---|---|---|---|---|
| 暖机 | 5:1 | ↑ | | |
| 急速 | 11:1 | ↘ | | |
| 高负荷(如爬坡) | 11:1～13:1 | ↘ | | |
| 高速匀速运行 | 14:1 | | | |
| 中低速匀速运行 | 16:1～18:1 | | | |

根据表 12-1 的结论,CO、HC、$NO_x$ 分别在什么时候最多?试分析空燃比与废气中 CO、HC、$NO_x$ 含量之间的关系。

**3. 现代汽车为了降低有害气体的排放通常采用了哪些措施？**

为了提高发动机输出功率，降低燃油消耗率，并同时减少有害气体的产生，现代汽车作了较大的改进。比如：改进发动机燃烧室的结构和进气系统，安装三元催化器、曲轴箱强制通风系统、燃油蒸发控制系统等装置。

（1）改进发动机燃烧室结构和进气系统可以改善空气和燃油的混合效果，使燃油充分燃烧，从而降低有害气体的含量。下面哪些措施可以改善发动机的排放水平？

☐ 增加发动机压缩比。
☐ 在活塞顶部增加凹坑。
☐ 增加进、排气门的数量。
☐ 缩短进气管。

（2）电子燃油喷射（EFI）、电子控制点火提前角（ESA）的采用是否可以改善汽车的排放水平？

 **4. 查阅相关资料，分析催化器的类型、结构、作用。**

催化器是把排气中有害物质_____、_____、_____经过化学反应转化为无害的_____、_____、_____。

通常，汽车上使用铂、铑、钯等贵金属作为催化剂。

催化器有氧化型催化器、还原型催化器、氧化/还原型催化器等类型。

（1）氧化型催化器：将有害的_____或_____氧化生成无污染的_____或_____。

（2）还原型催化器：将 $NO_x$ 净化为无污染的 $N_2$。

（3）氧化/还原型催化器：氧化/还原型催化器在汽车上称为三元催化器，同时具备上述两种功能。在现代的汽车上，大多数使用了这种催化器。

催化器的净化率随温度而变化。催化器温度达到____℃以上时，净化率接近100%，废气将得到有效净化。

**小提示**

装备有催化器的车辆需要使用无铅汽油。如果使用含铅汽油，铅将黏附于催化剂的表面，使催化剂失效。

空气—燃油混合气过浓，或者燃油直接进入到催化器内，会造成催化器过热，导致催化器损坏。

三元催化器的结构如图12-3所示，催化剂涂在整体格栅式载体上，上面有许多孔。有害物质通过这些孔时被净化。整体式载体有两种类型：陶瓷型和金属型。格栅越薄，净化能力越强。

混合气浓度在理论空燃比附近时，三元催化器的效率最高。因此使用三元催化器的发动机，需要有空燃比反馈系统，使三元催化器的转化效率达到最高。

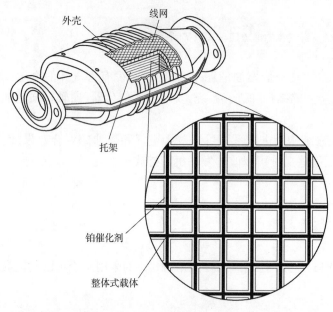

图12-3 三元催化剂结构

 **5. 废气再循环(EGR)系统的作用和工作原理是什么?**

废气再循环(EGR)系统根据发动机的运行情况,将排气管中一定量的废气循环至进气系统,发动机ECU控制废气再循环阀的开度。

因为废气中的氧气几乎为零,将废气混入空气—燃料混合气后,使得空燃比_____(变大/变小),燃烧过程中的火焰传播速度_____(变快/变慢),发动机的燃烧温度得以降低,从而减少了_____($CO/HC/NO_x$)的产生。

观察带有废气再循环(EGR)阀的发动机,EGR阀安装在进气管附近,还是安装在排气管附近?为什么这样安装?

观察有智能可变气门正时系统(VVT-i)的发动机上,是否还有EGR阀?

 小提示

在排气行程结束前,当进气门和排气门同时打开的时间较长时,有部分废气将回流至进气管,当进气开始时,回流至进气管的废气将和空气—燃油混合气一起被吸入汽缸内,这样就起到了废气再循环的效果。

 **6. 曲轴箱强制通风(PCV)系统的作用和工作原理是什么?**

在压缩行程时,部分未燃烧的空气—燃油混合气从活塞和汽缸壁间的间隙漏出而进入曲轴箱内,这些气体直接排放到空气中,既污染了大气,又浪费了燃油。曲轴箱强制通风(PCV)系统能将窜缸混合气导入进气系统,将其重新燃烧。

曲轴箱强制通风(PCV)系统主要由 PCV 阀和两根真空管构成。观察常见车辆发动机的 PCV 阀安装在什么位置?

PCV 系统的工作原理如图 12-4 所示,节气门后的真空度比曲轴箱内的真空度_____(高/低),曲轴箱内混合气将被吸入进气管内,然后进入汽缸中燃烧。为了确保曲轴箱内有较高的气压,在_____和节气门_____(前/后)的进气管之间加装一条真空管。

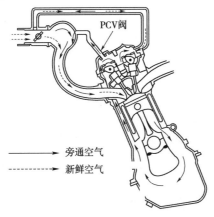

图 12-4 PCV 系统

PCV 阀的工作情况如图 12-5 所示。

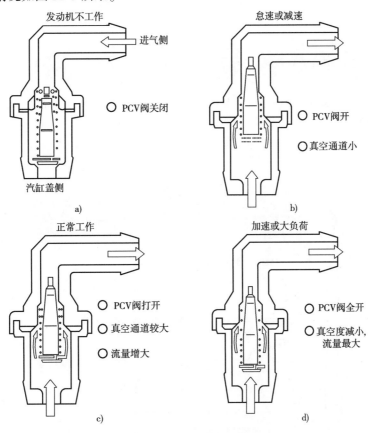

图 12-5 PCV 阀的工作情况

（1）发动机不工作时，弹簧将锥形阀压在阀座上［图12-5a）］，此时阀内没有真空度，没有漏气流动，锥形阀压在阀座上，这样可以_____。

（2）急速或减速时，进气歧管真空度_____（很大/很小），它克服弹簧压力，将锥形阀向上吸起。这时在锥形阀与PCV阀壳体之间，有一个小缝隙［图12-5b)］。在急速或减速工作时，窜入到曲轴箱的燃油蒸气_____（多/少），这些气体可以从PCV阀的小缝隙流出曲轴箱。

（3）在部分节气门开度下（常速行驶），进气管真空度比急速时_____（增大/减小）。这时，弹簧向下推压锥形阀，使锥形阀与PCV阀壳体间的缝隙_____［图12-5c)］。在部分节气门开度下，窜入到曲轴箱的燃油蒸气比急速时_____（多/少）。因此，通过PCV阀进入到进气管的燃油蒸气_____（增加/减少）。

（4）当发动机在大负荷下工作时，节气门全开，进气管真空度_____（变大/变小），弹簧将锥形阀进一步向下推压［（图12-5d)］。从而使锥形阀与PCV阀壳体间的缝隙更_____（大/小）。这时，通过PCV阀进入到进气管的燃油蒸气_____（最大/最小）。

（5）当发动机发生回火时，火焰传播到进气管进入PCV阀体内，火焰的压力压紧PCV阀，使其_____，以防止火焰传到曲轴箱中。如果系统中没有PCV阀，发动机回火时，曲轴箱中的蒸气就有可能发生爆炸。

当PCV阀堵塞，或者其中一条真空管堵塞，会出现什么故障？

### 7. EVAP系统的结构和作用是什么？

燃油蒸发控制（EVAP）系统的作用是：暂时将燃油箱蒸发的燃油蒸气存储下来，在需要时，再将其送回发动机燃烧室内燃烧。

参看图12-6，在发动机上找到以下零件，说明它们的安装位置和作用，填入表12-2中。

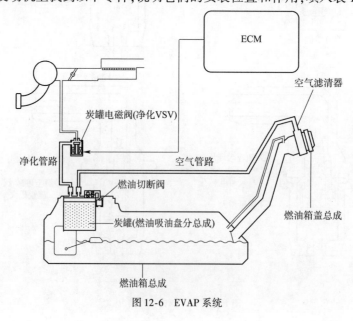

图12-6 EVAP系统

EVAP 系统的零件及作用　　　　　　　　　　　　　　　　　　　　　　　表 12-2

| 零件名称 | 安装位置 | 作　　用 |
| --- | --- | --- |
| 活性炭罐 | | |
| 炭罐电磁阀 | | |
| 燃油切断阀 | | |
| ECM | | |

在图 12-6 中画出燃油蒸气流动的路线以及空气流动的路线。

如果车辆在实际使用中经常出现燃油箱瘪了,这是什么原因导致的?

## 二、计划与实施

**8. 将待修车辆基本信息记录在表 12-3 中。**

车　辆　基　本　信　息　　　　　　　　　　　　　　　　　　　　　　表 12-3

| 项　　目 | 内　　容 |
| --- | --- |
| 生产厂家 | |
| 车辆型号 | |
| VIN | |
| 发动机型号和尺寸 | |

**9. 发动机尾气中各种气体含量的多少可以反映发动机工作情况的好坏。有经验的维修技师,可以根据尾气的检测结果推测出发动机的故障部位。如何对发动机尾气进行检测?**

对待修车辆进行发动机尾气检测,检测的步骤如下:

(1)连接好废气分析仪,将取样管插入排气尾管,不得小于 300mm(具体要求请参考废气分析仪使用说明书)。

(2)打开废气分析仪,选择故障诊断项,起动发动机。

(3)观察刚起动时各种气体的含量(废气的读数将在某些数值停留很短的一段时间),将观察结果填写在表 12-4 中。

(4)继续观察三元催化器预热后各种气体含量的变化,将观察结果填写在表 12-5 中。

发动机刚起动时各种气体含量　　　　　　　　　　　　　　　　　　　表 12-4

| 气体名称 | 含　量 | 气体名称 | 含　量 |
| --- | --- | --- | --- |
| CO | | $O_2$ | |
| $CO_2$ | | $NO_x$ | |
| HC | | | |

三元催化器预热后各种气体含量　　　　　　　　　　　　　　　　　　表 12-5

| 气体名称 | 含　量 | 气体名称 | 含　量 |
| --- | --- | --- | --- |
| CO | | $O_2$ | |
| $CO_2$ | | $NO_x$ | |
| HC | | | |

(5) 将发动机转速设定在3000r/min,观察各种气体的含量,将观察结果填写在表12-6中。

发动机转速为3000r/min时各种气体含量　　　　　　表12-6

| 气体名称 | 含量 | 气体名称 | 含量 |
|---|---|---|---|
| CO |  | $O_2$ |  |
| $CO_2$ |  | $NO_x$ |  |
| HC |  |  |  |

发动机在起动时、预热后以及转速3000r/min时各种气体含量有什么变化？分析引起这种变化的原因。

完成待修车辆的废气检测后,请查阅相关资料对检测结果进行判定,将检测结果填写在表12-7中。

废 气 检 测 结 果　　　　　　表12-7

| 气体名称 | CO | $CO_2$ | HC | $O_2$ | $NO_x$ |
|---|---|---|---|---|---|
| 检测结果 |  |  |  |  |  |

由于排气系统、PCV系统、EVAP系统对汽车废气的排放均有重要影响,所以当汽车废气排放超标,需要根据实际情况分别对排气系统、PCV系统、EVAP系统进行必要的检查,以排除故障。

**10. 排气系统是汽车进行排放控制的重要组成部分,可通过目视等简单的方法对排气系统进行检查。**

(1) 让发动机处于怠速工况,用举升机举起汽车。　　□ 是　　□ 否

操作举升机时,应该注意哪些安全事项？

(2) 仔细听整个排气系统是否发出"咝咝"声或爆破声,如有,则说明排气系统已经失效。

　　　　　　　　　　　　　　　　　　　　　　　　□ 是　　□ 否

小提示

必须非常小心。由于排气系统温度比较高,在听诊时不要将脸靠得太近。

应重点听取排气管路的连接处有无漏气。

(3) 如果排气系统有漏气,则记录漏气的部位。

(4)利用工作灯对排气系统进行目视检查,将检查结果记录在表12-8中。

排气系统目视检查结果　　　　　　　　　　　　　　　　　表12-8

| 检查项目 | 检查结果 |
|---|---|
| 开口和撞伤 | |
| 掉色和生锈 | |
| 积炭 | |
| 消声器膨胀性开裂 | |
| 干涉振动点 | |
| 悬架及夹紧装置擦破或折断 | |
| 隔热罩脱落或损坏 | |
| 排气管凹陷、弯曲 | |

(5)用手锤或木槌轻轻敲击排气管和消声器,系统是否发出清脆的金属声。　　□是　　□否

**小提示**

如果系统正常,敲击时发出的声音应该是清脆的金属声,如果听到的声音比较混浊,则说明有部件损坏。如果听到消声器内有小颗粒往下掉的声音,则说明消声器内部有锈蚀。一般排气管内部比外部先锈蚀。

(6)用手抓住排气尾管上下左右摇动,是否在任何方向只是轻微移动。　　□是　　□否

**小提示**

需要将发动机熄火,待排气管冷却后戴手套进行操作。

**11. 如果目检没有发现排气系统堵塞或变窄,可借助相关设备进行进一步的测试。**

(1)在进气管上安装一个真空表,装上转速表,起动发动机观察真空表的读数。真空度是_____,是否在正常范围(54.24~67.8kPa)?　　□是　　□否

(2)将发动机加速到2000r/min,然后观察真空表。当转速急剧上升时,真空度应该下降,然后稳定在54.24~71.19kPa,并保持一个常数。如果真空度没有上升到接近怠速时的真空度,则说明排气系统堵塞或变窄。　　□正常　　□不正常

(3)检查催化器是否过热。观察催化器的外壳是否发白或呈褐色,也可以看催化器周围或上面的油漆是否起泡或被烧掉。

观察结果记录:_____。　　□正常　　□不正常

**小提示**

催化器过热会导致催化器内的格栅载体变松,甚至塌陷,造成排气管堵塞。

## 12. 检查 PCV 系统和 EVAP 系统。

参考图 12-7 所示的 PCV 系统、EVAP 系统原理图,在待修车辆上查找 PCV 系统、EVAP 系统的各个组成部分。

1)检查 PCV 系统

(1)从气门室盖上拆下 PCV 阀。

(2)起动发动机。

(3)用手感觉 PCV 阀 A 口(图 12-8)是否有吸力? □ 有 □ 无

(4)装回 PCV 阀,用鲤鱼钳夹 PCV 阀的真空管,是否听到"咔哒"声? □ 是 □ 否

(5)目视检查软管、接头与垫片是否有裂纹、泄漏或损坏,将检查结果记录在表 12-9 中。

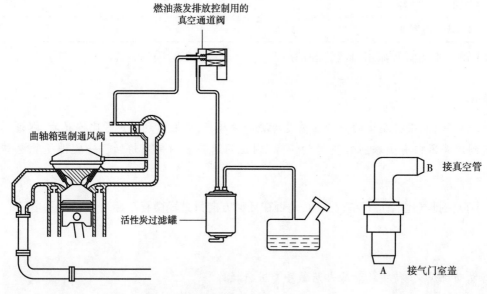

图 12-7  PCV 和 EVAP 系统　　　　　　　　　　图 12-8  PCV 阀

软管、接头与垫片目视检查结果　　　　　　　　表 12-9

| 零部件 | 软管 | 接头 | 垫片 |
| --- | --- | --- | --- |
| 检查结果 |  |  |  |

2)检查燃油蒸发控制(EVAP)系统

(1)目视检查管路与接头,检查有无松开的接头、急剧弯曲或损坏。 □ 正常 □ 不正常

(2)目视检查燃油箱有无变形、开裂或燃油泄漏。 □ 正常 □ 不正常

(3)目视检查加油口盖是否变形、损坏。 □ 正常 □ 不正常

(4)检查活性炭罐。

①拆下活性炭罐。

②目视检查活性炭罐外壳,查找有无开裂或损坏。 □ 正常 □ 不正常

③检查活性炭罐是否堵塞、止回阀是否卡住。

a.用低压压缩空气往 B 口吹[图 12-9b)],并检查空气能否从 A、C 口中顺畅地流出。

　　　　　　　　　　　　　　　　　　　　　　　　　　　　　　□ 正常 □ 不正常

b. 将空气往 A 口吹,并检查空气是否不从其他口流出。　　　　　□正常　　□不正常

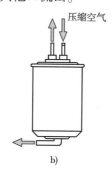

图 12-9　检查活性炭罐

> **小提示**
>
> 有些车型的活性炭罐内安装有两个止回阀,无论空气往 A 口吹还是往 B 口吹,空气都会从其他口流出。

④清理活性炭罐内的过滤器。如图 12-9c)所示,用手指堵住活性炭罐上部的 A 口,将压缩空气从 B 口吹入,以清理过滤器。

> **小提示**
>
> 不能用水清洗活性炭罐。

⑤安装活性炭罐。

> **小提示**
>
> 安装各种水管、油管、气管时,均应将卡箍和橡胶管上的印记对齐,否则容易泄漏。

(5)检查燃油蒸发排放控制用的炭罐电磁阀(VSV)。
①取下 VSV。
a. 从 VSV 上拆下两条燃油蒸发排放软管。
b. 拆下 VSV 接头和导线夹。
c. 卸下螺栓和 VSV。
②检查 VSV 是否导通,用电阻表检查端子之间是否导通,如图 12-10a)所示。
电阻标准值:在 20℃时为 27~33Ω。实际测量电阻值为:＿＿Ω。
如果电阻值不符合标准值,则应更换 VSV。
③检查 VSV 是否搭铁,如图 12-10b)所示。
用电阻表检查每一个端子和主体之间的导通性。
检测结论:＿＿＿＿＿＿＿＿＿＿＿＿＿＿＿＿＿＿＿＿＿＿。
如果导通,则应更换 VSV。
④检查 VSV 工作状况,如图 12-10c)、d)所示。
检查空气从气口 E 到气口 F 流动有无困难。　　　　　　　　　□正常　　□不正常

⑤检查怠速时 VSV 阀的电源电压:电压为____V。

如果有电压,则检查 ECU。

⑥发动机转速升高至 2000r/min,检查 VSV 阀的电源电压:电压为____V。

如果没有电压或电压不正常,则检查 ECU。

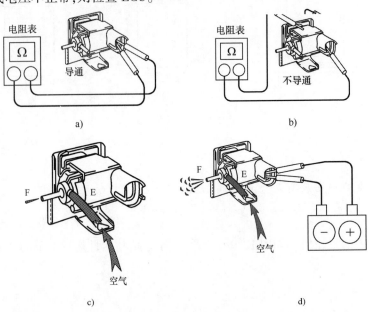

图 12-10　炭罐电磁阀测试

3) 写出 PCV 系统、EVAP 系统的检查意见

PCV 系统、EVAP 系统的检查意见:

13. 如果检查确认待修车辆的 PCV 系统、EVAP 系统存在故障,需要对故障部件进行更换,请查阅相关资料,制订 PCV 系统、EVAP 系统的部件更换计划。

## 三、评价与反馈

1. 使用(维修)案例分析

故障现象:一辆奥迪 V62.6L 轿车不易起动,怠速时发动机抖动,一起步就熄火,无法行驶。

故障诊断与排除:该车已在几家修理厂检修过,现象不见好转。用故障诊断仪读取故障码,无故障码出现,显示一切正常。

检查各缸喷油器、高压线及高压火均正常;测量缸压,在规定范围内;检查正时齿形带,有些松,但没有跳齿。检查各缸火花塞时看到,2、4、6 缸火花塞显示燃烧正常,而 1、3、5 缸火花塞上有一层黑色的炭灰。该车为顺序喷油,不可能出现左列与右列汽缸喷油不一样的情况。根据该现象仔细观察左右排气管口,看到右排气管口排出的废气不如左边的有力,由此想到右排气管可能有堵塞的地方。将车举升,用手触摸排气管,发现左侧烫手,右侧不烫手。

经过细致检查,右侧排气管上的三元催化器已严重堵塞,造成排气不畅。更换右侧的三元催化器后,上述故障排除。

解释三元催化器故障为什么会引起发动机抖动?

2. 学习自测题

(1)三元催化器能(　　)。
　　A. 减少 CO 和 HC 的排放　　　　　　B. 减少 CO 和 $NO_x$ 的排放
　　C. 减少 $NO_x$ 和 HC 的排放　　　　　　D. 减少 CO、HC 和 $NO_x$ 的排放

(2)废气再循环系统主要用于降低排气中(　　)的含量。
　　A. CO　　　　　B. HC　　　　　C. C　　　　　D. $NO_x$

(3)下面哪种情况下产生的 $NO_x$ 较多?(　　)
　　A. 中速匀速行驶　　B. 怠速　　　　C. 冷起动　　　　D. 大负荷

(4)废气中的有害成分主要有(　　)。
　　A. CO　　　　　B. HC　　　　　C. $CO_2$　　　　D. $NO_x$

(5)降低废气排放的主要措施有(　　)。
　　A. 三元催化器　　B. EGR 阀　　　C. PCV 阀　　　D. EVAP 阀

(6)EGR 率的增加,将导致油耗增加、HC 的排量增加。(　　)
　　A. 正确　　　　　B. 错误

(7)从气门室盖上拆下 PCV 阀,车辆尾气排放会有什么变化?

(8)断掉某一缸的喷油器,车辆尾气排放会有什么变化?

3. 维修信息获取练习

查找相关资料完成表 12-10,总结尾气中各物质的含量与典型故障之间的关系。

尾气排放量与典型故障的关系　　　　　　　　　　　　　表 12-10

| 尾气排放量 | | | | 可能的典型故障 |
|---|---|---|---|---|
| CO | $CO_2$ | HC | $O_2$ | |
| 低 | 低 | 低 | 高 | |
| 低 | 低 | 高 | 高 | |
| 高 | 低 | 高 | 低 | |
| 高 | 低 | 高 | 高 | |
| 高 | 低 | 偏低 | 低 | |
| 高 | 高 | 高 | 高 | |

4. 学习目标达成度的自我检查(表12-11)

自 我 检 查 表　　　　　　　　　　　　　　　　　　　　　表12-11

| 序 号 | 学习目标 | 达成情况(在相应的选项后打"√") | | |
|---|---|---|---|---|
| | | 能 | 不能 | 如果不能,是什么原因 |
| 1 | 叙述汽车废气的成分以及排放控制系统的组成 | | | |
| 2 | 叙述催化器、曲轴箱强制通风(PCV)系统、燃油蒸发控制(EVAP)系统的作用与工作原理 | | | |
| 3 | 检测汽油发动机的尾气成分,并分析发动机的故障原因 | | | |
| 4 | 按照给定的计划,检查、清洁、更换排放控制系统 | | | |

5. 日常表现性评价(由小组长或者组内成员评价)

(1)工作页填写情况。(　　)

　　A. 填写完整　　　B. 缺失0~20%　　　C. 缺失20%~40%　　　D. 缺失40%以上

(2)工作着装是否规范?(　　)

　　A. 穿着校服(工作服),佩戴胸卡　　　B. 校服或胸卡缺失一项

　　C. 偶尔会既不穿校服又不戴胸卡　　　D. 始终未穿校服、佩戴胸卡

(3)能否主动参与工作现场的清洁和整理工作?(　　)

　　A. 积极主动参与5S工作

　　B. 在组长的要求下能参与5S工作

　　C. 在组长的要求下能参与5S工作,但效果差

　　D. 不愿意参与5S工作

(4)操作汽车举升器或起动发动机时,有无进行安全检查并警示其他同学?(　　)

　　A. 有安全检查和警示　　　B. 有警示,无安全检查

　　C. 有安全检查,无警示　　　D. 无安全检查,无警示

(5)是否达到全勤?(　　)

　　A. 全勤　　　B. 缺勤0~20%(有请假)

　　C. 缺勤0~20%(旷课)　　　D. 缺勤20%以上

(6)总体印象评价。(　　)

　　A. 非常优秀　　　B. 比较优秀　　　C. 有待改进　　　D. 急需改进

(7)其他建议:

小组长签名:_____　　　　　　　　　　　　_____年____月____日

6. 教师总体评价

(1) 对该同学所在小组整体印象评价。(　　)

　　A. 组长负责,组内学习气氛好

　　B. 组长能组织组员按要求完成学习任务,个别组员不能达成学习目标

　　C. 组内有30%以上的学员不能达成学习目标

　　D. 组内大部分学员不能达成学习目标

(2) 对该同学整体印象评价:

_____

_____

_____。

教师签名:_____　　　　　　　　　　　　_____年____月____日

# 学习任务 13　智能可变气门正时系统（VVT-i）的检测与维修

**学习目标**

完成本学习任务后,你应当能:
1. 叙述可变气门正时系统的发展与分类;
2. 叙述 VVT-i 的功用、原理和组成;
3. 绘制 VVT-i 检查的流程图;
4. 正确检查凸轮轴正时机油控制阀（OCV 阀）及其电路;
5. 正确检修 VVT-i 凸轮轴正时系统的故障。

**建议完成本学习任务为 10 学时**

**内容结构**

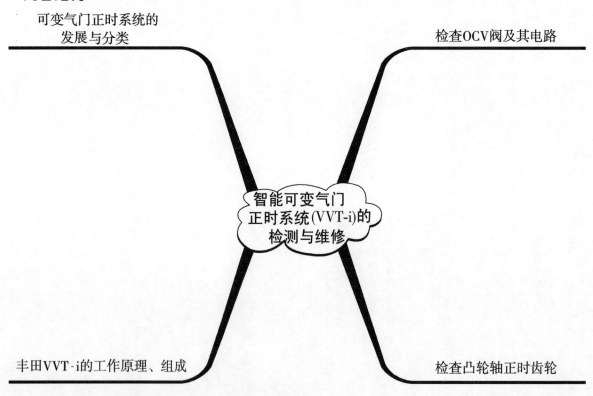

## 学习任务13 智能可变气门正时系统(VVT-i)的检测与维修

 **学习任务描述**

一台电控发动机由于智能可变气门正时系统(VVT-i)故障导致发动机怠速不稳,动力不足,需对VVT-i各元件及其电路进行检查,确定故障部位,并维修或更换。

在现在的轿车发动机上,我们经常可以看见像VVT-i、VVTL-i、VTEC、i-VTEC等技术标号。这些标号的含义代表了汽车先进技术发展的一个里程碑——发动机可变配气技术。

在传统的发动机上,由于凸轮轴与曲轴之间的位置关系是固定不变的,因此它的气门正时也是固定的。而事实上,进排气门的打开时间应该随发动机工况的变化而变化,这样可以提高发动机的功率输出、改善燃料消耗率和减少废气排放。可变配气技术应运而生。

## 一、学习准备

 **1. 我们经常接触到的可变配气技术有哪些?它们对发动机产生怎样的影响?**

 小词典

可变配气技术:发动机ECU根据发动机的转速、负荷来调节进气门和排气门的开闭时间和开度。

(1)可变配气技术主要分为可变气门正时和可变气门升程两大类。即前一种技术控制气门打开的时间,后一种技术控制气门的打开的开度(升程)。请指出表13-1中这些技术分别属于哪一种。

可变配气技术分类　　　　　　　　　　　表13-1

| 车　系 | 采用的系统名称 | 哪一种可变配气技术 |
| --- | --- | --- |
| 丰田 | VVT-i |  |
|  | VVTL-i |  |
| 本田 | VTEC |  |
|  | i-VTEC |  |

(2)使用可变配气技术有什么好处?

日产的2L Neo VVL发动机比没有配备VVT的相同结构的发动机,可以提供超过25%的动力输出。而菲亚特Barchetta's 1.8 VVT发动机,能在2000~6000r/min输出90%的转矩。从这两个例子中,我们可以看出,采用可变配气技术的优点有(在正确的叙述前打"√"):

☐ 发动机在低转速时能增加转矩输出,大大增强驾驶的操纵灵活性。
☐ 发动机的功率和转矩能兼顾高低转速的动力输出。
☐ 发动机的转速能够设计得更高。
☐ 改善燃料消耗率。
☐ 减少废气排放。

丰田在VVT-i的基础上通过增加驱动电动机开发出VVT-iE,将原来的液压控制可变气门正时,改为电子控制可变气门正时。其控制速度、精度和范围均高于VVT-i。

丰田并不满足于VVT-iE取得的成绩,在VVT-iE的基础上进一步创新,增加了气门升程控制机构,开发出Valvematic。Valvematic可以连续改变进气门的开度大小,同时还能连续改变气门正时,提升了汽车发动机的燃油经济性、输出、加减速响应性能和排放。

 **2. 丰田VVT-i由哪些部件构成？不同的气门正时有什么作用？VVT-i是如何对配气正时进行控制的？**

丰田VVT-i是可变配气技术的代表系统之一,目前在我国生产的丰田皇冠、凯美瑞、花冠、威驰的车型上都用到了该技术。它根据发动机的转速与负荷,利用油压来调整进气凸轮轴(有些车型还包括排气凸轮轴)相对于正时齿轮的转角,从而改变气门开闭的时刻,以获得最适合发动机状态的气门正时。

(1)请根据图13-1,在有VVT-i的发动机上找到相应的元件。

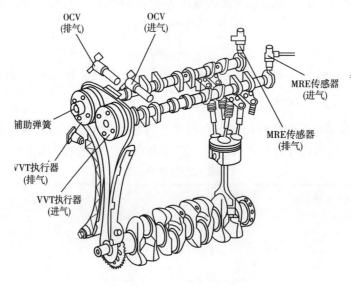

图13-1 丰田VVT-i的结构

OCV:凸轮轴正时油压控制阀的英文缩写。该阀根据发动机ECU的指令控制提供给VVT控制器的机油压力,使配气正时适合发动机的工况。

MRE传感器:VVT传感器。相当于凸轮轴位置传感器,与曲轴位置传感器配合,用来检测实际的配气正时,从而实现对配气正时进行反馈控制。

(2)VVT-i的作用。

①根据图13-2,叙述影响配气正时控制的主要因素有哪些。发动机ECU是如何进行气门正时控制的。

②各种工况下,进、排气门应该在什么时刻打开,什么时刻关闭？

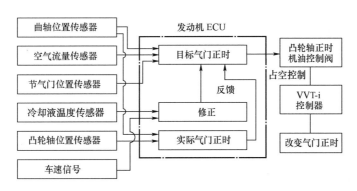

图 13-2　VVT-i 的控制原理

a. 低温、低负荷低速:延迟进气门的打开时刻,提前排气门的关闭时刻,可减少气门重叠,以减少废气逆吹入进气管,从而达到稳定怠速、提高燃料消耗率和起动性能。

用红色彩笔将图 13-3 左图中的气门重叠区域涂成红色,将右图操作区域中发动机的工作区域涂成红色。

 小词典

气门重叠:在排气末尾,进气开始时,进气门和排气门同时打开,这种状况称为气门重叠。

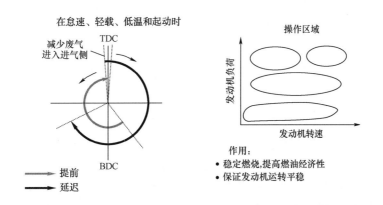

图 13-3　VVT-i 的配气相位(1)

b. 中等负荷,或者高负荷中低速:提前进气门的打开时刻,推迟排气门的关闭时刻,可增加气门重叠,以增加 EGR 率以及降低泵气损失,从而改善了排放控制和燃料消耗率。此外,提前进气门的关闭时刻可减少进气被逆吹回进气管,改善了充气效率。

 小提示

VVT-i 的 EGR 效应:VVT-i 通过提前打开进气门,让部分废气流至进气管,在进气时,回流的废气与新鲜混合气一起进入汽缸,这样就起到了废气再循环的作用。

用红色彩笔将图 13-4 左边图中的气门重叠区域涂成红色,将图 13-5 左边图中的排气门提前打开的区域涂成黄色,进气门延迟关闭的区域涂成蓝色。将两图右边的操作区域中发动机的工作区域涂成红色。

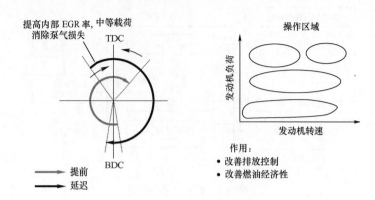

图 13-4　VVT-i 的配气相位(2)

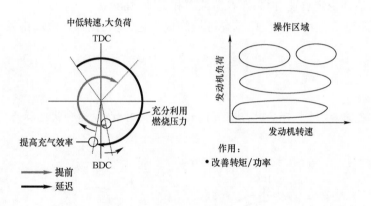

图 13-5　VVT-i 的配气相位(3)

 小词典

EGR 率：再循环废气的量占整个进气量的百分比。EGR 率越高，导入进气管的废气就越多。

泵气损失：发动机在进排气时消耗的功。泵气损失越大，燃油经济性越差，发动机越耗油。

充气效率：在进气时，实际进入汽缸的空气—燃油混合气与理想进入汽缸的混合气的比值。相同排量的发动机，充气效率越高，输出功率越大。

燃油消耗率：单位有效功的耗油量。燃油消耗率越低，说明发动机越经济，越省油。

c. 高负荷高速：提前排气门的打开时刻，可以减少泵气损失，延迟进气门的关闭时刻，可以提高充气效率，从而提高发动机的输出功率。

用彩笔将图 13-6 左边图中的排气门提前打开区域涂成红色，进气门延迟关闭时刻涂成黄色，将右边的操作区域中发动机的工作区域涂成红色。

 小提示

以上是双 VVT-i 的配气正时控制原理。对于单 VVT-i 的发动机，只有进气门的开闭时刻受 ECU 控制，排气门的开闭时刻是固定不变的，其控制效果比双 VVT-i 差。

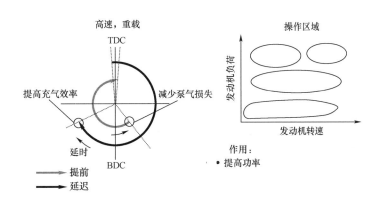

图 13-6　VVT-i 的配气相位（4）

（3）VVT-i 系统执行器的结构与作用。

①VVT-i 控制器如图 13-7a)所示。

a. VVT-i 控制器由正时链轮驱动的外壳和连接到进气凸轮轴的叶片组成。

b. 来自进气凸轮轴提前或者延迟侧油道的油压，使 VVT-i 控制器的叶片沿圆周方向旋转，从而连续不断地改变进气门正时。

c. 发动机停止时，进气凸轮轴将处于最延迟状态，以确保起动性能。

d. 发动机起动后，液压力未施加到 VVT-i 控制器上时，锁销便会将 VVT-i 控制器锁止，以防止产生敲击噪声。液压力施加到 VVT-i 控制器上时，锁销会被松开。

②凸轮轴正时机油控制阀（OCV 阀）如图 13-7b)所示。

凸轮轴正时机油控制阀通过发动机 ECU 发出的占空比控制信号来控制滑阀。这样液压力可以施加到 VVT-i 控制器的提前侧或延迟侧。发动机停止时，凸轮轴正时机油控制阀位于最延迟位置。

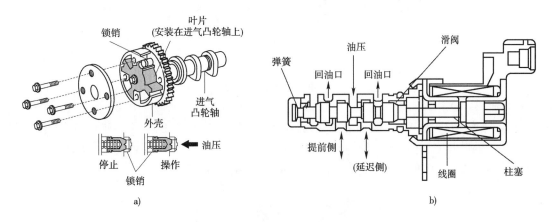

图 13-7　凸轮轴和油压控制阀结构图
a) VVT-i 控制器；b) 凸轮轴正时机油控制阀

③如图 13-8 所示，当机油从油孔（A）进入外壳（　）与叶片（　）内锁销（　）之间的凹坑里，机油压力克服弹簧力，锁销（　）被抬起，叶片（　）在机油压力的推动下带动凸轮轴转动。当叶片（　）重新回到原来的位置，机油压力被撤销时，锁销（　）在弹簧力的作用下，重新回到凹坑，叶片（　）与外壳（　）锁在一起（在括号内填写零件对应的序号）。

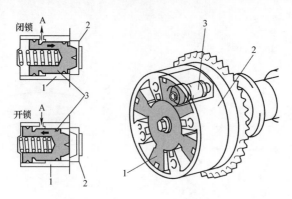

图13-8 带VVT-i凸轮轴结构

除了叶片式的VVT控制器外,还有一种不常用的齿轮式VVT控制器。

(4)VVT-i系统的工作原理。

①提前(图13-9)。

a.通过来自发动机ECU的提前信号,将OCV阀定位在图示位置时,油压作用于气门正时_____侧的叶片室,使进气凸轮轴向气门正时的_____方向旋转,从而改变_____。

b.用彩笔将图13-9中的进油油路涂成红色,回油油路涂成蓝色。

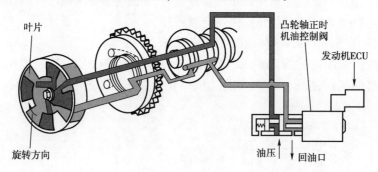

图13-9 VVT-i提前侧油路

②延迟(图13-10)。

a.通过来自发动机ECU的提前信号,将OCV阀定位在图示位置时,油压作用于气门正时_____侧的叶片室,使进气凸轮轴向气门正时的_____方向旋转,从而改变_____。

b.用彩笔将图13-10中的进油油路涂成红色,回油油路涂成蓝色。

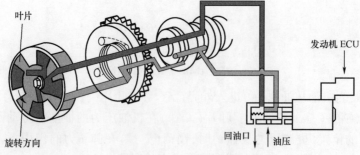

图13-10 VVT-i延迟侧油路

③保持(图13-11)。

当达到_____气门正时以后,通过使OCV阀保持在中间位置,关闭油道保持油压,以保持气门正时,直至发动机工作状态改变。

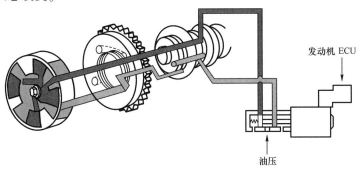

图13-11　VVT-i保持油路

## 二、计划与实施

 **3. 记录车辆信息。**

(1)在表13-2中记录待修车辆的基本信息。

车 辆 基 本 信 息　　　　　　　　　　表13-2

| 项　目 | 内　容 |
|---|---|
| 车辆识别代号(VIN) |  |
| 发动机型号 |  |
| 客户投诉 |  |

(2)重复故障症状,观察发动机是否有以下的故障现象,在出现的故障现象前打"√"。
□ 发动机冷起动困难。
□ 发动机怠速不稳。
□ 在高负荷条件下,发动机动力不足。

 小提示

在修理厂,维修技师一般是通过驾驶车辆路试来实现高负荷条件。

(3)利用前面所学的知识,在什么样的气门正时情况下,发动机怠速不稳,冷起动困难?在什么样的情况下,高负荷时发动机动力不足?

 **4. 识读与分析VVT-i电路图**(以丰田卡罗拉1ZR-FE发动机进气侧VVT-i为例)。

(1)按照图13-12,在试验车(发动机台架)上找到相应的元件、线束、线束连接器。
(2)电路说明:发动机ECU根据曲轴位置(CKP)传感器和凸轮轴位置(CMP)传感器的输入信号来控制进气侧机油控制阀(OCV阀),由OCV阀控制供给到进气侧VVT控制器的机油压力,从而改变进气凸轮轴和曲轴之间的相对位置。

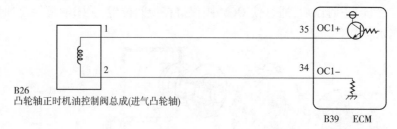

图 13-12　卡罗拉 1ZR-FE 发动机 VVT-i 电路图

（3）画出 OCV 阀（进气侧）连接器的示意图，并在图上标出各个端子的编号。画出相关部分发动机 ECU 连接器的示意图，并在图上标出 OCV+ 和 OCV- 的位置。

 **5. 每小组按照表 13-3 制订检查与维修 VVT-i 所需的资料、工具。**

检查、维修 VVT-i 所需资料、工具　　　　　　　　　　表 13-3

| 资料与工具的名称 | 数　　量 |
| --- | --- |
|  |  |
|  |  |
|  |  |
|  |  |
|  |  |
|  |  |
|  |  |
|  |  |

主要用到哪些常用拆装工具？

 **6. 检查与排除丰田 VVT-i 故障**（以进气侧为例）。

（1）VVT-i 不能正常工作，故障可能发生的部位有：
①气门正时不正确。
②凸轮轴正时机油控制阀（OCV 阀）损坏。
③凸轮轴正时机油控制阀（OCV 阀）的线路有断路、短路。
④VVT 控制器总成损坏。

⑤发动机机油中有异物,或者 OCV 阀滤清器堵塞。
⑥发动机 ECU 有故障。

小提示

发动机是通过凸轮轴位置传感器(或 MRE 传感器)的信号来反馈 VVT-i 是否按发动机发出的指令进行工作,从而确定发动机 ECU 下一步应该怎么控制。因此,当凸轮轴位置传感器有故障时,VVT-i 将失效。

(2)小组讨论,绘制一个进气侧 VVT-i 故障检查流程图。

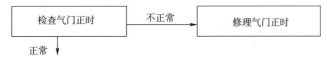

(3)检查气门正时(请参阅维修手册,或者参阅《汽车发动机机械维修工作页》)。
气门正时标记是否对准?(在表 13-4 的空格中打"√"或者打"×")

气门正时检查表  表 13-4

| 检 查 项 目 | 结　　论 |
| --- | --- |
| 气门正时标记对准,正常 | |
| 气门正时标记未对准,不正常 | |

(4)检查凸轮轴正时机油控制阀(OCV 阀)及其电路。
①OCV 阀(进气侧)的动作测试。
a. 发动机暖机。
b. 用手持式汽车诊断电脑运行进气侧 OCV 阀(如果没有该设备,也可通过断开 OCV 阀连接器和直接供给 OCV 阀蓄电池电压的方法来实现对 OCV 阀的控制),检查发动机转速,将检查结果填在表 13-5 中。

OCV 阀(进气侧)的动作检查结果  表 13-5

| OCV 阀(进气侧)的动作 | 检 查 结 果 | 标 准 值 | 是否正常 |
| --- | --- | --- | --- |
| OCV 关 | | | |
| OCV 开 | | | |

②检查 ECU 输出信号。
用示波器检测发动机 ECU 控制 OCV 阀(进气侧)的信号波形。
a. 在发动机 ECU 的端子 OC1 + 和 OC1 − (图 13-13)之间连接示波器。　　□ 任务完成

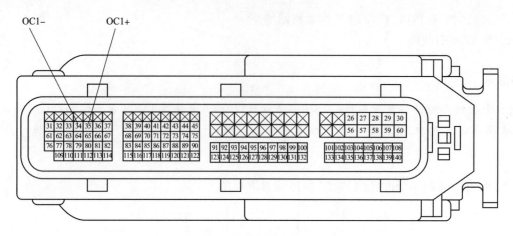

图13-13 发动机侧端子

b. 点火开关扭至ON位置,不起动发动机时检查波形。　　　　　　　　□ 任务完成

c. 将示波器检测到的波形画在下面的方格中。

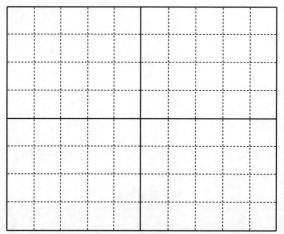

d. 与标准波形对比(图13-14所示,其中纵坐标为电压,每格5V,横坐标为时间,每格1ms),判断所测波形是否正常。如果不正常,可能是哪个部件发生了故障?

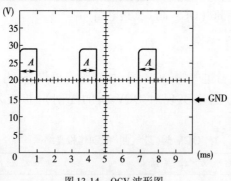

图13-14 OCV波形图

e. 当发动机转速增加时,图13-14中的高电压的宽度($A$)是变长还是变短?为什么?

③检查发动机ECU与OCV阀(进气侧)之间的线束及连接器。

a. 断开OCV阀(进气侧)连接器。

轻拉线束,检查:□端子丢失　□端子卷边松动　□线芯破损

目视检查:　　□端子锈蚀　□端子弯曲变形　□端子有水　□有金属碎片

b. 断开发动机ECU连接器。

轻拉线束,检查:□端子丢失　□端子卷边松动　□线芯破损

目视检查:　　□端子锈蚀　□端子弯曲变形　□端子有水　□有金属碎片

c. 检查发动机ECU连接器端子与OCV阀(进气侧)连接器端子之间的导通性以及与搭铁端子(E2)之间是否短路(图13-15),将结果填入表13-6中。

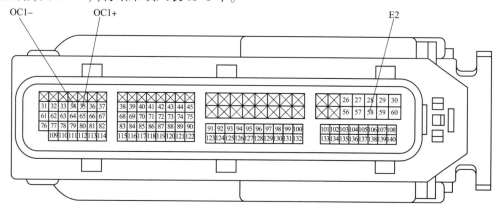

图13-15　发动机侧端子

**检查ECU端子与OCV阀端子之间的导通性**　　　　　　　　　　　　　　　　表13-6

| 测 量 项 目 | 测 量 值 | 标 准 值 | 是否断路、短路 |
| --- | --- | --- | --- |
| ECU端子OC1+与OCV阀(进气侧)端子1是否断路 | | | |
| ECU端子OC1-与OCV阀(进气侧)端子2是否断路 | | | |
| ECU端子OC1+与ECU搭铁端子E2是否短路 | | | |
| ECU端子OC1-与ECU搭铁端子E2是否短路 | | | |

④检查OCV阀(进气侧)总成。

a. 用电阻表测量OCV阀(进气侧)端子间的电阻,并将结果填在表13-7中。

**OCV阀端子间的电阻测量结果**　　　　　　　　　　　　　　　　表13-7

| 测 量 值 | 标 准 值 | 是否正常 |
| --- | --- | --- |
| | | |

b. 从发动机上拆下OCV阀(进气侧),将蓄电池正极(+)与端子1连接,负极(-)与端子2连接,观察OCV阀(进气侧)的动作情况,将检查结果填在表13-8中。

**OCV阀动作情况检查结果**　　　　　　　　　　　　　　　　表13-8

| 操作方法 | 阀的工作情况 | 是否正常 |
| --- | --- | --- |
| 接通蓄电池电压 | □打开　□没有动作 | |
| 断开蓄电池电压 | □关闭　□没有动作 | |

(5)检查进气侧凸轮轴正时齿轮(VVT-i控制器)总成。

①拆下凸轮轴,检查凸轮轴正时齿轮在不工作状态下是否锁紧(用手转动凸轮轴正时齿轮)。

　　　　　　　　　　　　　　　　□不能转动,正常　　　□能转动,不正常

小提示

凸轮轴正时齿轮(带VVT-i),当发动机停止时,锁销将通过弹簧力锁住叶片和外壳。发动机起动时,油压将被施加到锁销并将其释放。

②检查凸轮轴正时齿轮(VVT-i控制器)的工作情况。

a. 将150kPa的气压同时施加在提前侧和延迟侧,如图13-16a)所示。　　　　□ 任务完成

小提示

用碎布包住油路,以免在施加气压时机油喷出。

b. 逐步减小延迟侧的气压,如图13-16b)所示,观察凸轮轴正时齿轮总成是否转动?它的转动方向如何?是否正常?

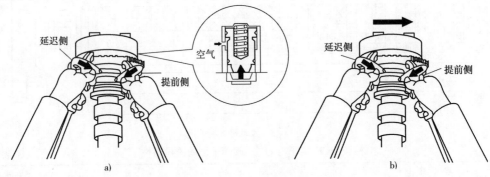

图13-16　带VVT-i凸轮轴解锁

c. 当凸轮轴正时齿轮达到最提前的位置时,断开正时延迟侧空气压力,然后再断开正时提前侧空气压力。　　　　□ 任务完成

小提示

如果提前油路的空气压力在延迟油路之前降低,正时齿轮便会突然从提前侧向延迟侧转动,这样会导致锁销损坏。

d. 用手转动凸轮轴正时齿轮。正时齿轮未转到最大延迟位置时,转动是否平滑?是否正常?

e. 将正时齿轮转到最大延迟位置,确保其锁定。

(6)检查油压控制阀滤清器是否堵塞。

①油压控制阀滤清器安装在什么位置?

②拆卸油压控制阀滤清器需要先拆卸哪些部件?

小提示

当机油中有异物时,可能在短时间内造成VVT-i不能正常工作。运转一段时间后,机油滤清器将异物过滤后,VVT-i将恢复正常。

**7. 参考进气侧VVT-i故障的检查与排除方法,查阅维修信息,以小组为单位尝试对排气侧VVT-i的OCV阀及其电路、VVT-i控制器进行检查。**

(1)排气侧VVT-i控制器的检查方法与进气侧VVT-i控制器的检查有什么不同的地方?

(2)请观察进气侧VVT-i有故障与排气侧VVT-i有故障,发动机的故障现象是否相同?如果不同,请在下面记录不同点。

# 三、评价与反馈

1.使用(维修)案例分析

维修案例:一辆皇冠汽车,行驶里程为14300km,进厂报修故障灯亮,发动机怠速抖动,但加速时动力尚可。

故障排除:通过丰田专用检测电脑检查,发现是排气侧凸轮延迟过多。先检查OCV电磁阀及其线路。在拆下电磁阀检查时,发现有较多的黄色胶黏物附在阀体上。询问车主得知,此车在3200km做首保时,更换了机油并添加了一种抗磨剂。当时店主告诉车主,这种抗磨剂是高效产品,可使用10000km不用换机油。得知这一情况后,马上清洗电磁阀,更换机油。再次起动后,故障已排除。究其原因是:不良抗磨剂导致阀体发卡,滑动不灵,导致排气凸轮轴延迟过多而引起怠速抖动。

这个维修案例给了你什么启发?

2.学习自测题

(1)发动机在低负荷转速下工作时,(　　)打开进气门,(　　)关闭排气门。

　　A.提前,延迟　　　B.提前,提前　　　C.延迟,提前　　　D.延迟,延迟

(2)发动机在中等负荷下工作时,(　　)打开进气门,(　　)关闭排气门。
　　A. 提前,延迟　　　B. 提前,提前　　　C. 延迟,提前　　　D. 延迟,延迟
(3)发动机在高速高负荷下工作时,(　　)关闭进气门,(　　)打开排气门。
　　A. 提前,延迟　　　B. 提前,提前　　　C. 延迟,提前　　　D. 延迟,延迟
(4)使用可变配气技术的车辆具有(　　)。
　　A. 更好的功率输出　　　　　　　　B. 改善的燃料消耗率
　　C. 更少的废气排放　　　　　　　　D. 更好的起动性能
(5)使用可变配气技术的车辆无须再装备 EGR 阀。(　　)
　　A. 正确　　　　　B. 错误
(6)可变配气技术在车辆的所有工况都起作用。(　　)
　　A. 正确　　　　　B. 错误

3. 维修信息获取练习

通过维修手册查找发动机怠速时,丰田 1ZR-FE 发动机 VVT-i 的工作范围,并记录在下面的空白处。

4. 学习目标达成度的自我检查(表13-9)

自 我 检 查 表　　　　　　　　　表13-9

| 序号 | 学习目标 | 达成情况(在相应的选项后打"√") | | |
|---|---|---|---|---|
| | | 能 | 不能 | 如果不能,是什么原因 |
| 1 | 叙述可变气门正时系统的发展与分类 | | | |
| 2 | 叙述 VVT-i 的功用、原理和组成 | | | |
| 3 | 绘制 VVT-i 检查的流程图 | | | |
| 4 | 正确检查凸轮轴正时机油控制阀(OCV 阀)及其电路 | | | |
| 5 | 正确检修 VVT-i 凸轮轴正时系统的故障 | | | |

5. 日常表现性评价(由小组长或者组内成员评价)

(1)工作页填写情况。(　　)
　　A. 填写完整　　　B. 缺失 0~20%　　　C. 缺失 20%~40%　　　D. 缺失 40% 以上
(2)工作着装是否规范?(　　)
　　A. 穿着校服(工作服),佩戴胸卡　　　　B. 校服或胸卡缺失一项
　　C. 偶尔会既不穿校服又不戴胸卡　　　　D. 始终未穿校服、佩戴胸卡
(3)能否主动参与工作现场的清洁和整理工作?(　　)
　　A. 积极主动参与 5S 工作
　　B. 在组长的要求下能参与 5S 工作
　　C. 在组长的要求下能参与 5S 工作,但效果差
　　D. 不愿意参与 5S 工作
(4)操作汽车举升器或起动发动机时,有无进行安全检查并警示其他同学?(　　)
　　A. 有安全检查和警示　　　　　　　　B. 有警示,无安全检查
　　C. 有安全检查,无警示　　　　　　　D. 无安全检查,无警示
(5)是否达到全勤?(　　)

  A. 全勤           B. 缺勤 0~20%（有请假）

  C. 缺勤 0~20%（旷课）     D. 缺勤 20% 以上

(6) 总体印象评价。（　　）

  A. 非常优秀  B. 比较优秀   C. 有待改进    D. 急需改进

(7) 其他建议：


小组长签名：_____             _____年____月____日

**6. 教师总体评价**

(1) 对该同学所在小组整体印象评价。（　　）

  A. 组长负责，组内学习气氛好

  B. 组长能组织组员按要求完成学习任务，个别组员不能达成学习目标

  C. 组内有 30% 以上的学员不能达成学习目标

  D. 组内大部分学员不能达成学习目标

(2) 对该同学整体印象评价：

_____

_____

_____。

教师签名：_____              _____年____月____日

# 学习任务14　利用自诊断系统诊断发动机故障

## 学习目标

完成本学习任务后,你应当能:
1. 叙述故障诊断的基本流程;
2. 检查并判断自诊断系统工作是否正常;
3. 正确使用手持式汽车诊断电脑读取、清除发动机故障码,读取并存储数据流,对指定元件进行主动测试;
4. 独立制订解决发动机控制系统故障的计划以及设计所用到的表格,并实施;
5. 正确使用维修资料,在维修资料的指导下完成发动机故障诊断与排除。

**建议完成本学习任务为14学时**

## 内容结构

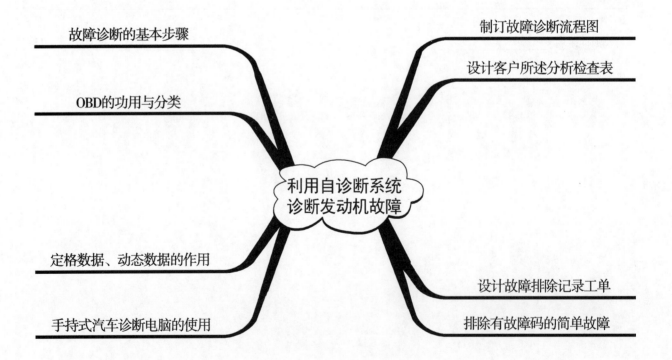

# 学习任务14 利用自诊断系统诊断发动机故障

 学习任务描述

对一台装备有自诊断系统的发动机进行故障诊断,并排除故障。

## 一、学习准备

发动机故障诊断的基本步骤如图14-1所示。

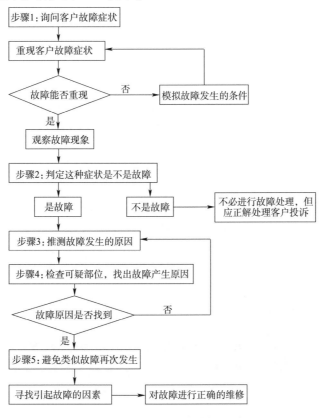

图14-1 发动机故障诊断的基本步骤

进行故障诊断的关键要点是:
(1)准确找出故障的症状,根据症状推测故障原因,以便找出真正的故障原因。
(2)在进行故障推测时,不能凭空想象,必须有逻辑和事实作为依据。
(3)在查找故障的真正原因时,可以按照推测、验证,再推测、再验证的方法来实现。

 **1.如何询问客户故障的症状？在询问客户故障症状时,常用到的提问内容有哪些？**

询问客户故障症状时,常用的提问内容见表14-1。

询问客户故障症状时常用的提问内容　　　　表14-1

| 提问内容 | 提问举例 |
| --- | --- |
| 什么地方？ | 是在高速公路上出现这种现象的吗？ |
| 什么时候？ | 是在什么时候你发现发动机发抖？ |
| 做什么操作？ | 如果你踩下加速踏板,你能听到排气管有声音吗？ |

221

续上表

| 提问内容 | 提问举例 |
|---|---|
| 发生的频率? | 这种汽车难起动的现象每天都有吗? |
| 发生了什么? | 你的汽车百公里耗油量是不是比以前高? |

从上面的举例中可以看出,为了让客户能明白提问的意思,并容易回答,在进行诊断提问时,哪些是值得注意的?

☐ 提问时要使用标准的专业术语。
☐ 不使用客户不熟悉的话语说话。
☐ 用实际的事例询问客户。
☐ 不要使用专业术语。

**2. 如何判定这种抱怨是不是故障?**

小提示

当客户投诉车辆有故障时,并不是客户所说的所有症状都是故障,这些症状很可能与车辆性能无关。如果花费大量时间去修理一辆实际上无故障的车,这不仅仅浪费了宝贵的时间,而且会失去客户的信任。

小词典

故障是指由于车上某一部件的某种异常运作所导致的缺陷。

**3. 在确定了故障症状后,需要根据故障症状推测故障发生的原因,并通过检查验证自己的推测。在进行推测故障原因和检查可疑部位时应注意哪些问题?**

推测故障原因需要高水平的汽车技术知识和技能,有时候需要对整台发动机、甚至整辆汽车进行系统分析才能推测出故障原因。故障原因估计得越准确、越具体,则解决故障的效率与正确率越高。在实际工作中,你可以借助自诊断系统,正确地推测出大部分故障的原因。

(1)在推测故障原因时,应注意哪些问题?
☐ 如果故障反复出现,在这些事件中是否有共同点?
☐ 是否是因为客户的一些使用习惯影响了车辆的运行?
☐ 在这之前所有类似的故障维修的原因是什么?
☐ 你正在维修的车辆在过去维修历史中是否有故障的前兆?

(2)检查可疑部位的要点有哪些?
☐ 以车辆的功能、结构和运行系统作为检查重点。
☐ 从检查系统功能开始,逐渐缩小到检查单个零部件。
☐ 充分利用手持式测试仪(所测数据有利于诊断分析)。

小提示

故障诊断是一个推测、验证,再推测、再验证,逐渐寻找故障真正原因的反复过程。

**4.** 只有当故障顺利排除,并消除客户担心类似故障再次发生的心理时,才意味着此次故障真正排除。如何才能避免类似故障再次发生,即产生这类故障的真正原因是什么?

☐ 它是一个单独的故障还是一个由于其他部件引起的连锁故障?
☐ 是由于零部件的寿命引起的?
☐ 是否由于不适当的维修引起的?
☐ 是否由于维修人员不恰当地处理和操作引起的?
☐ 是否由于不适当地使用引起的?

**5.** 回忆自诊断系统的基本原理与组成。

自诊断系统是发动机控制系统的主要功能之一,不但有效地控制了在用车的排放污染,也是维修技术人员诊断和维修车辆的重要辅助工具。发动机控制模块(ECM 或 PCM)不断地检测各个传感器的信号,一旦发现有任何不正常的信号(传感器信号中断、信号值超出正常范围等),无论是由机械故障,还是由传感器、执行器、线路、发动机控制模块故障引起的,系统都将设置_____,并可能点亮仪表板上的_____,以提示驾驶人车辆需要立即进行维修。

对照图 14-2,回忆自诊断系统主要由_____、_____和_____组成。

图 14-3 是丰田汽车中常见的几种指示灯的图例,请回忆下面哪一个是故障指示灯?

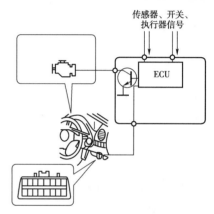

图 14-2 自诊断系统的组成

图 14-3 丰田汽车常见指示灯
1_____,2_____,3_____,4_____,5_____,6_____,7_____,8_____。

**小提示**

当故障指示灯在发动机起动后不熄灭,在发动机运转过程中突然点亮、闪烁,均表示发动机可能有故障。

**学习拓展**

(1)自诊断系统的发展与分类。

自诊断系统的发展主要分为两个阶段,以 1996 年为分界点,之前为第一代车载自诊断系统即 ODB-I,之后为第二代车载自诊断系统即 OBD-Ⅱ。

为了减少故障出现与实际维修之间的时间间隔,进一步控制在用车的排放污染,在 OBD-Ⅱ 的基础上增加电子通信和遥感检测功能,形成了OBD-Ⅲ。装备有OBD-Ⅲ的汽车,一旦发现故障,自诊断系统随即将车辆VIN、故障码等信息通过GPS导航系统或无线通信方式发送给管理中心,并告知车主立即进行检修。

目前国产车使用的是OBD-Ⅱ或者向OBD-Ⅱ过度的诊断系统。

(2)OBD-Ⅱ相对于ODB-Ⅰ在故障码形式、诊断插座形式、可诊断的项目等方面明显不同。

①故障码形式的区别(表14-2)。

故障码形式的区别  表14-2

| OBD类型 | 车系 | 冷却液温度传感器故障码 | | 节气门位置传感器故障码 | | |
| --- | --- | --- | --- | --- | --- | --- |
| ODB-Ⅰ | 丰田 | 22 | | 41 | | |
| | 本田 | 6 | | 7 | | |
| OBD-Ⅱ | | 冷却液温度传感器故障码 | | 节气门位置传感器故障码 | | |
| | | 电路故障 | 性能故障 | 电路故障 | 电压过低 | 电压过高 |
| | 丰田 | P0115 | P0116 | P0120 | — | — |
| | 丰田 | — | P0116 | P0120 | P0122 | P0123 |

观察表14-2故障码的形式,说出ODB-Ⅰ、OBD-Ⅱ的故障码有什么不同?

ODB-Ⅰ:_____。

OBD-Ⅱ:_____。

小提示

OBD-Ⅱ故障码由5个字母和数字组成,第一个英文字母为P表示是动力总成的故障码、为C表示是底盘的故障码、为B表示是车身的故障码、为U表示是车载网络的故障码。

②从图14-4可以看出ODB-Ⅰ、OBD-Ⅱ的诊断插座有什么不同?

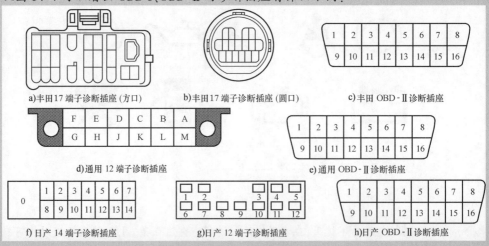

图14-4 常见车系的诊断插座

ODB-Ⅰ:_____。

OBD-Ⅱ:_____。

(3)请查阅相关资料,记录OBD-Ⅱ诊断插座上各端子的作用。

(4)你们学校试验车上的诊断插座安装在哪里?它是哪一种?

小提示

由于ODB-I与OBD-Ⅱ有着较大的不同,在实际维修诊断过程中,应着重注意:OBD-Ⅱ故障灯亮、灭与故障码没有绝对的联系,即故障灯亮只代表发动机的排放不正常,如果发动机控制系统的某些部件有故障,但不影响排放系统,故障灯不会亮。比如上海通用2017款威朗1.5S轿车,与排放无关的故障,车辆只记录故障码,并不点亮故障灯。

**6.利用自诊断系统进行发动机故障诊断的流程。**

发动机故障诊断流程如图14-5所示。

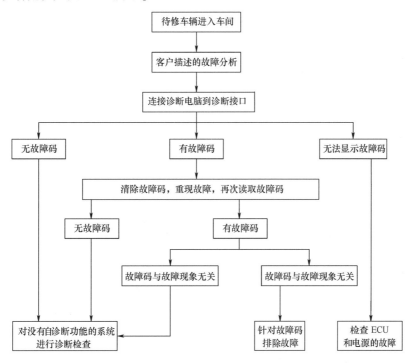

图14-5 发动机故障诊断流程

 小词典

故障码:发动机ECU将符合故障码设置条件的故障以代码的形式存储下来,并点亮故障指示灯,维修人员可以通过测试仪(或人工方式)读取故障码,为判断故障原因和故障点提供了方便。

故障码的设置举例:图14-6反映了冷却液温度传感器的特性。在正常情况下,冷却液温度传感器的电压变动范围为0.1~4.8V。如果发动机ECU的输入电压处于这一范围,则发动机ECU认为冷却液温度传感器正常。如果短路(输入电压小于0.1V)或断线(输入电压高于4.8V),则发动机ECU确认为有故障,然后以相应的代码(如:丰田车系的机器读码为P0115,人工读码为22)存储在ECU中。

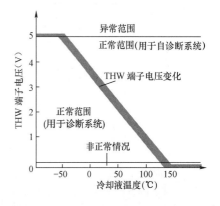

图14-6 冷却液温度传感器故障信号的判断

## 二、计划与实施

 **7. 制订一个故障诊断程序流程图。**

可参考丰田 1ZR-FE 发动机故障诊断流程图（图 14-7）。

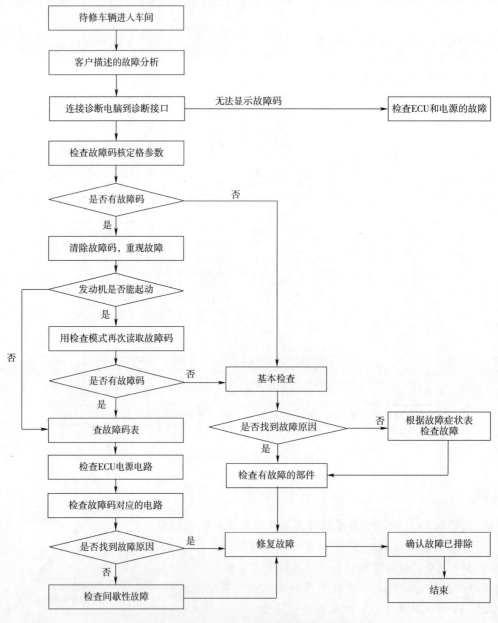

图 14-7　丰田 1ZR-FE 发动机故障诊断总流程图

 **8. 制订一个客户所述分析检查表。**

可参考丰田 1ZR-FE 发动机客户所述分析检查表（表 14-3）。

## 学习任务14 利用自诊断系统诊断发动机故障

**丰田 1ZR-FE 发动机客户所述分析检查表**　　　　　　　　　　　表 14-3

| 发动机控制系统检查表 | | 检查员姓名：_____ | |
|---|---|---|---|
| 客户姓名 | | 车型与车型年份 | |
| 驾驶人姓名 | | 车架号码 | |
| 车辆进厂日期 | | 发动机型号 | |
| 车牌号码 | | 里程表读数 | km |
| 故障症状 | □发动机无法起动 | □发动机无法转动　□无初始燃烧　□燃烧不完全 | |
| | □起动困难 | □发动机起动缓慢<br>□其他_____ | |
| | □急速情况差 | □快急速不准确　□调速不匀<br>□高速(　r/min)　□低速(　r/min)　□急速不稳<br>□其他_____ | |
| | □驾驶性能差 | □回火　□排气消声器放炮　□加速无力　□喘振<br>□爆燃　□其他_____ | |
| | □发动机熄火 | □起动后不久　　　□在踩下加速踏板后<br>□松开加速踏板后　□空调打开期间<br>□从空挡换至前进挡　□其他_____ | |
| | □其他 | | |
| 故障出现条件 | 故障发生日期 | | |
| | 产生故障频率 | □经常发生　□有时发生(　次/天　次/月)　□仅有一次 | |
| | 天气 | □晴朗　□多云　□下雨　□下雪　□多变/其他_____ | |
| | 室外温度 | □炎热　□温暖　□凉爽　□寒冷(约　℃) | |
| | 地形 | □高速公路　□市区　□郊区　□下坡　□上坡<br>□不平道路　□其他_____ | |
| | 发动机温度 | □冷机　□暖机　□暖机后　□任何温度　□其他_____ | |
| | 发动机运转情况 | □起动　□刚起动之后(　min)　□急速　□高速空转<br>□行驶　□匀速　□加速　□减速<br>□空调开关　□其他 | |
| | 检查发动机警告灯状态 | □持续点亮　□有时点亮　□不点亮 | |
| 故障码检查 | 正常模式 | □正常　□故障码(代码_____)<br>□冻结帧(_____) | |
| | 检查模式 | □正常　□故障码(代码_____)<br>□冻结帧(_____) | |

**9. 制订一个故障排除记录工单。**

表 14-4 是全国职业院校技能大赛"上汽通用杯"（中职组）汽车运用与维修技能大赛故障诊断（发动机控制）作业记录表。

**全国职业院校技能大赛"上汽通用杯"（中职组）汽车运用与维修**
**技能大赛故障诊断（发动机控制）作业记录表**　　　　　　　表 14-4

| 车辆信息 | 整车型号 | 国家标准 |
|---|---|---|
| | 车辆识别代号 | VIN：LSGPC＊＊＊＊＊＊＊＊＊＊＊ |
| | 发动机型号 | LDE |

续上表

| 故障描述 | 发动机故障灯亮 | |
|---|---|---|
| 项目 | 作业记录内容 | 备 注 |
| 一、前期准备 | (不需要填写,如工位确认、防护、举升机等设备工具检查等) | |
| 二、安全检查 | (不需要填写,如油水电、挡块、驻车制动等) | |
| 三、仪器连接 | (不需要填写,正确选择连接线、接头、仪器,准确找到DLC3位置,连接仪器时IG OFF等) | |
| 四、故障现象确认 | 确认故障症状并记录症状现象(根据不同故障范围,进行功能检测,并填写检测结果)<br>发动机故障灯MIL　□正常　☑不正常<br>发动机起动及运转状况　□正常　☑不正常<br>其他(如果有)　□正常　□不正常<br>_____ | (1)IG-ON能亮,起动后熄灭为正常。<br>(2)起动不顺畅/不能一次起动/运转不稳定/急速高等只要有问题,即应判断为不正常 |
| 五、故障码检查 | □ 无DTC。<br>☑ 有DTC：P0016 | |
| 六、正确读取数据和清除故障码(当定格数据和动态数据中不存在反应故障码特征的相关数据时,应填写"无") | (1)定格数据记录(只记录故障发生时的数据帧内容)包括:<br>①基本数据。<br><br>| 项　目 | 数　值 | 单　位 | 判　断 |<br>\|---\|---\|---\|---\|<br>| 发动机转速 | 699 | r/min | OK |<br>| 进气凸轮轴位置指令 | 85 | % | NOK |<br>| 排气凸轮轴位置指令 | 46 | % | OK |<br>| 需要进气凸轮轴位置 | 7.4 | ° | OK |<br>| 进气凸轮轴位置 | 2 | ° | NOK |<br>| 发动机冷却液温度传感器 | 89 | ℃ | OK |<br>| 加速踏板位置 | 0 | % | OK |<br>| 节气门位置 | 13.1 | % | OK |<br><br>②定格数据中除基本数据外的反应故障码特征的相关数据。<br><br>| 项　目 | 数　值 | 单　位 | 判　断 |<br>\|---\|---\|---\|---\|<br>|  |  |  |  |<br>|  |  |  |  |<br><br>(2)与故障码特征相关的动态数据记录。<br><br>| 项　目 | 数　值 | 单　位 | 判　断 |<br>\|---\|---\|---\|---\|<br>| 发动机转速 | 699 | r/min | OK |<br>| 进气凸轮轴位置指令 | 74 | % | NOK |<br>| 排气凸轮轴位置指令 | 46 | % | OK |<br>| 需要进气凸轮轴位置 | 7.4 | ° | OK |<br>| 进气凸轮轴位置 | 1 | ° | NOK |<br>| 发动机冷却液温度传感器 | 92 | ℃ | OK |<br>| 加速踏板位置 | 0 | % | OK |<br><br>(3)清除故障码。<br>(4)确认故障码是否再次出现,并填写结果。<br>□ 无DTC。<br>☑ 有DTC：P0016 | 如果没有DTC或无定格数据则无须填写 |

学习任务14　利用自诊断系统诊断发动机故障

续上表

| 项　目 | 作业记录内容 | 备　注 |
|---|---|---|
| 七、确定故障范围 | 根据上述检查进行判断并填写可能故障范围。<br><br>| 进气侧凸轮轴位置传感器电路 | ☑ 可能 | □ 不可能 |<br>\|---\|---\|---\|<br>| 进气侧 VVT 执行器 | ☑ 可能 | □ 不可能 |<br>| 正时传动带跳齿 | ☑ 可能 | □ 不可能 |<br>| 发动机转速信号传感器 | ☑ 可能 | □ 不可能 |<br>| ECM | ☑ 可能 | □ 不可能 | | |
| 八、基本检查 | 线路/连接器外观及连接情况。　☑ 正常　□ 不正常<br>零件安装等。　☑ 正常　□ 不正常 | 在不做部件拆装的情况所作的外观检查 |
| 九、部件测试 | 对被怀疑的部件进行部件测试。<br><br>| 部　件 | 检查或测试后的判断结果 |<br>\|---\|---\|<br>| 进气侧凸轮轴位置传感器电路 | ☑ 正常　□ 不正常 |<br>| 进气侧凸轮轴位置传感器 | □ 正常　☑ 不正常 |<br>| 进气侧 VVT 执行器 | ☑ 正常　□ 不正常 |<br>| 正时传动带跳齿 | ☑ 正常　□ 不正常 |<br>| 发动机转速信号传感器 | ☑ 正常　□ 不正常 |<br>| ECM | ☑ 正常　□ 不正常 | | （1）此处填入的是检查后的最终判断检查结果。<br>（2）某些难以在学习过程中进行检查的，可询问教师是否正常，学生只需填入此表即可，实际工作中则需要依据实际需要进行检查 |
| 十、电路测量 | 对被怀疑的线路进行测量。<br>①注明插件代码和编号，控制单元针脚代号以及测量结果：<br><br>| 线路范围 | 检查或测试后的判断结果 |<br>\|---\|---\|<br>| ECM X2/54—B23F PIN 1 | ☑ 正常　□ 不正常 |<br>| ECM X2/40—B23F PIN 2 | ☑ 正常　□ 不正常 |<br>| ECM X2/27—B23F PIN 3 | ☑ 正常　□ 不正常 |<br><br>②相关波形(将波形填入记录附表1) | 检查方式可多样，但需规范、准确、全面 |
| 十一、故障部位确认和排除 | 根据上述的所有检测结果，确定故障内容并注明：<br>（1）确定的故障。<br><br>| ☑ 元件损坏 | 请写明元件名称：进气凸轮轴位置传感器 |<br>\|---\|---\|<br>| □ 线路故障 | 请写明线路区间： |<br>| □ 其他 | |<br><br>（2）故障点的排除处理说明<br><br>| ☑ 更换 | □ 维修 | □ 调整 | | |

续上表

| 项 目 | 作业记录内容 | 备 注 |
|---|---|---|
| 十二、维修结果确认（表中项目检查有内容时填写检查结果，如果没有时填写"无"） | （1）维修后故障码读取，并填写读取结果 | 如果在学习过程中，为了方便故障重设，而不恢复故障，则此项无须操作和填写。本例为无须恢复。在实际工作中，故障必须恢复 |
| | （2）与原故障码相关的动态数据检查结果 | |
| | （3）相关波形（将相关波形填入附表1） | |
| | （4）维修后的功能确认并填写结果 | |
| 十三、现场恢复 | （不需要填写，如车辆、工具、仪器、设备、工位等恢复整理） | |

注：表14-4中加框字体为内容示例（由裁判依据预告设定的故障来制定的内容，故障不同，内容不同），倾斜字体为操作时参赛选手纪录填写示例。

签名：_____
____年____月____日

**波形检测记录单**　　　　　　　　　　　　　　　附表1

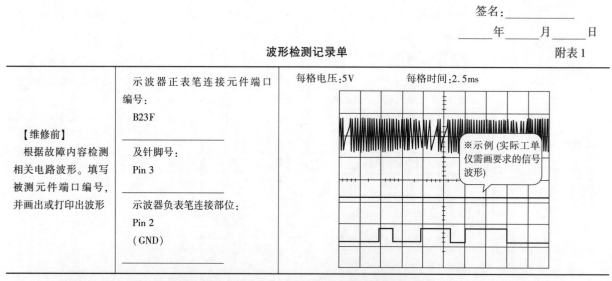

（1）在表14-4中的第四步故障现象确认时，当点火开关转到ON位置：
①发动机还未运转时，发动机警告灯不点亮，可能是什么原因引起的？




②发动机警告灯能正常点亮，但是当发动机起动时，发动机故障警告灯不熄灭，汽车诊断电脑未发现发动机ECU存储有故障码，又可能是什么原因引起的？




🔖 小提示

当发动机故障警告灯正常时，将点火开关转到ON位置，发动机不运转时，发动机警告灯点亮。发动机起动后，发动机故障警告灯应熄灭。如果发动机故障警告灯继续点亮，则说明发动机可能有故障。需要利用手持式汽车诊断电脑读取故障码，然后根据故障码查找故障原因。

(2)在表14-4中第五步,需要将手持式汽车诊断电脑与诊断插座相连,然后进入到诊断界面,读取发动机故障码。在这个操作过程中,如果碰到汽车诊断电脑与发动机ECU无法通信的故障时,说明汽车诊断电脑(含测试主线)或者发动机ECU(含诊断插座、诊断插座与发动机ECU之间的线束)有故障。那么通过什么简便的方法可以判断是汽车诊断电脑的故障还是发动机ECU的故障呢?

 小提示

在将汽车诊断电脑的测试主线与诊断插座连接(或断开)时,点火开关必须处于关闭状态。

一般汽车的诊断插座带有电源端子,手持式汽车诊断电脑可直接由诊断插座提供电源,无须外接电源。

但如果所测汽车的诊断插座电源不足或电源端子损坏,则可以通过以下任意一种方式获取电源:
(1)通过点烟器线从点烟器处获取电源。
(2)通过双钳电源线从汽车上的蓄电池处获取电源。
(3)通过变压器外接交流电获取电源。

(3)表14-4的第五步、第六步显示需要读取故障码,记录故障码,然后清除故障码,再次读取故障码。在进行了故障码清除操作后再次读取故障码时,仍然存在的故障码称之为当前故障码,而已经被清除的故障码称之为历史故障码。

 小词典

当前故障码又称硬故障码,是正在发生的故障所产生的故障码。

历史故障码又称软故障码,是过去发生但当前没有发生的故障所产生的还未被清除的故障码。历史故障码有两种情况:一种是故障已经排除,只是未清除故障码;另一种是故障并未排除,只是当前没有发生。

在发动机台架上设置一个传感器的故障码为硬故障码,设置另一个传感器的故障码为软故障码。让其他小组的同学辨别。 □任务完成

 小提示

不要轻易断开蓄电池负极,否则将丢失存储器中的故障码,冻结帧数据,丢失设定的参数、自适应参数、时钟信息,甚至会造成音响系统锁死,发动机难于起动、怠速不稳等现象。

(4)观察表14-4,其中第六步需要读取定格数据以及与故障码特征相关的动态数据。在进行故障诊断时,在读出故障码后,还可以读取相关的传感器、执行器的动态数据、定格数据,这对正确、全面地分析和判断故障原因有很大的帮助。那么动态数据是如何反馈故障现象的呢?

 小词典

动态数据:又称为串行数据流,是与传感器、执行器以及发动机控制系统的燃油、点火控制方法有关

的一系列电子信息,它可以通过手持式汽车诊断电脑读取后显示出来。

定格数据:又称为冻结帧,用于记录故障被检测到时的发动机状态(喷油时间、冷却液温度、发动机转速等)。维修人员可以通过定格数据确定发生故障时发动机的工作状态,如是否暖机、空燃比稀或浓等。

不是所有的故障都有定格数据。通常是一些非常重要或系统性故障才配有定格数据。

操作发动机,观察发动机的哪些性能参数随操作的改变而发生变化。

①打开点火开关,未起动发动机,将检测结果填写在表14-5中。

打开点火开关,未起动发动机的检测结果　　　　　　　　　　　　　表14-5

| 喷油时间 | ms | 发动机转速 | r/min |
|---|---|---|---|
| 点火提前角 | (°) | 节气门开度 | % |
| 进气压力(空气流量) | kPa(mg/s) | 发动机冷却液温度 | ℃ |

②打开点火开关,起动发动机,将检测结果填在表14-6中。

打开点火开关,起动发动机的检测结果　　　　　　　　　　　　　表14-6

| 喷油时间 | ms | □有变化 □无变化 | 发动机转速 | r/min | □有变化 □无变化 |
|---|---|---|---|---|---|
| 点火提前角 | (°) | □有变化 □无变化 | 节气门开度 | % | □有变化 □无变化 |
| 进气压力(空气流量) | kPa(mg/s) | □有变化 □无变化 | 发动机冷却液温度 | ℃ | □有变化 □无变化 |

③发动机暖机,将检测结果填在表14-7中。

发动机暖机的检测结果　　　　　　　　　　　　　　　　　　　　表14-7

| 喷油时间 | ms | □有变化 □无变化 | 发动机转速 | r/min | □有变化 □无变化 |
|---|---|---|---|---|---|
| 点火提前角 | (°) | □有变化 □无变化 | 节气门开度 | % | □有变化 □无变化 |
| 进气压力(空气流量) | kPa(mg/s) | □有变化 □无变化 | 发动机冷却液温度 | ℃ | □有变化 □无变化 |

④节气门半开,将检测结果填在表14-8中。

⑤对比表14-5~表14-8中各参数的变化,你是否对动态数据有了清晰的认识?　□是　□否

节气门半开的检测结果　　　　　　　　　　　　　　　　　　　　表14-8

| 喷油时间 | ms | □有变化 □无变化 |
|---|---|---|
| 点火提前角 | (°) | □有变化 □无变化 |
| 进气压力(空气流量) | kPa(mg/s) | □有变化 □无变化 |
| 发动机转速 | r/min | □有变化 □无变化 |
| 节气门开度 | % | □有变化 □无变化 |
| 发动机冷却液温度 | ℃ | □有变化 □无变化 |

⑥在节气门半开时,拔掉进气压力传感器(或空气流量传感器)的线束插头,将检测结果填在表14-9中。

节气门半开时拔掉进气压力传感器线束插头的检测结果　　　　　　表14-9

| 喷油时间 | ms | □有变化 □无变化 |
|---|---|---|
| 点火提前角 | (°) | □有变化 □无变化 |
| 进气压力(空气流量) | kPa(mg/s) | □有变化 □无变化 |
| 发动机转速 | r/min | □有变化 □无变化 |
| 节气门开度 | % | □有变化 □无变化 |
| 发动机冷却液温度 | ℃ | □有变化 □无变化 |

⑦对比表14-8和表14-9的数据变化,你发现了什么？与同学讨论为什么会出现这种变化？

小提示

实际维修中,维修技师通常通过对比故障车辆的动态数据、定格数据与维修资料提供的标准参数(或者是正常车辆相同工况下的动态数据、定格数据)的差异来估计车辆的故障部位。

学习拓展

### 失效保护

当汽车出现故障还未来得及维修时,失效保护系统将有故障的部件(或ECM)默认为处于某种固定状态,在牺牲汽车动力性、经济性的前提下,保证汽车能继续运行。此外,当点火系统出现故障时,ECM将自动关闭燃油喷射系统,以免损坏三元催化装置。

以丰田卡罗拉冷却液温度传感器故障为例,当ECM存储了P0115(发动机冷却液温度电路故障)、P0117(发动机冷却液温度电路低输入)、P0118(发动机冷却液温度电路高输入)故障码中的任意一个,ECM将进入失效保护模式,失效保护操作为ECM估计发动机冷却液温度为80℃。因为当不能准确反映冷却液温度时,发动机就无法准确对气门正时进行修正,精确控制喷油等,此时发动机为了保证对气门正时进行基本修正,ECM便将冷却液温度假定为80℃,以保证其他系统得以正常工作。当存储故障码为P0117(发动机冷却液温度电路低输入)时,从动态数据上读得冷却液温度为−40℃,当故障码为P0118(发动机冷却液温度电路高输入)时,从动态数据上读得冷却液温度为140℃。

值得注意的是,在一些较低版本的自诊断系统中,如果冷却液温度传感器失效,汽车诊断电脑读取的动态数据为80℃,而不是如上描述的温度,因此,在某些情况下,动态数据反映的未必是发动机的真实状态。

(5)表14-4中的第七步确定故障范围,是故障诊断中最为关键的一环。故障范围过大,会造成故障排查内容过多,造成诊断效率低,而范围过小又可能将真正的故障点遗漏掉,造成无法正确查找出故障原因,导致无法排除故障。对于初学者来说,在诊断有故障码的故障时,可以依据故障码查找相关的维修手册,依据维修手册提供的信息来确定故障范围。而有经验的维修技师往往可以通过观察动态数据、定格数据、发动机故障症状,再加上日常的维修经验以及简单的操作检查迅速地缩小故障范围,从而快捷地找到故障原因。请你依据表14-4中的故障码P0016,查阅卡罗拉维修手册,确定故障范围,并对照表14-4中所确定的故障范围,是否与自己确定的故障范围一致？

(6)请参考表14-4,依据读取的故障码,查阅维修手册,完成故障排除记录工单(表14-10)的制订。

故障排除记录工单 表 14-10

| 车辆信息 | 整车型号 | |
|---|---|---|
| | 车辆识别代号 | |
| | 发动机型号 | |

| 故障描述 | 发动机故障灯亮 | |
|---|---|---|
| 项 目 | 作业记录内容 | 备 注 |
| 一、前期准备 | （不需要填写） | |
| 二、安全检查 | （不需要填写） | |
| 三、仪器连接 | （不需要填写） | |
| 四、故障现象确认 | 确认故障症状并记录症状现象（根据不同故障范围，进行功能检测，并填写检测结果）；<br>①发动机故障灯 MIL。　　　　　□正常　　□不正常<br>②发动机起动及运转状况。　　　□正常　　□不正常<br>③其他（如果有）　　　　　　　□正常　　□不正常<br>_____ | |
| 五、故障码检查 | □ 无 DTC。<br>□ 有 DTC：_____ | |
| 六、正确读取数据和清除故障码（当定格数据和动态数据中不存在反应故障码特征的相关数据时，应填写"无"） | （1）定格数据记录（只记录故障发生时的数据帧内容）包括：<br>①基本数据。<br><br>| 项　目 | 数　值 | 单　位 | 判　断 |<br>|---|---|---|---|<br>| | | | |<br>| | | | |<br>| | | | |<br>| | | | |<br>| | | | |<br>| | | | |<br>| | | | |<br>| | | | |<br>| | | | |<br><br>②定格数据中除基本数据外的反应故障码特征的相关数据。<br><br>| 项　目 | 数　值 | 单　位 | 判　断 |<br>|---|---|---|---|<br>| | | | |<br>| | | | |<br><br>（2）与故障码特征相关的动态数据记录。<br><br>| 项　目 | 数　值 | 单　位 | 判　断 |<br>|---|---|---|---|<br>| | | | |<br>| | | | |<br>| | | | |<br>| | | | |<br>| | | | |<br>| | | | |<br>| | | | |<br><br>（3）清除故障码。<br>（4）确认故障码是否再次出现，并填写结果<br>□ 无 DTC。<br>□ 有 DTC：_____ | |

续上表

| 项　　目 | 作业记录内容 | 备　　注 |
|---|---|---|
| 七、确定故障范围 | 根据上述检查进行判断并填写可能故障范围<br><br>| | □ 可能 | □ 不可能 |<br>\|---\|---\|---\|<br>\| \| □ 可能 \| □ 不可能 \|<br>\| \| □ 可能 \| □ 不可能 \|<br>\| \| □ 可能 \| □ 不可能 \|<br>\| \| □ 可能 \| □ 不可能 \|<br>\| \| □ 可能 \| □ 不可能 \|<br>\| \| □ 可能 \| □ 不可能 \| | |
| 八、基本检查 | 线路/连接器外观及连接情况。　　□ 正常　□ 不正常<br>零件安装等　　　　　　　　　　□ 正常　□ 不正常 | |
| 九、部件测试 | 对被怀疑的部件进行部件测试<br><br>| 部　件 | 检查或测试后的判断结果 |<br>\|---\|---\|<br>\| \| □ 正常　□ 不正常 \|<br>\| \| □ 正常　□ 不正常 \|<br>\| \| □ 正常　□ 不正常 \|<br>\| \| □ 正常　□ 不正常 \|<br>\| \| □ 正常　□ 不正常 \| | |
| 十、电路测量 | 对被怀疑的电路进行测量<br>(1)注明插件代码和编号,控制单元针脚代号以及测量结果。<br><br>| 电路范围 | 检查或测试后的判断结果 |<br>\|---\|---\|<br>\| \| □ 正常　□ 不正常 \|<br>\| \| □ 正常　□ 不正常 \|<br>\| \| □ 正常　□ 不正常 \|<br><br>(2)相关波形(将波形填入记录附表1) | |
| 十一、故障部位确认和排除 | 根据上述的所有检测结果,确定故障内容并注明。<br>(1)确定的故障。<br><br>| □ 元件损坏 | 请写明元件名称: |<br>\|---\|---\|<br>\| □ 线路故障 \| 请写明线路区间: \|<br>\| □ 其他 \| \|<br><br>(2)故障点的排除处理说明<br><br>| □ 更换 | □ 维修 | □ 调整 | | |
| 十二、维修结果确认(表中项目检查有内容时填写检查结果,如果没有时填写"无") | (1)维修后故障码读取,并填写读取结果。<br>□ 无 DTC。<br>□ 有 DTC:＿＿＿＿＿＿＿＿＿<br>(2)与原故障码相关的动态数据检查结果。<br><br>| 项　目 | 数　值 | 单　位 | 判　断 |<br>\|---\|---\|---\|---\|<br>\| \| \| \| \|<br>\| \| \| \| \|<br>\| \| \| \| \|<br>\| \| \| \| \|<br><br>(3)相关波形(将相关波形填入附表2)。<br>(4)维修后的功能确认并填写结果 | |
| 十三、现场恢复 | (不需要填写) | |

签名:＿＿＿＿＿＿＿＿＿

＿＿＿＿＿年＿＿＿＿月＿＿＿＿日

波形检测记录单 　　附表2

| | | 每格电压：　　　每格时间： |
|---|---|---|
| 【维修前】<br>根据故障内容检测相关电路波形。填写被测元件端口编号，并画出或打印出波形 | 示波器正表笔连接元件端口编号：<br>──────<br>及针脚号：<br>──────<br>示波器负表笔连接部位：<br>────── | |
| 【维修后】<br>根据故障内容检测相关电路波形。填写被测元件端口编号，并画出或打印出波形 | 示波器正表笔连接元件端口编号：<br>──────<br>及针脚号：<br>──────<br>示波器负表笔连接部位：<br>────── | 每格电压：　　　每格时间： |

**10.** 按照制订好的故障排除记录工单(表14-10)，进行故障诊断。

（1）故障诊断过程，实际上是针对自己怀疑的元件（线路）进行排查，逐步缩小故障范围，最终找到故障点的过程。在这个过程中，可以用万用表、示波器、汽车诊断电脑对怀疑元件（线路）进行电压测量、电阻测量、波形测试乃至主动测试。

①参考图14-8～图14-10，回忆用万用表检测电路断路、接触不良、短路的方法。

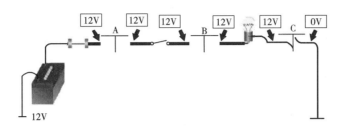

图 14-8　用万用表查找断路点

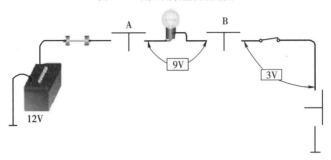

图 14-9　用万用表查找接触不良点

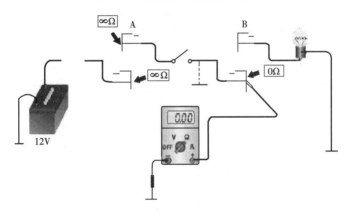

图 14-10　用万用表查找短路点

②回忆示波器使用方法，尝试对无故障的凸轮轴位置传感器的信号波形进行检测。图 14-11 是用 KT600 的示波器检测卡罗拉 1.6AT 轿车凸轮轴位置传感器的信号输出波形。

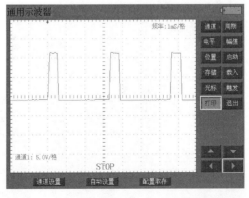

图 14-11　用示波器检测凸轮轴位置传感器信号波形

请在小组内讨论,通过示波器检测传感器信号输出波形和用万用表检查传感器的输出电压,哪一种方式更容易找到故障部位?

③利用汽车诊断电脑的主动测试功能对执行元件进行动作测试,观察执行元件是否会按照自己发出的动作指令相应动作,从而判断执行元件及其电路的好坏。主动测试是故障诊断中的高级技能,请回忆主动测试的操作方法,用手持式汽车诊断电脑控制发动机喷油器的燃油喷射量,观察与燃油喷射量相关的动态数据变化,以及发动机工作情况的变化。将自己的操作和动态数据的变化记录在下面的空白处。

(2)在对估计的故障范围进行诊断排查时,最为常见的方法有:

①按照维修手册提供的故障诊断流程(图14-12)对相应的元件、线路进行检查,最终找到故障点。此方法适用于初学者或极少碰到的故障,方法简单,故障检出率极高,但是效率略低。

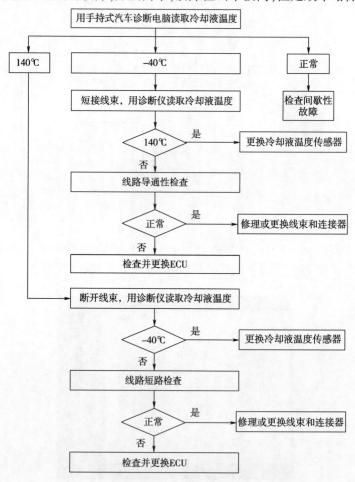

图14-12　丰田1ZR-FE发动机冷却液温度传感器故障诊断流程

②采用替换法进行故障检查。即用良好的元件、线束替换被怀疑有故障的元件、线束,然后再观察故障是否恢复,如果已恢复则说明已经找到故障点,如果没有恢复,则对剩下的怀疑对象进行替换,直至找到故障部件。此方法为4S店常用的诊断方法,诊断效率高,简单易学,但不适应于综合修理厂(4S店车型单一,很容易找到替代的正常元件),且碰到多点故障或者间接故障时,不容易诊断出故障部件。

③故障中点法。即以电路中点为分界线,进行检查,判断故障是在中点的左边还是右边,然后再对被怀疑的一边电路再次进行中点分割、检查,以此类推,不断进行中点分割,最终找到故障部件。注意,此处的中点,并不是整个电路的中间点,往往是最容易进行检查的位置(需要拆卸的东西少,方便维修人员操作)。此方法诊断效率高,故障检出率高,但对维修人员的要求非常高,尤其是中点的确定往往需要非常丰富的维修经验和非常强的逻辑思维。

请你按照第一种方法,在故障排除记录工单(表14-10)的指引下,查阅维修手册,进行故障诊断。并将检查过程记录在表14-10中。

小提示

许多发动机既可以利用手持式汽车诊断电脑读取故障码,也可以通过人工方式读取故障码。不同的车系,人工读码的方式不一样。所以人工读码相对复杂,效率低,但不需要专用的诊断设备,非常方便。具体方法请查阅相关资料自学。

用手持式汽车诊断电脑对大众车系进行故障码读取、数据流检测时,其方法比较特殊,与其他车型不一样,在操作过程中需输入通道号。具体操作,请查阅维修手册自学。

(3)你是否能在故障排除记录工单的引导下完成故障的诊断?在故障排查过程中,是否碰到计划制订中未考虑到的问题?如果有,请记录在下面的空白处。

**11. 讨论故障、故障现象、故障码三者之间的关系,并完成表14-11。**

故障、故障现象、故障码的关系　　　　　　表14-11

| 故　障 | 故障现象 | 故障码 | 故　障 | 故障现象 | 故障码 |
| --- | --- | --- | --- | --- | --- |
| 有 | 有 | 有 | | | |
| | | | | | |
| | | | | | |

**12. 以小组为单位,向其他同学展示自己的诊断过程及诊断结果。**

设计你的展示步骤:

成果展示的要点：

哪一组的展示给你印象最深？

## 三、评价与反馈

1. 学习自测题

(1) 以下关于故障诊断步骤叙述错误的是(　　)。
　　A. 诊断故障的第一步就是要准确找出故障症状
　　B. 在进行故障推测时,可以先假设一个故障原因,然后按照假设的故障原因去进行检查
　　C. 查找故障原因需要通过推测、验证,再推测、再验证的方法来实现
　　D. 在找到故障原因后,必须寻找引起故障的因素,从而避免类似故障的再次发生

(2) 以下关于定格数据叙述错误的是(　　)。
　　A. 只要有故障码,必定有定格数据
　　B. 定格数据是用于记录故障被检测到时的发动机状态
　　C. 定格数据可以通过手持式汽车诊断电脑读取
　　D. 清除故障码时,定格数据会随着故障码一起被清除

(3) 以下哪种情况不是造成汽车诊断电脑无法与发动机ECU通信的原因。(　　)
　　A. 汽车诊断电脑测试主线断路　　　　B. 诊断插座损坏
　　C. 发动机ECU电源电路断路　　　　　D. 发动机ECU中没有存储故障码

(4) 关于软故障码叙述不正确的是(　　)。
　　A. 又称为历史故障码　　　　　　　　B. 故障已经恢复,但是故障码还未清除造成的
　　C. 间歇性故障造成的　　　　　　　　D. 发动机ECU搭铁不良造成的

(5) 发动机有故障码但不一定有故障症状。(　　)
　　A. 正确　　　　B. 错误

(6) 当发动机ECU存储有故障码时,一定会点亮仪表板上的故障指示灯。(　　)
　　A. 正确　　　　B. 错误

2. 维修信息获取练习

(1) 通过资料查询,找到一种汽车的人工读码方式,记录在下面的空白处,并介绍给同学。

(2)查阅相关资料,尝试采用人工的方式清除你们学校试验车的故障码,并将清除步骤记录在下面的空白处。

3. 学习目标达成度的自我检查(表14-12)

自 我 检 查 表 表14-12

| 序号 | 学习目标 | 达成情况(在相应的选项后打"√") | | |
|---|---|---|---|---|
| | | 能 | 不能 | 如果不能,是什么原因 |
| 1 | 叙述故障诊断的基本流程 | | | |
| 2 | 检查并判断自诊断系统工作是否正常 | | | |
| 3 | 正确使用手持式汽车诊断电脑读取、清除发动机故障码,读取并存储数据流,对指定元件进行主动测试 | | | |
| 4 | 独立制订解决发动机控制系统故障的计划以及所用到的表格,并实施 | | | |
| 5 | 正确使用维修资料,在维修资料的指导下完成发动机故障诊断与排除 | | | |

4. 日常表现性评价(由小组长或者组内成员评价)

(1)工作页填写情况。( )

  A. 填写完整   B. 缺失0~20%   C. 缺失20%~40%   D. 缺失40%以上

(2)工作着装是否规范?( )

  A. 穿着校服(工作服),佩戴胸卡   B. 校服或胸卡缺失一项

  C. 偶尔会既不穿校服又不戴胸卡   D. 始终未穿校服、佩戴胸卡

(3)能否主动参与工作现场的清洁和整理工作?( )

  A. 积极主动参与5S工作

  B. 在组长的要求下能参与5S工作

  C. 在组长的要求下能参与5S工作,但效果差

  D. 不愿意参与5S工作

(4)操作汽车举升器或起动发动机时,有无进行安全检查并警示其他同学?( )

  A. 有安全检查和警示   B. 有警示,无安全检查

  C. 有安全检查,无警示   D. 无安全检查,无警示

(5)是否达到全勤?( )

  A. 全勤   B. 缺勤0~20%(有请假)

  C. 缺勤0~20%(旷课)   D. 缺勤20%以上

(6)总体印象评价。( )

  A. 非常优秀   B. 比较优秀   C. 有待改进   D. 急需改进

(7)其他建议:

小组长签名:_____   ____年____月____日

5. 教师总体评价

(1) 对该同学所在小组整体印象评价。(　　)

　　A. 组长负责,组内学习气氛好

　　B. 组长能组织组员按要求完成学习任务,个别组员不能达成学习目标

　　C. 组内有 30% 以上的学员不能达成学习目标

　　D. 组内大部分学员不能达成学习目标

(2) 对该同学整体印象评价:

_____
_____
_____。

**教师签名:**_____　　　　　　　　　_____年____月____日

# 附录 丰田电路图的使用说明

丰田电路图如附录图 1 所示。

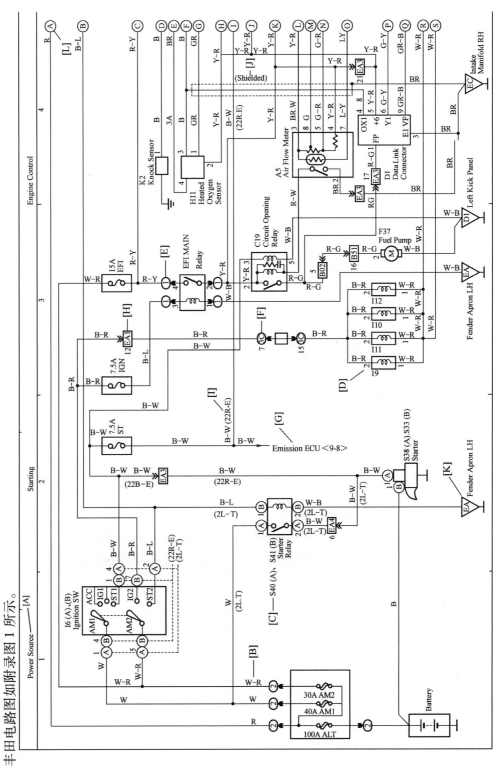

附录图 1 丰田电路图

[A]系统名称。如附录图1所示为电源系统,在系统名称对应下的电路图为电源系统电路。

[B]表示导线的颜色,如附录图1所示导线颜色为白红色。

导线的颜色用字母代码表示,见附录表1。

附录表1 导线的颜色表示方法

| 缩　写 | 英　文 | 中　文 | 缩　写 | 英　文 | 中　文 |
|---|---|---|---|---|---|
| B | black | 黑色 | P | Pink | 粉红色 |
| BR | brown | 棕色 | R | red | 红色 |
| G | green | 绿色 | SB | Sky blue | 天蓝色 |
| GR | gray | 灰色 | V | violet | 紫色 |
| L | blue | 蓝色 | W | white | 白色 |
| LG | Light green | 浅绿色 | Y | yellow | 黄色 |
| O | Orange | 橙色 | | | |

第一个字母表示基色,第二字母表示条纹颜色。

例如:L-Y 的导线颜色如附录图2所示。

[C]引注。

例如:右图的 A 位置处是 S40 连接器,而 B 位置处是 S41 连接器。

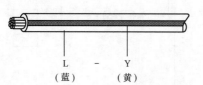
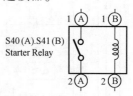

附录图2　L-Y 的导线颜色

[D]表示连接器端子号。如附录图1所示为 I9 连接器的 2 号端子。

端子的排号顺序在插头和插座上有所区别。

例如:插座是从左上到右下,而插头是从右上到左下,如附录图3所示。

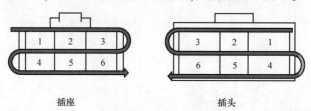

附录图3　端子的排号顺序

[E]表示继电器盒号码。这里不使用阴影,只标注继电器盒号码,以便和接线盒区分。

例如:1 表示 1 号继电器盒。

[F]接线盒(圆圈中的号码是接线盒号,连接器号码写在旁边)。如附录图1所示为 3C 接线盒的 7 号端子。

接线盒加阴影用于明显区别于其他零件。

例如:

[G]表示相关联的系统。如附录图1所示为:这根导线连接到第9张图第8部分的排放 ECU 处。

[H]表示线束和线束线连接用的连接器。

带插头的线束用箭头↓表示，外侧号码是端子号，如附录图4所示。

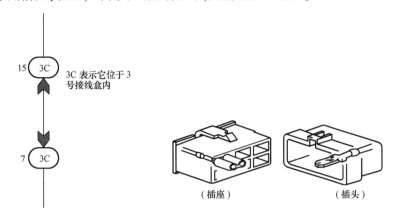

附录图4　线束和线束线连接用的连接器

[I]（　　）用来表示因车型、发动机类型或规格的不同而不同的导线和连接器。如附录图1所示为：22R-E 发动机才有这根导线。

[J]表示屏蔽电缆。

[K]表示搭铁位置。

[L]相同的代码出现在下一页，表示线束是连续的。

# 参考文献

[1] 全国汽车维修专项技能认证技术支持中心编写组. 发动机性能[M]. 北京:教育科学出版社,2004.
[2] 王囤. 汽车电控发动机构造与维修[M]. 3版. 北京:人民交通出版社股份有限公司,2016.
[3] 王大伟,董训武. 捷达电喷系列轿车维修手册[M]. 北京:机械工业出版社,2005.
[4] A.E.斯卡沃勒尔. 汽车构造原理与维修运用(发动机篇)[M]. 北京:机械工业出版社,2004.
[5] 刘巽俊. 内燃机的排放与控制[M]. 北京:机械工业出版社,2003.
[6] 贺建波. 汽车传感器的检测[M]. 北京:机械工业出版社,2005.
[7] 解福泉. 电控发动机维修[M]. 北京:高等教育出版社,2005.
[8] 巫兴宏. 汽车电器设备与维修[M]. 北京:高等教育出版社,2005.
[9] 丰田汽车(中国)有限公司. COROLLA电路图,2010.
[10] 丰田汽车(中国)有限公司. COROLLA修理手册,2014.
[11] 丰田汽车公司. 汽车维修教程. 第1级. 上,汽车基本常识与工作原理. 北京:高等教育出版社,2008.